द्रास का टाइगर

Celebrating
30 Years of Publishing
in India

Tiger of Drass का हिंदी अनुवाद

द्रास का टाइगर

कैप्टन अनुज नैय्यर (23) कारगिल योद्धा

मीना नय्यर

एवं

हिम्मत सिंह शेखावत

अनुवाद

शुचिता मीतल

हार्पर हिन्दी
(हार्परकॉलिंस पब्लिशर्स इंडिया)
बिल्डिंग नं. 10, टावर A, 4th फ्लोर, डीएलएफ साइबर सिटी, फेज II, गुरुग्राम 122002, भारत www.harpercollins.co.in

प्रथम अंग्रेजी प्रकाशन (Tiger of Drass) हार्पर कॉलिंस इंडिया द्वारा 2021 में
प्रथम हिंदी प्रकाशन हार्पर हिंदी द्वारा 2023 में

P-ISBN: 9789356294417
E-ISBN: 9789356294424

कवर डिजाइन © : हार्पर कॉलिन्स पब्लिशर्स इंडिया
टाइपसेटिंग : निओ साफ़्टवेयर कन्सलटैंट्स, प्रयागराज (इलाहाबाद)
मुद्रक : थॉम्सन प्रेस (इंडिया) लि.

This book is produced from independently certified FSC® paper to ensure responsible forest management.

प्रोफेसर एस. के. नैय्यर
को
समर्पित

कैप्टन अनुज नैय्यर, एमवीसी, के पिता, दोस्त और गुरु।

उन्होंने अनुज को उस निर्भीक सैनिक के सांचे में ढाला था जो वो कारगिल में बने। अनुज के जीवन में उनका योगदान उतना ही यादगार है जितना कि उनके बहादुर बेटे की कहानी है।

युद्ध देशों द्वारा लड़े, मगर लोगों के द्वारा जीते जाते हैं। बुद्धिमानी के यही पल फ़ैसला करते हैं कि कौन सा समूह अपने मक़सद को न्यायसंगत ठहराएगा और अपने लोगों द्वारा हमेशा याद रखा जाएगा। अक्सर रणभूमि में दोनों पक्षों के सैनिक अपनी जान की बाज़ी लगाकर अपने देश की स्वतंत्रता की रक्षा करना चुनते हैं। 1999 में कारगिल में चौरासी दिन तक चले युद्ध में चार परमवीर चक्र, दस महावीर चक्र, छब्बीस वीर चक्र प्राप्तकर्ताओं और अनेक अन्य गुमनाम नायकों ने यह चुनाव किया था। कैप्टन अनुज नय्यर को मरणोपरांत उस सर्वोच्च बलिदान के लिए महावीर चक्र से सम्मानित किया गया, जिसने उनकी मातृभूमि की जीत सुनिश्चित की। यह आलेख आपको एक महा वीर के साथ पत्थरों से भरी द्रास घाटी में चलने, 17,000 फ़ुट की ऊंचाई पर युद्ध में जूझने, दुश्मन से आंख मिलाने और बर्फ़ीली चोटियों पर साथी सैनिकों के साथ खाना खाने का, और अपने अंदर बेमिसाल देशभक्ति जगाने का मौक़ा देता है। यह किताब अनुज की बमुश्किल तेईस साल की यात्रा को दर्शाती है, जिसके दौरान वो एक संकोची लेकिन नेक बच्चे से एक जाबांज सैनिक में बदल गए थे। आज से दशकों बाद जब लोग भारत की संप्रभुता, और स्वतंत्रता प्राप्ति के बाद हुए युद्धों में इसकी जीत का जश्न मनाएंगे तो अनुज का नाम सबसे बहादुर शहीदों में गिना जाएगा। बच्चा-बच्चा जान जाएगा कि उन्होंने उम्र के आगे घुटने नहीं टेके, कि उनकी सांसें टूट गईं मगर साहस नहीं टूटा, कि उन्होंने मौत की आंखों में आंखें डालकर देखा और अपने देश की अनमोल आज़ादी के लिए अपनी जान न्योछावर करने का फ़ैसला किया। यह द्रास के टाइगर कैप्टन अनुज नय्यर, एमवीसी की महागाथा है।

अनुक्रम

प्राक्कथन

युद्ध सेनाओं और उनके सैनिकों की अंतिम परीक्षा होती है। युद्ध में विजय मिलती है क्योंकि लड़ाइयां जीती जाती हैं। कारगिल युद्ध को सैन्य इतिहास में बेमिसाल बहादुरी, साहस और दृढ़ता की गाथा के तौर पर दर्ज किया जाएगा। कारगिल में जीत का ज़्यादातर श्रेय नौजवान अफ़सरों और जवानों की बहादुरी और समर्पण को जाता है। वो साहसी थे, अपनी रेजिमेंट और राष्ट्र के गौरव और गरिमा के लिए कोई भी बलिदान देने में हिचकिचाते नहीं थे। उनके दक्ष नेतृत्व में हमारी सेनाओं ने शानदार प्रदर्शन किया। बहादुरी, फ़ौलादी लचीलेपन के प्रदर्शनों, फ़र्ज़ के प्रति एकनिष्ठ समर्पण और प्रचंड बलिदानों के अनगिनत कृत्य हैं। 17 जाट बटालियन के कैप्टन अनुज नैय्यर ने भी ऐसा ही चिह्न छोड़ा था।

1999 के कारगिल युद्ध के दौरान, पाकिस्तानी सेना ने पॉइंट 4875 और टाइगर हिल के पश्चिम से उसकी तरफ़ जा रही रिज रेखा पर क़ब्ज़ा कर लिया था। इस पहाड़ी से ज़ोजी ला से द्रास की सड़क पर पूरी नज़र रखी जा सकती थी। सामरिक दृष्टि से, यह लक्ष्य लगभग तोलोलिंग के समान ही महत्वपूर्ण था। टाइगर हिल पर कब्ज़ा करने के बाद जैसे ही एचक्यू 8 पर्वतीय डिवीज़न की तोपों का बड़ा हिस्सा ख़ाली हुआ, उसने एक बड़े और विस्तृत लक्ष्य पॉइंट 4875 को फिर से अधिकार में लेने की रणनीति बनाई। मुख्य लक्ष्य, यानी पॉइंट 4875, को कई भागों में बांट दिया गया — पिंपल 1, व्हेल बैक, पिंपल 3 और फिर उच्च पॉइंट 4875।

17 जाट से पिंपल 1, व्हेल बैक और पिंपल 2 को फिर से अधिकार में लेने को कहा गया। बटालियन ने अपना पहला हमला 4 जुलाई 1999 को शुरू किया। कैप्टन अनुज नैय्यर 'सी' कंपनी का हिस्सा थे, जिसे आक्रमण के दूसरे

चरण में पिंपल 2 को अधिकार में लेने का काम सौंपा गया था। लक्ष्य की ओर बढ़ते हुए, कंपनी कमांडर गंभीर रूप से घायल हो गए और उन्हें वहां से निकालना पड़ा। बिना कुछ कहे, एक अच्छे सैकंड-इन-कमांड की तरह नौजवान अनुज ने सी कंपनी की बागडोर संभाल ली। अपनी कंपनी के लिए कामयाबी हासिल करने के दृढ़ निश्चय और संकल्प के साथ इस बहादुर ऑफ़िसर ने फ़ैसला किया कि ख़ुद हमले का नेतृत्व करेगा। तीन संगरों को नेस्तनाबूद करने और नौ सैनिकों को ख़त्म करने के बाद जब वो और उनके जवान चौथे बंकर को ख़त्म करने की प्रक्रिया में थे तो दुश्मन का एक रॉकेट चालित ग्रेनेड सीधे अनुज से टकराया। मगर, तब तक, निर्भीक नौजवान ऑफ़िसर शानदार तरीक़े से बहुत बड़ी ज़िम्मेदारी निभा चुका था। ऐसा करते हुए, उसने अपने देश के लिए महा-बलिदान दिया था।

अनुज ने दुश्मन के सामने दायित्व और घोर निर्भीकता का भाव दिखाया था। मुश्किल परिस्थितियों के बावजूद उन्होंने आगे रहकर अपनी कंपनी का नेतृत्व किया। उनका साहस और नेतृत्व अपनी टुकड़ी के लिए बहुत प्रेरणास्पद बन गया था। इस प्रभाव को इस बात से बेहतरीन ढंग से समझा जा सकता है कि उनके एक साथी सैनिक तेजबीर सिंह ने अपने बेटे का नाम अनुज के नाम पर रखने का फ़ैसला किया।

अपने अदम्य संकल्प, धैर्य और दृढ़ता, और व्यक्तिगत उदाहरण से अपनी कमान को प्रेरित करने में नौजवान अनुज ने फ़र्ज़ की पुकार से परे जाकर काम किया था। उन्हें देश के दूसरे सर्वोच्च वीरता पुरस्कार महावीर चक्र से सम्मानित किया गया। उनके बलिदान के शीघ्र बाद, मेरी पत्नी और मैं अनुज के माता-पिता के पास सहानुभूति व्यक्त करने गए थे जो उस समय जनकपुरी में रहते थे। यह उन सबसे दुखद दायित्वों में से एक था जो मैंने हमारी महान संस्था, भारतीय सेना, के प्रमुख की हैसियत से निभाए थे।

जनरल वी.पी. मलिक (अवकाशप्राप्त)
पीवीएसएम, एवीएसएम
भूतपूर्व सेना प्रमुख

कभी हार मत मानना

जुलाई 1999 की उस विनाशकारी रात को मुशकोह घाटी जाट रेजिमेंट के युद्धघोष — 'जय बलवान, जय भगवान' — से गूंज उठी थी, जब कैप्टन अनुज नैय्यर के नेतृत्व में 17 जाट रेजिमेंट की बहादुर और दृढ़ निश्चयी टुकड़ी ने कारगिल युद्ध की सबसे रक्तरंजित लड़ाइयों में से एक में दुश्मन सेना द्वारा हथियाई पहाड़ियों को अपने अधिकार में लिया। भारतीय सेना की महानतम परंपरा में नौजवान अनुज ने अपना जीवन क़ुर्बान कर दिया मगर सुनिश्चित किया कि उनकी रेजिमेंट और सशस्त्र बलों में 17 जाट का नाम, और उनकी वीरता की कहानी अमर हो जाएं। महावीर चक्र प्राप्त करने वालों में सबसे युवा अफसरों में से एक अनुज ने ऐसी विरासत छोड़ी है, जो न केवल उनकी यूनिट को बल्कि सारी जाट रेजिमेंट को प्रेरित करती है।

जाट रेजिमेंट का कर्नल होने के नाते, मैंने अनुज की यूनिट का दौरा किया था। उनकी और यूनिट के अन्य वीरों की यादें जिन्होंने इस युद्ध में महानतम बलिदान दिया था, हॉल ऑफ़ फ़्रेम में भली भांति संरक्षित हैं, जो कि यूनिट के सभी नव-नियुक्त ऑफ़िसरों और जवानों के लिए पहला पड़ाव होता है।

उस समय बटालियन का हिस्सा रहे 17 जाट के उन ऑफ़िसरों और जवानों से बातचीत और स्वतंत्र रूप से उपलब्ध जानकारी पर आधारित किताब *द्रास का टाइगर* अनुज की माता जी मीना नैय्यर और हिम्मत सिंह शेखावत का संयुक्त प्रयास है। श्रीमती नैय्यर ने अनुज के खतों और यादों को भी एक साथ समेटा है जो नौजवान ऑफ़िसर के व्यक्तित्व के उन पहलुओं को सामने लाते हैं जिनके बारे में पहले जानकारी नहीं थी। कारगिल युद्ध के एक महान व्यक्तित्व को जीवंत करने के उनके प्रयासों को मैं तहेदिल से सराहता हूं।

लेफ़्टिनेंट जनरल एस.के. सैनी
पीवीएसएम, एवीएसएम, वाईएसएम, वीएसएम, एडीसी
उप-सेना प्रमुख

'इससे बेहतर मौत क्या होगी

कि घोर मुश्किलों से जूझते मौत आए।

अपने पूर्वजों की अस्थियों की ख़ातिर।

और अपने देवालयों की ख़ातिर'

—थॉमस बेबिंग्टन मैकॉले

की कविता 'होरेशियस' से

यद्यपि कारगिल युद्ध को इक्कीस साल बीत चुके हैं, मगर दुश्मन की विश्वासघाती कार्रवाइयों में जान गंवाने वाले सैनिकों की यादें कभी मर नहीं सकतीं। ये लड़ाइयां दुनिया के सबसे ज़्यादा विकट इलाक़ों में, 14-18000 फ़ुट की ऊंचाइयों पर लड़ी गई थीं। ऐसी ही एक लड़ाई जिसने युद्ध पर विराम लगा दिया था, पॉइंट 4875 की बर्फ़ीली चोटियों पर कर्नल उमेश बावा के नेतृत्व में 17 जाट रेजिमेंट ने लड़ी थी, जो कि 79 माउंटेन ब्रिगेड का हिस्सा थी।

5 जुलाई की दोपहर तक पॉइंट 4875 को फिर से अपने अधिकार में ले लिया गया था, हालांकि पिंपल 2 जैसे महत्वपूर्ण क्षेत्र अभी भी दुश्मन के क़ब्ज़े में थे। हमले का दूसरा चरण 5 और 6 जुलाई की रात को शुरू हुआ था, जब चार्ली कंपनी को पिंपल 2 पर अधिकार करने का काम सौंपा गया था। हमले के दौरान अनुज की कंपनी के कमांडर घायल हो गए और कंपनी की कमान युवा कंधों पर आ गई। हमलावर टुकड़ी पर दुश्मन ने तोपों और मोर्टार से गोलाबारी की। भारी गोलाबारी से अविचलित अनुज ने अपनी टुकड़ी का नेतृत्व किया और हमले को अंजाम दिया, और लक्ष्य के एक बड़े हिस्से पर अधिकार करने में कामयाब रहे। जब शेष बंकरों पर हमला किया जा रहा था, तो अनुज की ओर लक्षित एक आरपीजी ने मौक़े पर ही उनकी जान ले ली। मगर, उनकी कार्रवाई ने मुश्कोह घाटी में दुश्मन की नियति पर मोहर लगाने में बहुत बड़ा योगदान दिया और कृतज्ञ भारतीय सेना और राष्ट्र ने अनुज नैय्यर को देश का दूसरा सबसे बड़ा वीरता-सम्मान प्रदान किया।

अनुज उत्साही युवा अफसर थे और मुझे कुछेक बार उनसे मिलने का सौभाग्य हासिल हुआ था। रणभूमि में उन्होंने उन्हें सौंपे गए कार्य को पूरा करने के लिए, अपने फ़र्ज़ के दायरे से परे जाकर और अपनी ज़िंदगी क़ुर्बान करके साहस, बहादुरी, और दृढ़ता का प्रदर्शन किया ताकि हम सब एक बेहतर कल देख सकें।

महान व्यक्तित्व इसी मिट्टी के बने होते हैं, और उनकी यादों को जीवित रखने और अपनी निजी हानि का सामना गरिमा और गर्व के साथ करने के लिए मैं उनकी माता जी श्रीमती नैय्यर को नमन करता हूं।

लेफ़्टिनेंट जनरल मोहिंदर पुरी (अवकाशप्राप्त)
पीवीएसएम, यूवाईएसएम
8 माउंटेन डिवीज़न के भूतपूर्व कमांडर एवं
उप-सेना प्रमुख

जोश और साहस की अद्‌भुत कहानी

कैप्टन अनुज नैय्यर, एमवीसी, एक उत्कृष्ट योद्धा और शूरवीर थे जिन्होंने अपने दो साल के सैन्य-काल में निस्वार्थता, अग्रिम पंक्ति के नेतृत्व और सामरिक कुशाग्रता की मिसाल क़ायम की। जून 1997 में 17 जाट रेजिमेंट में कमीशन प्राप्त करने के बाद उन्होंने अपनी यूनिट में अपने प्रारंभिक सालों में कश्मीर घाटी में सक्रिय मुठभेड़ें देखी थीं। मगर जून 1999 में जब पाकिस्तान ने कारगिल की पहाड़ियों को भारतीय सेना से छीनने की कोशिश की, तो उनकी यूनिट को मुश्कोह क्षेत्र से घुसपैठियों को खदेड़ने का काम सौंपा गया। 16-17000 फ़ुट की ऊंचाइयों पर पाकिस्तान की मौजूदगी ने महत्वपूर्ण ज़ोजी ला दर्रे के लिए संभावित ख़तरा उत्पन्न कर दिया था जो श्रीनगर, कारगिल और लेह को जोड़ता है।

इस संक्षिप्त टिप्पणी के माध्यम से मैं मुश्कोह की लड़ाई में कैप्टन अनुज नैय्यर के योगदान की व्यापकता और कार्य को अंजाम देने में सामने आई कठिनाइयों को उजागर करना चाहता हूं। 17 जाट को 16,000 फ़ुट ऊंचाई पर स्थित पॉइंट 4875 के पश्चिमी ढलानों पर पिंपल कॉम्प्लेक्स के भीतर एक चोटी पिंपल 2 को सुरक्षित करने का काम सौंपा गया था। शिखर और पर्वत-स्कंधों से सुनियोजित और पारस्परिक रूप से समर्थित स्वचालित फ़ायरिंग की बाधाओं ने ऊपर चढ़ने को, यहां तक कि किसी भी पर्वत-स्कंध पर क़ब्ज़ा करने के सभी प्रयासों में रुकावट डाल दी थी। कैप्टन नैय्यर की कंपनी को सटीक हवाई हमलों और सीमित तोपख़ाने के माध्यम से नरमी दिखाए बिना लक्ष्य पर हमला करने का काम सौंपा गया था। हमला शुरू होने से पहले ही उनके कंपनी कमांडर घायल हो गए, जिससे 100 जवानों की कमान कैप्टन नय्यर के युवा कंधों पर आ पड़ी

थी। कमीशन प्राप्त जूनियर अधिकारियों और अपने से अधिक अनुभवी सैनिकों को निर्देशित करना, उनसे बंकरों पर हमला करने और उन्हें नष्ट करने के जोखिम को स्वीकार करवाना, बेशुमार तादाद में दिख रहे दुश्मन पर क़ाबू पाना और अपने पक्ष में हताहतों की संख्या को कम से कम सुनिश्चित करना उनकी ज़िम्मेदारी हो गई थी। कैप्टन नैय्यर के जोश, साहस और परिस्थितियों के अनुकूल ख़ुद को ढालने की क्षमता ने उनकी कंपनी के लोगों को उनका अनुसरण करने के लिए प्रेरित किया। ऐसे हर हमले में वो पूरे उत्साह के साथ सबसे आगे मौजूद होते थे, और उनका युवा जोश उनके जवानों में शोले भड़का देता था। आमतौर पर किसी ऑपरेशन की शुरुआत में ही ऑफ़िसर के आहत होने से मनोबल टूट जाता है क्योंकि नेतृत्व और अनुयायियों के बीच विश्वास पनपने में समय लगता है। इस मामले में, सैनिक कैप्टन नैय्यर और उनके ऊर्जावान व्यक्तित्व से तो परिचित थे, लेकिन विकट बाधाओं के सामने उनकी निडरता से नहीं। अपने कार्यकारी कमांडर को अपनी सुरक्षा की परवाह किए बिना बढ़ते देखकर उनके अंदर भी जोश आया और कंपनी ने अपना लक्ष्य पा लिया। दुश्मन के तीन बंकरों के विनाश का क्रेडिट कैप्टन नैय्यर को दिया गया, साथ ही कम से कम नौ पाकिस्तानी सैनिकों की मौत का भी; एक युवा और अनुभवहीन इंसान के लिए यह सुपरह्यूमन प्रयास था। उनकी पेशेवर दक्षता का अंदाज़ा इस बात से लगाया जा सकता है कि उन्होंने एक ओर से रॉकेट लॉन्चर लगाकर, और फिर एक-एक पर हमला करके सटीक शैली में इन बंकरों को नष्ट किया था। संकट की घड़ी में ख़ुद को महान व्यक्तित्व में बदल लेने वाले योद्धाओं को हमेशा याद रखा जाता है।

कैप्टन नैय्यर की श्रद्धेय माता जी ने मुझे अपने जांबाज़ पुत्र के बारे में एक छोटा सा वर्णन लिखने के लिए आमंत्रित किया था। मैं नौजवान सैनिक के लिए पहाड़ों में होने वाले हमलों के वर्णन से बेहतर समर्पण नहीं पा सका। उनके बहादुर बेटे ने अपने साहस और नेतृत्व के ज़रिए ख़ुद को अमर कर लिया था। उन्हें देश का दूसरा सबसे बड़ा शौर्य पुरस्कार प्रदान किया गया। मगर सबसे बड़ी पहचान तो वो यादें हैं जो उनकी प्लाटून के मन में उनके निस्वार्थ कार्य की, और अपने सैनिकों के समान ही जोखिम उठाने की बसी हैं। ये पहचान शब्दों और पुरस्कारों से परे है। कैप्टन अनुज नैय्यर, एमवीसी, आपकी आत्मा को शांति मिले। कृतज्ञ राष्ट्र आपका आभारी है।

लेफ़्टिनेंट जनरल सैयद अता हसनैन (अवकाशप्राप्त)
पीवीएसएम, यूवाईएसएम, एवीएसएम, एसएम, वीएसएम (बार)
भूतपूर्व कमांडर, 15वीं आर्मी कॉर्प्स एवं सैन्य सचिव, भारतीय थलसेना

एक के लिए सब, सबके लिए एक

कैप्टन अनुज नैय्यर को जून 1997 में जाट रेजिमेंट की 17वीं बटालियन में कमीशन किया गया था। मैं बहुत ख़ुश था कि दिल्ली के एक पूर्व-एनडीए ऑफ़िसर को हमारी बटालियन में कमीशन किया गया है, क्योंकि मैं भी दिल्ली का एक पूर्व-एनडीए था। वो ऊर्जा से भरपूर नौजवान थे और अतिरिक्त दायित्व भी हमेशा मुस्कुराहट के साथ उठाने के लिए तैयार रहते थे। वो शारीरिक रूप से फ़िट और खेलों के शौक़ीन थे। मैंने उन्हें वॉलीबॉल कोर्ट में सहकर्मियों के साथ कंधे से कंधा मिलाकर खेलते देखा है। जल्दी ही अपनी करो या मरो वाली विशिष्टता के लिए वो उनके बीच लोकप्रिय हो गए थे।

युवा लीडर के तौर पर अपने कामकाज में वो विनम्र, निष्पक्ष और ईमानदार थे। वो आत्मविश्वासी और अपने सीनियर्स और सैनिकों के प्रति वफ़ादार थे। वो हमेशा अपने सैनिकों के साथ खड़े रहने और उनका बचाव करने के लिए तत्पर रहते थे। अपने जवानों के रैंक की परवाह किए बिना उनके प्रति सम्मानपूर्ण रहकर उन्होंने उनके साथ एक तालमेल स्थापित किया था। इन गुणों ने उन्हें उनके बीच लोकप्रिय लीडर बना दिया था जो उनके कहे हर काम को करने के लिए तैयार रहते थे। यही वजह थी कि कैप्टन नैय्यर और उनकी कंपनी को कारगिल युद्ध में जीत हासिल हुई।

युद्ध से पहले, जब मैंने नैय्यर को कैप्टन के पद पर प्रोन्नत किया, तो मैंने उनसे कहा, 'आपके कंधे पर जुड़ने वाले हर सितारे के साथ, अपने जवानों के प्रति आपकी ज़िम्मेदारी बढ़ जाती है। मुझे विश्वास है कि आप उन अतिरिक्त ज़िम्मेदारियों पर खरे उतरेंगे जो आपको सौंपी जा रही हैं।' अब मैं पूरे विश्वास के साथ कह सकता हूं कि वो मेरी कल्पना से भी परे जाकर अपनी साख और प्रतिबद्धताओं पर खरे उतरे।

पिंपल 2 पर हमले के दौरान, सी कंपनी के कमांडर दुश्मन की गोलाबारी में घायल हो गए और कंपनी का नेतृत्व करने का दायित्व कैप्टन नैय्यर के कंधों पर आ पड़ा। बिना झिझके उन्होंने स्थिति को अपने नियंत्रण में लिया और शेर की सी दृढ़ता से हमले में कंपनी का नेतृत्व किया। उनके आत्मविश्वास को देखकर उनके जवानों ने भी लड़ाई में उनका अनुसरण किया। उन्होंने मिसाल पेश करके नेतृत्व किया। इस प्रक्रिया में उन्होंने दुश्मन के नौ सैनिकों को धराशायी किया और दुश्मन के तीन संगरों को नष्ट किया। चौथे संगर पर नियंत्रण करने के लिए

अपने जवानों का नेतृत्व करते हुए कैप्टन नैय्यर के दाएं कंधे में कहीं से एक रॉकेट आकर लगा, जिससे मौके पर ही उनकी मृत्यु हो गई।

कैप्टन नैय्यर को पिंपल कॉम्प्लेक्स की लड़ाई में दर्शाए गए शौर्य के लिए महावीर चक्र प्रदान किया गया। मेरा मानना है कि वो सर्वोच्च सम्मान परम वीर चक्र के हक़दार थे। बटालियन को यूनिट-प्रशस्ति, मुश्कोह के लिए युद्ध सम्मान और कारगिल में इसके योगदान के लिए थिएटर सम्मान प्राप्त हुआ। कैप्टन नैय्यर 'मुश्कोह के जांबाज़ों' में शरीक हो गए, जिस पर हमें गर्व है।

उनकी बहादुरी की कहानी उन नौजवान सैनिकों और अफ़सरों को सुनाई जाती है जो यूनिट में शामिल होते हैं। उन्होंने अपनी यूनिट, रेजिमेंट और भारतीय सेना पर एक अमिट छाप छोड़ी है। यह किताब उनकी नेतृत्व क्षमताओं की स्वीकृति है, जो आने वाली पीढ़ियों को प्रेरित करेगी।

युद्ध में उनका कमांडिंग ऑफ़िसर होने के नाते मैं इस अपराधबोध में जीता रहूंगा कि मैं अनुज को अपने माता-पिता के पास सुरक्षित वापस लाने में नाकाम रहा। मैं तहेदिल से उनसे माफ़ी चाहता हूं। जय हिंद।

ब्रिगेडियर उमेश सिंह बावा (अवकाशप्राप्त) वीआरसी, एसएम
भूतपूर्व कमांडिंग ऑफ़िसर, 17 जाट

शेरदिल अनुज

1999 की गर्मियों में, एक चौबीस साल के पत्रकार के रूप में मैं कारगिल युद्ध क्षेत्र में पहुंचने वाले पहले लोगों में से था, एक ऐसी विकट परिस्थिति में फंसा अनुभवहीन रिपोर्टर जिसकी कल्पना भी नहीं की जा सकती।

चारों ओर मौत का नज़ारा था। आप इसे देख सकते थे। अगर आप सिर उठाकर नीले आसमान को देखते, तो अक्सर ऊपर उड़ते हुए तोप के गोलों के छर्रे देखते। अगर आप वाक़ई ये छर्रे देखते, तो जान लेते थे कि आप सुरक्षित हैं। जिन छर्रों पर आपका नाम लिखा हो सकता था, उनकी आवाज़ आपको सुनाई नहीं देने वाली थी। एक तीखी सनसनाती सी आवाज़। यह आवाज़ जितनी तेज़ होती, उतना ही यह उस जगह के क़रीब होता जहां आप होते।

एक सुबह तड़के ही, हम कारगिल के अपने होटल से रिपोर्ट करने निकले। जब हम वापस आए, तो उसी होटल का एक हिस्सा हमले की ज़द में आ चुका था। हमारे चारों ओर भारतीय पक्ष की जवाबी लड़ाई के निशान थे। दुश्मन को हमारे इलाक़े से बाहर निकालना था, हर क़ीमत पर।

भारत के पास नायकों का नया समूह था — बीसेक बरस के सैनिक — नौजवान लेफ़्टिनेंट, कैप्टन, और मेजर जो दुश्मन की अनवरत गोलाबारी के सामने ख़ाली पहाड़ों की ओर से हमले का नेतृत्व करते। उन्होंने अभूतपूर्व पर्वतीय लड़ाई — द्वितीय विश्व युद्ध के बाद की कुछ सबसे ज़बर्दस्त सैनिक मुठभेड़ें — लड़ी।

कैप्टन अनुज नैय्यर, मुझसे लगभग एक साल छोटे, उन बहादुरों में से थे जिन्होंने उन पर्वतीय ढलानों पर हमला किया। उनके पहले लक्ष्यों में था — मुश्कोह घाटी में पॉइंट 4875 पर पिंपल 2 पर अधिकार करना। हमले के शुरुआती चरण के दौरान, कैप्टन नैय्यर के कंपनी कमांडर घायल हो गए। मुहिम की कमान अब तेईस वर्षीय युवा के हाथ में थी। 15,590 फ़ुट की ऊंचाई पर अपने जवानों के साथ लड़ते हुए उन्होंने गहन गोलाबारी और मोर्टार हमलों के बीच आगे बढ़ते हुए दुश्मन का एक बंकर नष्ट कर दिया। एक बंकर से दूसरे बंकर पर जाते हुए, नैय्यर और उनके जवानों ने नौ पाकिस्तानी सैनिकों को मार गिराया और तीन मशीन गनों के झुंड को नष्ट कर दिया। मगर फिर, पलांश में नौजवान कैप्टन दुश्मन के रॉकेट द्वारा छोड़े गए ग्रेनेड से घायल हुए — मारे गए। उनकी तुरंत ही मृत्यु हो गई। जब यह सब ख़त्म हुआ, तो छियालीस पाकिस्तानी सैनिक मृत पड़े थे। उनके साथ भारत के ग्यारह वीर भी थे।

उनमें से एक कैप्टन नैय्यर थे। वो जिस मिशन का हिस्सा थे, वो अत्यंत विकट था। उन्होंने घोर विपरीत परिस्थितियों में अग्रिम पंक्ति में रहकर अपने जवानों का नेतृत्व करते हुए अपने कर्तव्य को संकल्प और दृढ़ता के साथ निभाया।

नौजवान कैप्टन अदम्य थे — एक सच्चे थल-सैनिक और युवा लीडर। प्रेरित और निर्भीक, वो उन भाइयों के समूह का हिस्सा थे जिन्होंने 1999 की गर्मियों में भारत के एक हिस्से को आज़ाद करवाया था।

विष्णु सोम
वरिष्ठ संपादक एवं प्रमुख प्रस्तोता, एनडीटीवी

1

आरम्भ

मेरी सेना और इस देश ने मुझमें बहुत अधिक भरोसा जताया है; इस वक़्त मौत के बारे में सोचना ग़लत होगा। जब तक आख़री दुश्मन को हरा नहीं दिया जाता, मैं सांस लेता रहूंगा।

—कैप्टन अनुज नैय्यर, एमवीसी

'मानी, मैंने एनडीए एग्ज़ाम क्लीयर कर लिया है, और अब जल्दी ही एसएसबी की कॉल आ सकती है,' अनुज ने वॉलीबॉल खेलने जाते हुए अपनी मां से कहा। उसने खुलकर बताने, या मां के जवाब का इंतज़ार करने की ज़रूरत भी नहीं समझी। 17 साल का बालक पलक झपकते जा चुका था। वो, वास्तव में, भारतीय सेना में शामिल होने के लिए प्रतिष्ठित नेशनल डिफ़ेंस एकेडमी (एनडीए) की परीक्षा की बात कर रहा था जिसे उसने पास कर लिया था।

दिन बीतते गए मगर अनुज के पास सर्विस सेलेक्शन बोर्ड (एसएसबी) से कॉल लैटर नहीं पहुंचा (एसएसबी) वो संस्था जो सेना में ऑफ़िसर बनने के लिए उम्मीदवारों की योग्यता का आकलन करती है। मानी, अनुज और उसका छोटा भाई करण प्यार से अपनी मां को मानी बुलाते थे, बेचैन होने लगी थीं। तब प्रो. नैय्यर हरकत में आए। वो अपने बेटों के लिए पॉपिन, मानी के पति और परिवार के हीरो थे। पत्र आने का इंतज़ार करने के बजाय प्रोफ़ेसर जानकारी लेने के लिए ख़ुद ही सेना के ऑफ़िस जा पहुंचे।

उत्सुक अनुज को पता चला कि अगले दिन ही उन्हें इलाहाबाद सर्विस सेलेक्शन बोर्ड को रिपोर्ट करना है। उसी रात पिता-पुत्र इलाहाबाद के लिए रवाना हो गए। इलाहाबाद स्टेशन पर सेना के अधिकारी सभी उम्मीदवारों को सेलेक्शन सैंटर ले जाने का इंतज़ार कर रहे थे। जब बेटा सेलेक्शन बोर्ड के सामने जाने के लिए अपनी बारी का इंतज़ार कर रहा था, तब पिता स्टेशन की सीढ़ियों पर बैठकर भारतीय वायु सेना के अपने इंटरव्यू को याद कर रहे थे, वो भी तब 17 वर्ष के थे।

प्रोफ़ेसर के लिए अपने देश से प्रेम किसी धर्म से कम नहीं था, उन्होंने तब तक अपने ख़ुद के इंटरव्यू की बात अपने परिवार को नहीं बताई थी। पॉपिन अनुज की क़िस्मत जानने का इंतज़ार करते हुए अपने वक़्त के बारे में सोच रहे थे।

वो अंतिम सूची में नहीं पहुंच पाए थे हालांकि उन्होंने मनोवैज्ञानिक और बौद्धिक परीक्षाएं पास कर ली थीं। जब उनसे पूछा गया कि अगर वो दुश्मन के इलाक़े में हों और उनके हथियार सिस्टम ख़राब हो जाएं और बेस पर वापसी लायक ईंधन न हो, पर उनके पास हेलिकॉप्टर से कूदकर अपनी जान बचाने का अवसर हो तो वो क्या करेंगे। उन्होंने कहा कि वो अपने जहाज़ की क्रैश-लैंडिंग करवाकर लक्ष्य को ख़त्म कर देंगे।

कुछ सैनिक अपने देश की आज्ञा मानने के लिए पैदा होते हैं, कुछ देश के लिए जान न्योछावर करने को पैदा होते हैं; पॉपिन के लिए यह राष्ट्र के साथ एक हो जाना था। देश अपने सैनिकों के ज़रिए ज़िंदा रहता है, जो हर परिस्थिति में देश की सुरक्षा और सम्मान को बनाए रखते हैं। उनके इन्हीं विचारों ने कारगिल के हमले के दौरान अनुज का मार्गदर्शन किया होगा और परिणामों की चिंता किए बग़ैर अपने फ़र्ज़ को अंजाम देने में उनकी मदद की।

प्रो. नैय्यर इलाहाबाद स्टेशन पर अनुज को सेना के अधिकारियों के सुपुर्द करने तक इंतज़ार करते रहे। जाने से पहले अनुज ने अपने पिता के गले लगकर कहा, 'वादा करता हूं कि मैं इसमें कामयाब रहूंगा, पॉपिन।' उनके पिता ने कुछ नहीं कहा; उन्होंने बस अपने बेटे को कसकर गले लगा लिया और ख़ामोशी से दोनों ने विदा ली।

एक बार भी पलटकर देखे बिना अनुज अधिकारियों के साथ चले गए। माता-पिता अक्सर इस उम्मीद में खड़े रह जाते हैं कि अपनी ज़िंदगी की नई राह पर जाते हुए उनके बच्चे कम से कम एक बार तो मुड़कर देखेंगे। मगर अनुज नहीं पलटे। न ही उस दिन इलाहाबाद स्टेशन पर, और न ही कुछ साल बाद द्रास की पहाड़ियों पर हमला करते वक़्त।

पॉपिन निश्चल खड़े अपने बड़े बेटे को प्लेटफ़ॉर्म के छोर पर, भीड़ में गुम होते देखते रहे। प्रोफ़ेसर के लिए यह सच का ऐसा पल था जब उन्हें अपने बेटे के कैरियर के चुनाव की विकरालता का अहसास हुआ था। जज़्बात उन पर हावी होते, इससे पहले वो एक ओवरब्रिज की सीढ़ियों पर बैठ गए। पिता को अपने बेटे के फ़ैसले को स्वीकारने में बस एक पल लगा। 'अब वो अपनी नियति की ओर चल दिया है,' उन्होंने ख़ुद से कहा। प्रो. नैय्यर ने अधिकृत रूप से अपने बेटे को देश को सौंप दिया था।

अपने तौर पर, अनुज महज़ ऐसे सैनिक नहीं थे जो बस अपने फ़र्ज़ और देश के प्रति निष्ठावान हो। वो हमेशा उससे ज़्यादा करते थे जितना उनसे अपेक्षित होता था। यही उन्होंने 1999 की उस क्रूर रात को ऑपरेशन विजय के दौरान द्रास सैक्टर में किया था। उन्होंने अपनी जान के बदले भारत की जीत की नींव रखी थी।

अनुज कभी भी डरपोक नहीं थे। वो बचपन में थोड़ा शांत स्वाभाव के थे। उनकी कहानी निरंतर रूपांतरण की रही है—एक शांत-गंभीर बालक से एक विद्रोही किशोर की, एक जोशीले एथलीट से ज़िम्मेदार कैडेट की, फ़र्ज़ से बंधे एक सैनिक से एक सम्मानित ऑफ़िसर की और एक बहादुर प्लाटून कमांडर से एक कुशल योद्धा की।

1999 में कारगिल ने रूपांतरण के ऐसे अनेक प्रतीकों को देखा था। हर ऐसी कहानी के साथ, इसके साक्षी रहे पर्वत भी हमेशा के लिए बदल गए। उस हर चट्टान ने जिस पर अनुज ने आराम किया होगा उनके इरादों की मज़बूती को महसूस किया होगा; हर उस पत्थर ने जो उनके पांव तले आया होगा उनकी दिलेरी को सहा होगा; हर सतह ने जिसे उन्होंने छुआ होगा अपने प्रियजनों के लिए उनके दिल की कोमलता को महसूस किया होगा। यह कहानी है कि कैसे एक नौजवान अनुज महावीर चक्र कैप्टन अनुज नैय्यर बना। यह कहानी है उनकी यात्रा की—28 अगस्त 1975 से 7 जुलाई 1999, और उससे आगे की।

वीर योद्धा बचपन से

अनुज का जन्म 4 सितंबर 1975 से पहले नहीं होना था, मगर उन्होंने इस दुनिया में जल्दी आने का फ़ैसला किया। और वो 28 अगस्त को सुबह 10.14 पर आ

पहुंचे। नई-नई मां मानी के लिए तो वो ख़ुशियों की पोटली थे। मगर लगता था जैसे नवजात शिशु अपने अंदर कोई राज़ छिपाए था। उनकी मां के शब्दों में 'उसमें ढींगरा पक्ष (मानी का विवाहपूर्व नाम) से ज़्यादा नैय्यर पक्ष हावी था।'

अनुज ने बहादुरी और आत्मविश्वास अपने पिता से पाया था तो विचारों की स्पष्टता और ज्ञान की भूख उन्हें अपनी मां से विरासत में मिली थी। रूप-रंग में भी बालक अपने माता-पिता का मेल था: उसने अपने पिता का डील-डौल और अपनी मां के नैन-नक़्श पाए थे। समय के साथ दिल्ली के लड़के ने अपने माता-पिता के दूसरे गुणों को भी अपनाना शुरू कर दिया। वो बेहद मुश्किल परिस्थितियों में भी धीर-गंभीर निर्भीकता दर्शाता, अपने पिता की भांति। संगठनात्मक कौशल और ईमानदारी उसने अपनी मां से पाई थी। कुल मिलाकर, दक्षताओं और मूल्यों का एक अच्छा छोटा सा पैकेज जो उसे अपनी उम्र के बहुत से दूसरे बच्चों से अलग करता था।

विपरीत परिस्थितियों से अनुज का संघर्ष जन्म के तुरंत बाद ही शुरू हो गया था। पश्चिम दिल्ली के राजौरी गार्डन क्षेत्र के एक नर्सिंग होम में वो स्वस्थ जन्मे थे। मगर जल्दी ही उनका स्वास्थ्य गिरने लगा और वज़न भी। मगर शिशु ने संघर्ष किया। मानी अक्सर सोचती हैं कि अगर अनुज का जन्म उस दिन नहीं हुआ होता तो क्या वो कोई अलग इंसान रहे होते। मगर ऐसा प्रतीत होता है कि 28 अगस्त को जन्म लेने वाले सैनिकों की नियति में अमर होना होता है।

अनुज का बचपनः मुस्कुराता विद्रोही

पश्चिम दिल्ली का आवासीय इलाक़ा जनकपुरी चचेरे भाइयों, चाचाओं, दादा-दादी और दूसरे रिश्तेदारों के भरे-पूरे परिवार में जन्मे इस राजकुमार का क़िला था। जल्दी ही उनकी ज़िंदगी में एक नन्हा भाई आ गया—करण। करण और कज़िन टीना उनकी जान थे जबकि बड़ा कज़िन आशीष उनका साथी। उस दौर में ज़िंदगी सीधी-सरल होती थी—बहन-भाइयों के साथ शरारतें होतीं, वीकएंड पर वेस्पा पर इंडिया गेट की ट्रिप होतीं, मिठाइयां, गैस के गुब्बारे आसमान में उड़ाना और कनॉट प्लेस के एंबेसी रेस्तरां में डिनर होता।

अनुज की ज़िंदगी अपने पिता के इर्द-गिर्द घूमती थी, और वो उनके एक-एक शब्द को ध्यान से सुनते—भले ही इसका मतलब रोज़ाना नाश्ते पर वही कहानियां सुनना हो—और उन्होंने अपने पिता के शौक़ भी अपना लिए थे।

करण उनकी छोटी सी दुनिया का केंद्र थे। वो इस तरह से उन्हें अपने साये में रखते थे जैसे कोई पिता अपने बेटे की रक्षा करता है। छुट्टियों में घूमने जाने पर अनुज उन्हें अपनी पीठ पर लेकर चलते, उनकी खिलौना जीप को सड़कों पर खींचते, और यहां तक कि स्कूल में भी वो करण और उनके दोस्तों के बीच झगड़ा सुलझाने लगते थे। यहीं से यूनिट के साथ भाईचारे की भावना पनपी थी। उनके क्लासमेट, उनकी प्लाटून के साथी, यहां तक कि सह-अभियानों के ऑफ़िसर भी सबके साथ तालमेल जोड़ लेने की उनकी क़ाबिलियत की तारीफ़ करते थे। ऊपरी चिकना-चुपड़ा और जज़्बाती रिश्ता नहीं बल्कि एक सम्मानजनक, अंत तक क़ायम रहने वाला रिश्ता जिसे कोई भी ज़िंदगी के किसी भी पल में आज़मा सकता था।

अन्याय या बेईमानी को बर्दाश्त करना अनुज के स्वभाव में नहीं था। वो तो घर में कैरम के खेल में अपने दादा की बेईमानी करने की कोशिशों को भी नहीं पचा पाते थे।

एक शांत, सरल अनुज, जिनके विद्रोही रूप में आने की कोई कल्पना भी नहीं कर सकता था, बचपन के बाद बदल गए थे। अंदरूनी बेचैनी, वो सवाल जिन्हें वो अपने तक ही रखते थे उनकी अंतरात्मा की दीवारों को हिलाने लगे थे, आज़ादी का रास्ता तलाशने लगे थे। इस बदलाव की झलकियां विभिन्न परिस्थितियों में सामने आईं। एक बार स्कूल में वॉलीबॉल के एक गेम के दौरान वो एक सीनियर से भिड़ गए जो नियमों पर नहीं चल रहा था। वहां बहुत से सीनियर्स थे। अनुज ने लड़ाई शुरू कर दी पर जल्दी ही उन्हें एहसास हुआ कि वो मुकाबला 1 बनाम 20 का था, जो जायज नहीं था। वो वहां से निकलकर सीधे प्रिंसिपल के ऑफिस पहुंचे, जिससे कोई भी उन्हें पकड़ न पाए। वो संख्या में उससे अधिक थे, लेकिन अनुज दिमाग में उनसे तेज था। अनुज के पास हालात के मुताबिक निर्णय लेने की अद्‌भुत क्षमता थी।

वो सही-सलामत घर आ गए, मगर वो बदल गए थे। उस दिन उन्होंने प्रण किया कि उसूलों वाली ज़िंदगी जिएंगे और शानदार शारीरिक फ़िटनेस हासिल करेंगे।

एक बेहद क़रीबी संयुक्त परिवार से जब नैय्यर परिवार 1986 में मात्र चार लोगों के परिवार के रूप में एक पृथक फ़्लैट में रहने गया, तब परिवार ने अपनी ज़िंदगी के एक दूसरे चरण में प्रवेश किया। अनुज तब क़रीब ग्यारह साल के थे। नए पते के साथ ही परिवार ने नई दिनचर्याओं, ज़िम्मेदारियों और वातावरण को भी अपनाया। खुली सोच के माहौल ने अनुज के व्यक्तित्व को लाभ पहुंचाया जो संयुक्त परिवार के घरेलू और रूढ़िवादी माहौल से निश्चित रूप से भिन्न था। इसी के साथ, बालक अनुज ने एक पुत्र, भाई और इंसान के रूप में अपने कर्तव्यों और मूल्यों के बारे में भी ज़्यादा समझबूझ विकसित की। उनके अंदर—भाषा, हरकतों या विचारों में—अमर्यादित व्यवहार के लिए घोर नापसंदगी पैदा हो गई थी। वो अपने उसूलों और मूल्यों पर भी उतने ही जुनून के साथ जीते थे जिस जुनून से विज्ञान और गणित पर पॉपिन के सबक़ों को समझते थे। पिता हर रात अपने बेटों के लिए टेप रिकॉर्डर पर सबक़ रिकॉर्ड करते थे, और उन्हें परिवार में महिला के स्थान को स्वीकार करने और उनका सम्मान करने के लिए भी प्रेरित करते थे। उनके फ़्लैट के बाहर काले ग्रेनाइट की नेमप्लेट पर लिखा है: *घर मीना का*। घर पर, यह निर्विवादित नियम था कि 'मानी हमेशा सही हैं।' जनकपुरी के इस परिवार के तीनों पुरुष सदस्य वेद-वाक्य की तरह इसका पालन करते थे। अगर लड़के कभी भी पिता को मानी से बहस करते पाते, तो बीच में पड़कर उन्हें इस नियम की याद दिला देते जो उन्होंने ख़ुद ही बनाया था। यह टोकना हमेशा जादुई काम करता था। लगभग हमेशा, अलावा एक बार के जब प्रोफ़ेसर ने स्टडी रूम पर अपना मालिकाना हक़ जताने के जोश में नेमप्लेट के पास ही एक काग़ज़ चिपका दिया। अब उस पर लिखा था: *घर मीना का, एक कमरा पति का*।

रुटीन और अनुशासन के प्रति अनुज का कमिटमेंट बेमिसाल था। बड़े भाई के तौर पर वो हमेशा यही चाहते थे कि करण भी ऐसा ही करें। वो करण को तब भी छूट नहीं लेने देते थे जब मानी अस्पताल में एक सामान्य बीमारी से ठीक हो रही थीं। 'वो नहीं चाहता था कि करण मेरी ग़ैरमौजूदगी का फ़ायदा उठाए,' मां याद करती हैं। एक बार जब बेटे अस्पताल में उनसे मिलने आए, तो मानी ने करण की आंख में आंसू देखे। उन्हें अंदेशा हुआ कि ज़रूर कठोर अनुशासक अनुज ने कुछ कहा है। पता लगा कि उन्होंने वक़्त पर खाना न खाने के लिए करण को डांटा था। 'पॉपिन के घर आने से पहले मुझे इसे सुलाना था,' अनुज ने कहा। 'करण को शेड्यूल पर चलना सीखना होगा।' ये एक ऐसे भाई के शब्द थे जो न केवल अपने भाई का ध्यान रखता था बल्कि उसे अनुशासित भी करता था। मगर नियमों और रुटीन की अहमियत को कभी भी शारीरिक सज़ा देकर

लागू नहीं किया गया। अनुज ने कभी करण पर हाथ नहीं उठाया। करण ने भी सम्मान करते हुए कभी भी पलटकर जवाब नहीं दिया न बदतमीज़ी की।

अनुज में चारित्रिक दृढ़ता केवल मूल्यों से ही नहीं आई थी। यह खेलों—ख़ासकर वॉलीबॉल—के प्रति उनके लगाव और शारीरिक फ़िटनेस से भी हासिल हुई थी। अगर वो दौड़ सकते थे, तो चलते नहीं थे। कामों को करने में अपने अंगों से भरपूर काम लेना उन्हें पसंद था। जब वो एनडीए में थे तो करण को उन दिनों में स्कूल छोड़कर आते थे जब वो छुट्टी पर होते थे। एक सुबह, जनकपुरी में अपनी बाइक ख़राब हो जाने पर अनुज करण की कलाई पकड़कर उन्हें जनकपुरी से लगभग बारह किलोमीटर दूर धौला कुंआ में स्थित उनके स्कूल तक दौड़ाकर ले गए। उस दिन करण की कोई परीक्षा नहीं थी, न ही असेंबली के किसी कार्यक्रम में हिस्सा लेना था, मगर स्कूल के लिए—या कहीं के लिए भी— लेट होना अनुज के लिए अकल्पनीय था। वो समय से पहुंच गए थे, करण याद करते हैं। 'उस दिन, उन्होंने यह भी फ़ैसला किया कि मुझे दौड़ने में और अभ्यास की ज़रूरत है।' इस तरह सबसे छोटे नैय्यर के लिए एक नया नियम लागू हुआ।

युवा कंधे, तेज़ दिमाग़

प्रो. नैय्यर अक्सर अंतर-सामाजिक खेल प्रतियोगिताएं आयोजित करते थे जिनमें उनके बेटे उनका सिर ऊंचा करते थे। खेलों के लिए अनुज का उत्साह मैदान में दमकता था। वो अपने पड़ोस के बच्चों को भी प्रेरित करते थे, उसी तरह जैसे उन्होंने द्रास की विकट परिस्थितियों में अपने सैनिकों को प्रेरित किया था। यह साहसिक कार्य कोई औसत कंपनी या सुप्रशिक्षित घातक यूनिट (भारतीय सेना की आतंकवादरोधी सामरिक यूनिट) भी आसानी से नहीं कर सकती थी—मगर अनुज और उनके जवानों ने ख़ुद को भी पीछे छोड़ दिया था।

खेल और फ़िटनेस अनुज की ज़िंदगी में दो नियमित चीज़ें रहीं। स्कूल में वॉलीबॉल खेलने, एनडीए में दौड़ने, भारतीय सेना अकादमी (आईएमए) में बॉक्सिंग और युद्ध प्रशिक्षण और बटालियन के साथ ज़िंदगी ने उनके व्यक्तित्व में इज़ाफ़ा किया। जब भी उन्होंने ख़ुद को चुनौती दी, तो यह सुनिश्चित किया कि अंतिम रेखा को जीतना आसान न हो। यह उनका ख़ुद को आत्मतुष्ट होने से बचाने का तरीक़ा था।

बचपन में शारीरिक प्रशिक्षण अनुज के लिए अपने पिता को जानने और उनके साथ दोस्ती पनपाने का अवसर बना। प्रोफ़ेसर के लिए भी यह नई पीढ़ी को समझने का एक मौक़ा था। दोनों को ही अच्छे स्पोर्ट्स शूज़ और फ़ोटोग्राफ़ी के उपकरणों का शौक़ था। अनुज ने अपने पिता से अपने लिए एयर गन भी ख़रीदवा ली थी। अनुज के दादा, दूसरे विश्व युद्ध के भूतपूर्व सैनिक, लेफ़्टिनेंट बख़्शी राम नैय्यर की बदौलत हथियारों और युद्ध के प्रति लगाव उनके ख़ून में था। जनकपुरी के अपार्टमेंट बिल्डिंग की छत वो जगह बनी जहां अनुज ने अपने पिता की कड़ी निगरानी में एयर गन चलाने के पहले सबक़ सीखे, वो तब तक अपने बेटे के साहसिक काम में इच्छुक भागीदार हो गए थे।

इन प्रशिक्षण सत्रों को लेकर पड़ोसियों की ओर से अक्सर शिकायतें आने लगीं जो शोर से परेशान होते थे। मगर अनुज हमेशा उन्हें शांत करने में कामयाब रहते थे। वो बातचीत के दौरान या तो मुस्कुराते रहते थे या शिकायतकर्ता को समझाते थे। एनडीए में भी जब अनुज सीनियर्स के साथ शरारतें करते तो उन्हें शांत करने के लिए अपनी मुस्कान का सहारा लेते थे।

बचपन में, अनुज को माता-पिता की सलाह या उनकी मदद लेने जाने की जगह शिकायतों या मतभेदों को ख़ुद सुलझाना पसंद था। शिकायतों के सैलाब के सामने भी वो शांत और शिष्ट बने रहते थे। एक बार जब एक पड़ोसी परिवार यह शिकायत लेकर घर आया कि अनुज ने उनके बेटे के साथ झगड़ा किया है, तो उन्होंने एक शब्द भी नहीं कहा। उनके जाने के बाद जब मानी ने उनसे पूछताछ की, तब जाकर उन्होंने कहा कि इतनी छोटी सी बात के लिए अपने माता-पिता को परेशान करना उस लड़के की नादानी थी। मानी तब उन्हें समझ नहीं पाई थीं। आख़िर, अनुज अपनी उम्र से ज़्यादा परिपक्व थे।

ख़ामोश विद्रोही

शांत और संतुलित रहने वाले अनुज को ग़ुस्सा भी आता था, ख़ासकर तब जब उनके संरक्षणात्मक पहलू को छेड़ा जाता था। जब उनकी प्यारी चचेरी बहन टीना ने एक लड़के की छेड़ख़ानी से निबटने में उनकी मदद मांगी, तो पहले तो अनुज ने उन्हें उसे नज़रअंदाज़ करने की सलाह दी। अनुज का हमेशा यही मानना था कि सबको पहले अपनी समस्याएं ख़ुद सुलझानी चाहिए। वो दूर खड़े रहकर नज़र रखना, और केवल तब बीच में पड़ना पसंद करते थे जब हालात बिगड़ने

लगते थे या हाथ से निकल जाते थे। इसी तरह उन्होंने टीना की समस्या को भी लिया। मगर वो लड़का टीना को परेशान करता रहा और टीना ने अपने भाइयों और रक्षक फ़रिश्ते आशीष और अनुज से शिकायत की।

अनुज ने टीना से कहा कि लड़के के साथ मुलाक़ात तय करें। योजना थी कि उससे आराम से, आमने-सामने बात की जाएगी। सब योजना के मुताबिक़ हो रहा था—अनुज उस लड़के को स्कूल के मैदान के एक कोने में ले गए। मगर जब लड़के ने टीना के बारे में बेहूदा टिप्पणी की तो वो हत्थे से उखड़ गए। जब तक आशीष उस स्थान पर पहुंचे—वो दूर से दोनों पर निगाह रखे हुए थे—तो अनुज उस बदमाश को उल्टा पकड़े खड़े थे। उन्होंने लड़के को ना तो मारा, ना गाली-गलौज की, बस यह पक्का किया कि फिर कभी किसी को तंग करने से पहले वो दो बार सोचे।

ऐसे कामों से अनुज का पारा चढ़ जाता था जो मान-सम्मान और इंसानियत के मूल्यों को चुनौती देते थे। यही कारगिल के घुसपैठियों के मामले में हुआ था। उनके दिल में किसी भी देश के लिए कोई दुर्भावना नहीं थी मगर रणक्षेत्र से मृत सैनिकों के शवों को हवाईजहाज़ों द्वारा उठाकर लाने के दृश्य देखकर उन्होंने उन्हें मुंहतोड़ जवाब देने का संकल्प कर लिया।

सेना रंगरूटों के व्यक्तित्व में ऐसे गुणों को खोजती है जिन्हें वो 'ऑफ़िसरों जैसे गुण' या ओएलक्यू कहती है। किसी भी प्रोग्राम के लिए कैडेटों को चुनते वक़्त वो कुछ ख़ास विशिष्टताओं को मापती है और प्रशिक्षण के माध्यम से ओएलक्यू को तराशती है। मानी के अनुसार अनुज में अपने बचपन से ही कर्तव्य-भावना जैसे ओएलक्यू थे। अपनी कज़िन को छेड़ख़ानी से बचाने से लेकर स्कूल में दबंग लड़कों द्वारा पीटे गए दोस्त का बचाव करने—और उसे फ़र्स्ट एड दिलाने—तक अनुज ने बार-बार समूह भावना का प्रदर्शन किया था।

घर छोड़कर सेना में शामिल होने से पहले भी वो एक सैनिक, एक हीरो थे और उन्होंने अपनी ख़ुद की एक विरासत बनाई थी।

आज़ाद फिर भी मांद में

'नैय्यर साहब, मैं अब यह और बर्दाश्त नहीं कर सकता।' स्कूल में अनुज के गणित के टीचर नाराज़ हो रहे थे। उन्होंने अपने हाथ आगे बढ़ाए और प्रोफ़ेसर से अपनी नब्ज़ देखने को कहा। 'आपका यह लड़का कभी क्लास में नहीं आता।

वो या तो वॉलीबॉल खेलता रहता है या अपने कज़िन आशीष के साथ घूमता रहता है,' उन्होंने आगे कहा। 'मुझे डर है वो फ़ेल न हो जाए।' उनके पिता ने यह सब सुना मगर वो जानते थे कि उनका बेटा फ़ेल होने के लिए नहीं बना है। अनुज कभी किसी कक्षा में दोबारा नहीं बैठे।

अनुज को विपरीत परिस्थितियों को मात देने का जुनून था। एक बार वॉलीबॉल कोर्ट में लाइट ठीक करते हुए उन्होंने ग़लती से एक नंगे तार को छू लिया। वो कुछ पल उनके हाथ पर चिपका रहा जब तक कि आशीष ने मेन स्विचबोर्ड से उसे हटाया नहीं। अनुज को बहुत तकलीफ़ हुई मगर उन्होंने उस पर क़ाबू पा लिया। मानी अक्सर सोचा करतीं कि अनुज उनके पास आशीष के बचाने के कारण है। अगर आशीष एक्शन नहीं लेता तो उस दिन कुछ भी हो सकता था।

'दर्द आपके दिमाग़ में होता है। अगर आप उसे महसूस नहीं करेंगे, तो आप उससे आहत नहीं होंगे।' वो इसी विश्वास पर जीते थे। 17 साल की उम्र में जब उनके स्कूटर का एक्सीडेंट हुआ था तब यह साफ़ हो गया था। तब भी आशीष उनके साथ थे। वो परिवार से चोट को छिपाए रखने में कामयाब रहे थे जब तक कि मानी अनुज के ख़ून में भीगे जूते से नहीं टकराईं। उन्हें तुरंत अस्पताल ले जाया गया जहां उन्होंने बिना एनेस्थीसिया के इलाज—त्वचा आरोपण (स्किन ग्राफ्टिंग)—करवाने का फ़ैसला किया। उनकी मां का मानना है कि यह वो लिटमस टैस्ट था जो उन्होंने अपने लिए रखा था क्योंकि वो देखना चाहते थे कि वो सेना में कैरियर बनाने के लिए उपयुक्त हैं या नहीं।

चोट और उससे उबरने के समय ने अनुज को वो ब्रेक दिया जो एनडीए एंट्रेंस एग्ज़ाम की तैयारी के लिए उन्हें चाहिए था। इसी दौरान उनमें उन एन्साइक्लोपीडिया और जरनलों के लिए ख़ास लगाव पैदा हुआ जिन्हें उनके पिता बहुत शौक़ से जमा करते थे। वो इनका अध्ययन करने लगे क्योंकि वो अपने मस्तिष्क को विस्तार देकर प्रकल्पना, विश्लेषण और तर्क के माध्यम से व्यावहारिक ज्ञान हासिल करना चाहते थे।

एंट्रेंस एग्ज़ाम पास करने के बाद अनुज ने स्कूल में दिलचस्पी लेना बंद कर दिया। इससे उनके माता-पिता परेशान हो गए क्योंकि उन्हें डर था कहीं वो बोर्ड परीक्षाओं में नाकाम न हो जाएं। 'एनडीए जॉइन करने के लिए उसे अभी भी बोर्ड में कम से कम 33 प्रतिशत अंक लाने थे,' मानी कहती हैं, मगर अनुज ज़रा भी गंभीरता नहीं दिखा रहे थे। आख़िरकार उनके पिता ने उन्हें बिठाया और अनुशासन पर लेक्चर दिया जो उन्हें अपने दैनिक रुटीन में वापस लाने के लिए ज़रूरी था।

आख़िरकार अनुज ने अपने बेलगाम उत्साह पर क़ाबू पाया और पढ़ाई पर ध्यान दिया। उन्होंने परीक्षा में 65 प्रतिशत अंक हासिल किए। जब प्रसन्न माता-पिता ने उन्हें उनके रिज़ल्ट के बारे में बताया तो वो बेड से कूदकर उनसे लिपट गए।

आर्मी पब्लिक स्कूल, धौला कुंआ में उनके आख़री दिनों में स्कूल ने अपनी ईयरबुक रिलीज़ की। किताब ने अनुज को 'लीथल वेपन' कहा। ऐसे छात्र के लिए यह सही टाइटिल प्रतीत होता था जिसके पिता का प्रिंसिपल के ऑफ़िस में नियमित रूप से आना-जाना रहता था, और जिसकी शरारतों के कारण उसके शिक्षकों की नींदें उड़ी रहती थीं।

अनुज ऐसे छात्र थे जिन्हें सोमवार के यूनिट टैस्टों के दौरान अपना टिफ़िन खाना और खेलकूद करना पसंद था।

अनुज अपने स्कूल की लड़कियों के बीच भी लोकप्रिय थे। उनमें से कई उन पर फ़िदा थीं और उन्हें रोमांटिक कार्ड और ख़त भेजा करती थीं। वो इसका लुत्फ़ लेते थे मगर इसे उन्होंने अपने दिमाग़ पर हावी नहीं होने दिया। उनकी मंगेतर टिम्मी भी उन लड़कियों में से थीं जो इस ख़ूबसूरत टीनएजर को पसंद करती थीं, मगर उनकी दोस्ती का रूप केवल तभी बदला जब उन्होंने डिफ़ेंस अकादमी जॉइन कर ली, जो उनका सपना था।

अनुज के अतीत ने उन्हें एनडीए में भी अच्छी स्थिति में रखा। वो अभी भी न्याय के साथ खड़े होते थे, अभी भी उनकी वही मुस्कान थी जो पत्थरों को मोम कर सकती थी, और अभी भी वो दिल से आज़ादख़्याल थे। वो सैनिक जिसने कारगिल युद्ध के दौरान द्रास के पहाड़ों को जीता था, वो उन शिक्षाओं का मेल था जो उसने अपने लड़कपन में सीखी थीं।

'दुश्मन को ईश्वर के रहमो-करम पर छोड़ दो; उन्हें अपना इंसाफ़ मिल जाएगा,' अनुज ने पिंपल 2 की चौकी पर चढ़ाई करते हुए कहा था। 'मगर अपने ईश्वर से उसकी मुलाक़ात का इंतज़ाम हम करेंगे,' उन्होंने बात पूरी की।

2

नियति के पार

मैंने हथियारों, चाक़ुओं और ख़ाली हाथों से लड़ने की कला में अपनी योग्यता को बढ़ा लिया है। वो दिन कभी नहीं आएगा जब मुझे हार माननी पड़ेगी।

—कैप्टन अनुज नैय्यर, एमवीसी

नेशनल डिफ़ेंस एकेडमी में अनुज का पहला दिन बहुत घटनापूर्ण रहा।

अपने दिल और दिमाग़ में तो अनुज पहले ही भारतीय सेना का हिस्सा बन चुके थे। दिल्ली का आर्मी पब्लिक स्कूल इस प्रेम की दिशा में पहला क़दम था। सशस्त्र बलों के लिए उन्होंने अपने तन और मन दोनों को तैयार कर लिया था। और अकादमी के प्रतिष्ठित हॉल में क़दम रखते हुए वो इस बात के लिए तैयार थे कि किसी को अपने जोश पर पानी नहीं फेरने देंगे। मगर स्वागत असामान्य था।

वो अकादमी में रिपोर्ट करने वाले दूसरे बैच में थे। जब तक वो कैडेट के रूप में रजिस्टर करवाने पहुंचे, तब तक पहले बैच के लोगों को अनिवार्य क्रू-कट और नियमों, दिनचर्या, शिष्टाचार, अनुशासन और औचित्य पर अधिकृत जानकारी के ज़रिए नेशनल डिफ़ेंस एकेडमी में पहुंचने के शुरुआती अभिमान से कुछ पायदान नीचे लाया जा चुका था। अनुज जब अपने लंबे बालों और धूप के चश्मे के साथ क्लासरूम में पहुंचे, तो उनका 'स्वागत' अभी किया जाना बाक़ी था।

उस दिन जो सीनियर कैडेट ओरिएंटेशन का नेतृत्व कर रहा था, वो भी नए रंगरूटों की तरह ही अस्पष्ट था। 'तुम कहां से आए हो?' उसने पूछा।

कंधों पर बैकपैक लटकाए अनुज ने जवाब दिया, 'दिल्ली से।'

न कोई अभिवादन, न शिष्टाचार, बस जवाब।

कक्षा को उसी वक़्त अधिकृत शिष्टाचार और अभिवादन के रूपों के बारे में बताया गया था। अनुज साफ़-साफ़ दोनों का उल्लघंन कर रहे थे। सीनियर कैडेट उन्हें इतनी आसानी से नहीं जाने देने वाला था। 'तुम्हें यह भी नहीं पता कि किसी सीनियर से बात करते समय ''सर'' का इस्तेमाल करना होता है?' वो अनुज पर चढ़ बैठा।

नए रंगरूट ने भी तुरंत जवाब दिया, 'मैंने अभी यहां बस रिपोर्ट किया है, जॉइन नहीं किया।'

नियमों के कभी पाबंद नहीं रहे अनुज का हालात से निबटने का अपना ही तरीक़ा था, भले ही वो अजीबोग़रीब हो। उनके तौर-तरीक़े हमेशा सबको ख़ुश नहीं करते थे, मगर वो हमेशा ही कहीं ज़्यादा रोमांचक और उत्तेजक होते थे। सीनियर कैडेट से अनुज की पहली बातचीत ने उनके बैचमेट कर्नल अशोक ठाकुर की एक मुद्दे पर अपना मन बनाने में मदद की। वो या तो इस दिल्ली के लड़के को घमंडी क़रार देते और उससे बचते, या वो उसके दोस्त बन जाते और उसके भीतर छिपे लीडर और कॉमरेड को सराहते। उन्होंने दूसरा विकल्प चुना।

यह कहना ग़लत नहीं होगा कि जो शख़्स एनडीए में जाता है, वह एनडीए का ही बन जाता है। प्रत्येक कैडेट की जड़ें प्रशासनिक भवन सूडान हॉल में जमी होती हैं; उस संस्था में दैनिक दिनचर्या एक मज़हब बन जाता है और उन्हें उत्कृष्टता की मशाल बनाकर वापस दुनिया में भेजा जाता है। अनुज के लिए यह स्थान इससे कहीं ज़्यादा था। यह उसके लिए घरेलू पिच थी, जिसे उसके पिता के एनडीए आदर्शों पर बड़ा किया गया था।

'जब दूसरे लोग ड्रिल और शारीरिक परिश्रम से जूझ रहे थे, तब यह बंदा अकादमी की एक-एक चीज़ का आनंद ले रहा था,' कर्नल ठाकुर याद करते हैं जो उनके कोर्स-मेट भी थे।

उस समय एनडीए हर शैक्षणिक साल में पंद्रह स्क्वैड्रंस में दो हज़ार से अधिक कैडेट की भरती करता था। 'अनुज और मैं 1993-96 बैच की एको स्क्वैड्रन का हिस्सा थे, या जिसे हम 'ईगल स्क्वैड्रन' कहते थे, का 90वां बैच था। तो, एको स्क्वैड्रन की टाइमलाइन और अपने बैच को हमने जो नाम दिया था,

दोनों को मिलाकर हम ख़ुद को '90 एश्लॉन्स' कहने लगे,' कर्नल ठाकुर कहते हैं। उनके शब्दों में, अनुज अपने शेष जीवन '90 एश्लॉन (90th ECHELONS) बने रहे। मगर उन्हें क्या पता था कि उनकी विरासत अब एनडीए कैडेटों को कक्षा में पढ़ाए जाने वाले कोर्स का हिस्सा बन जाएगी—उन्हीं हॉलों में जहां कर्नल ठाकुर और वो थका देने वाली ड्रिल के बाद जगे रहने की कोशिश करते, नोट्स का आदान-प्रदान करते, और इसी के साथ उन्होंने एक अटूट दोस्ती की नींव रखी थी।

अनुज के लिए इस जगह में एक ख़ास आकर्षण था। अकादमी के तीन मुख्य आदर्श अनुशासन, फ़िटनेस और निष्ठा उनमें अंतर्निहित थे। इससे उनके लिए भारत और हमारे मित्र देशों के नए कैडेटों की भीड़ में अपना विशिष्ट स्थान बनाना आसान हो गया था। कर्नल ठाकुर याद करते हैं कि अनुज ज़्यादा नहीं बोलते थे, मगर उनमें व्यवहार-कौशल था। 'वो अपनी बारी के बिना या बिना सोचे-समझे नहीं बोलते थे, मगर फिर भी उन्होंने अपने आसपास एक जिज्ञासा का माहौल बना रखा था,' पुराने कोर्स-मेट कहते हैं, 'हममें से ज़्यादातर लोग सोचते रहते थे कि "अनुज अब क्या करेगा" या "वह इस कार्य या गतिविधि को कैसे करेगा," वो आगे कहते हैं।

जहां किसी भी कैडेट को एनडीए की व्यवस्था में ख़ुद को ढालने में औसतन तीन-चार हफ़्ते लग जाते थे, वहीं अनुज ने अपनी गति पाने में बस तीन से चार दिन लिए थे। ऐसे व्यक्ति के लिए यह उल्लेखनीय था जो अपने अधिकांश बैचमेट्स की तरह पहली बार घर से दूर हुआ था, और आत्मनिर्भर बनने की दिशा में क़दम बढ़ा रहा था। सेलेक्शन की कठोर प्रक्रिया उन लोगों को बाहर कर देती है जिनमें एनडीए का प्रशिक्षण झेल पाने की संभावना नहीं होती। अनुज ने न केवल अकादमी को पूरा किया, बल्कि उसे आत्मसात भी किया।

सिविल संस्थाओं में छात्र जिस रैगिंग से दो-चार होते हैं, उसके एनडीए रूप 'रगड़ा' के दौरान अनुज की मुस्कान ने उन्हें अपने बैचमेट्स और सीनियर्स दोनों की प्रशंसा का पात्र बनाया।

अनुज हर गतिविधि को आत्मविश्वास से पूरा करते थे। एक वर्दी बदलकर दूसरी वर्दी (एनडीए में कैडेटों के लिए नौ वर्दियां होती हैं) पहनने में उन्हें बस कुछ सैकंड ही लगते थे। वो उससे ज़्यादा पुश-अप और क्रंचेज़ करते थे जितना करने को उनसे कहा जाता था। और अतिरिक्त व्यायामों और शारीरिक चुनौतियों से वो कभी इंकार नहीं करते थे। वो बस मुस्कुरा देते थे।

तरकीब काम कर जाती थी। सब मान लेते थे कि इस कैडेट को हल्के में नहीं लिया जा सकता है।

अकादमी में उनके सीनियर्स में उनके दिल्ली के स्कूल के कुछ पूर्व छात्र भी थे। हायर सैकेंडरी में युवा नैय्यर की शरारतों की वजह से उनमें से कुछ उनसे बदला लेने की भावना पाले हुए थे। मगर अकादमी में ख़ुद से बदला लेने की भावना रखने वाले किसी सीनियर के, या किसी बटालियन के भी होने के परिणामों से अनुज घबराते नहीं थे। उन्होंने अपने उन फ़ैसलों के लिए कभी माफ़ी नहीं मांगी जिनकी वजह से स्कूल में कुछ सीनियर उनके विरुद्ध हो गए थे। 'उनके उसूल पत्थर की लकीर थे,' कर्नल ठाकुर कहते हैं। लंबी अवधि में यह फायदेमंद साबित हुआ। इसने स्कूल के दिनों की प्रतिद्वंद्विता और मनमुटावों को परस्पर सम्मान और विश्वास से उपजी दोस्ती में बदल दिया।

तीन साल की ट्रेनिंग के बाद एनडीए के एक ट्रेनी को इंडियन मिलिट्री अकादमी (आईएमए) को पास करने में आमतौर पर बारह महीने लगते हैं। और एनडीए में वो जो सीखता और आत्मसात करता है, वो ट्रेनिंग, विशेषज्ञता और सर्विस के बाद के चरणों में उसकी मदद करता है। भारतीय सेना के अफसर अक्सर अपनी कैडेट ट्रेनिंग को दोहराते हैं, और इसकी वजह महज प्रोफेशनल नहीं है। वो साथी कैडेटों के साथ पनपे भाईचारे के लिए भी अकादमी को सराहते हैं। समय के साथ एनडीए के ट्रेनी नए ओहदे हासिल करते हैं, कुछ रणभूमि में बेहतरीन प्रदर्शन के लिए बड़े-बड़े मैडल और सितारे तक पाते हैं। लेकिन शायद उन्हें कुछ भी इतना अज़ीज़ नहीं होता जितना कि वो निकनेम और पहचान जो उन्होंने एनडीए के दिनों में हासिल की होती है।

जब द्रास में अनुज ने विपरीत परिस्थितियों का मुक़ाबला किया और पिंपल्स को जीता, तब वो अनेक पहचानों वाले सैनिक थे: डिवीज़न कैडेट कैप्टन अनुज नैय्यर, एको स्क्वैड्रन, एनडीए 1996; जैंटलमेन कैडेट अनुज नैय्यर, नौशेरा कंपनी, करियप्पा बटालियन, आईएमए 1997; और कैप्टन अनुज नैय्यर, चार्ली कंपनी, 17 जाट बटालियन, भारतीय सेना 1999। मगर अपने दिल से वो गर्वित '90 के एश्लॉन ही रहे।

निर्माणगत सैनिक

एनडीए सशस्त्र बलों का गेटवे है। और इसके कैडेट रक्षा का भविष्य। उन्हें बहुत व्यापक पैमाने के विषयों और क्षेत्रों की शिक्षा दी जाती है: विज्ञान से लेकर

शारीरिक फ़िटनेस, सामरिक अध्ययन से लेकर वांछित विशेषज्ञताओं में बुनियादी कोर्स तक। कहने की ज़रूरत नहीं है कि कोर्स में स्पोर्ट्स और स्टडीज़ का मेल शामिल होता है; जिसमें लगभग सब कुछ ही आउटडोर होता है। अनुज के पिता का मानना था कि बाहरी दुनिया के पास सिखाने के लिए किसी भी कक्षा या लैब से ज़्यादा होता है। इससे उन्हें स्कूल में अनुज के प्रदर्शन को लेकर उनके शिक्षकों की यदा-कदा आने वाली शिकायतों को दरकिनार करने में मदद मिलती थी। वो जानते थे कि उनके बेटे ने एनडीए में आदर्श स्थान पा लिया है जो उनके शारीरिक और शैक्षिक रूपों को विकसित करेगा।

'अनुज एनडीए में आदर्श छात्र थे। जब वो अकादमी में आए तो खिलाड़ी तो पहले से ही थे। अनेक लोग फ्रंट रोल और शॉर्ट स्प्रिंट में संघर्ष करते थे, मगर वो बड़े आराम से अस्सी से सौ तक कर लेते थे,' कर्नल ठाकुर कहते हैं। संगठन की भावना उन्होंने एनडीए के दिनों में विकसित नहीं की थी; इसके बजाय, वो अनेक लोगों को इस विशिष्टता को सटीक बनाने के लिए प्रेरित करते थे। ऑफ़िसर होने के सभी आवश्यक गुणों के साथ अनुज परफ़ेक्ट ऑफ़िसर की मिसाल थे।

एक चीज़ जिसे लेकर वो बहुत ख़ुश नहीं थे, वो दौड़ने की उनकी औसत गति थी। स्कूल में इसमें अच्छा होने के बावजूद वो अकादमी में अभी भी कुछ कैडेटों से पीछे थे।

तो अनुज एनडीए की व्यस्त दिनचर्या से प्रैक्टिस के लिए समय निकालने लगे। रोज़ के दो शारीरिक प्रशिक्षण सत्रों और एक खेल सत्र से अलग उन्होंने दौड़ने के ट्रेनिंग मापदंड का अपना स्वरूप तैयार किया। उन्होंने इन सत्रों में अपने बैचमेट्स को भी शामिल किया, उनके साथ वो क्रॉस-कंट्री दौड़ और वॉलीबॉल का अभ्यास करते थे। अनुज को ठहराव नापसंद था। ऐसा लगता था जैसे वो ज़िंदगी नाम के खेल के सभी स्तरों को पार करने के लिए उतावले हो रहे हैं।

उनका एक मस्तमौला पहलू भी था; उनके अधिकांश एनडीए साथी उन्हें मुश्किल परिस्थितियों में अनूठा होने के लिए याद करते हैं। अनुज उत्सुकता से एनडीए के उन शिविरों का इंतज़ार किया करते थे जहां स्क्वैड्रन सहयोगात्मक अभ्यासों, संयुक्त आउटडोर मिशनों और प्रशिक्षण सत्रों में भाग लिया करती थीं। ये शिविर सीमा-पार के कैडेटों, और विभिन्न क्षेत्रों एवं जीवन-स्तरों से आए कैडेटों को आपस में जुड़ने का अवसर देते थे।

कैंप ग्रीनहॉर्न नए भर्ती किए गए कैडेटों के लिए पहला आउटडोर शिविर होता था। इसका नाम ग्रीनहॉर्न इसलिए था कि कैडेट युद्ध के सामान के साथ

लंबे रूट मार्च, रात्रि-नैविगेशन, और खुले पहाड़ों और जंगलों तक में सुरक्षा की तैयारियों जैसी गतिविधियों से भरे सप्ताह में पहली बार मिलिट्री जीवन की अनिश्चितताओं और कठोरताओं का सामना करते थे। रात्रि-नैविगेशन, अनुकूलन ट्रेनिंग और सर्किट ट्रेनिंग जैसे अन्य अभ्यासों में एक प्रोग्राम ऐसा था जिसमें भागीदारों को लगातार छियानवे घंटे जगे रहना और समय-सीमा के भीतर निश्चित कार्यों को पूरा करना होता था। 'हमसे एक सामरिक बंकर खोदने को कहा गया था, जो कि हथियार यूनिटों की ज़मीनी चौकी के लिए गड्ढे जैसा होता है,' कर्नल ठाकुर कहते हैं।

बंकर खोदने का निर्देश शिविर के तीसरे दिन रात के ठीक दस बजे दिया गया था। अपनी चुनी ज़िंदगी का स्वाद चखते, थके-हारे कैडेट सोने और जागने के बीच की हालत में थे। कर्नल ठाकुर के अनुसार, 'ज़्यादातर को लगा कि खुदाई का काम अंततः उन्हें तोड़ देगा।' मगर, अनुज मुस्कुराते और खुदाई करते रहे।

'एक-एक करके कैडेट ताश के पत्तों की तरह बंकर में गिरते गए, मगर अनुज नहीं रुके,' कर्नल ठाकुर याद करते हैं। 'उन्होंने कहा, ''अब जब हम इसे कर रहे हैं, तो कम से कम ऐसा तो लगे कि हमने विश्वसनीय कोशिश की है,'' और वो जुटे रहे।'

पांच फ़ुट गहरा गड्ढा खोदने के बाद अनुज और कुछ दूसरे लोगों ने थोड़ा सा सोने का फ़ैसला किया। बंकर में सोने के बजाय अनुज ने राय दी कि पास की झाड़ियों में कोई जगह तलाशें। ट्रेनिंग कैप्टन के आकस्मिक निरीक्षण से बचने की तिकड़म के तौर पर उन्होंने गड्ढे के किनारे कुछ हेल्मेट लगा दिए। उन्हें उम्मीद थी कि भोर की रोशनी में ऐसा लगेगा कि कैडेट अभी भी बंकर में काम कर रहे हैं। सुबह चार बजे के क़रीब, बंकर से आई एक तेज़ चीख़ से सारे कैडेट हड़बड़ाकर उठ गए। सारी चालाकियों से वाक़िफ़ ट्रेनिंग ऑफ़िसर ग्रुप की खोज-ख़बर लेने आए थे। उन्होंने अपनी राइफ़ल के बट से हेल्मेटों पर चोट करके कैडेटों को जगाने का फ़ैसला किया। यह चोट इतनी तेज़ थी कि आसपास के सारे लोग चौंक गए थे—ख़ासकर वो लाचार कैडेट जो वास्तव में हेल्मेट पहनकर गड्ढे में सो रहे थे।

चीख़ बाक़ी कैडेटों के लिए चेतावनी थी जो तुरंत रेंगते हुए बंकर में लौट आए। जांच करने पर ट्रेनिंग ऑफ़िसरों ने ग्रुप के काम की सराहना की। शिविर के बाद हेल्मेट की इस तिकड़म पर कैडेट ख़ूब हंसे।

आज भी अनुज के बैचमेट याद करते हैं कि वो उन्हें केवल अच्छा ऑफ़िसर ही नहीं, बल्कि बेहतर इंसान बनने के लिए भी प्रेरित करते थे। जब उन्हें लोगों

में सकारात्मकता दिखती तो फिर किसी से मतभेद मायने नहीं रखता था। उनके दोस्त यह देखकर भौंचक्के रह जाते थे कि वो आत्मविकास की यात्रा पर लोगों को कैसे ले जाते और प्रेरित करते थे। एनडीए में उनके बैच के लगभग सब लोगों के पास उनकी कोई कहानी है, जिसे वो संजोकर रखते हैं—अनुज, (एक)इंसान और निर्माणगत सैनिक।

नेशनल डिफ़ेंस एकेडमी ने अनुज को बदल दिया था। जब वो छुट्टियों में घर गए, तो मानी को उस इंसान को स्वीकार करने में वक़्त लगा जो वो बन गए थे। उन्हें बस ललक थी तो उनकी वैवाहिक स्थिति में बदलाव की। अकादमी ने उनके बेटे को बेहतर बना दिया था मगर वो अभी भी हैरान थीं कि क्या वो वाक़ई सही जगह पर हैं। मगर जिस तरह उन्होंने अपने पिता को अपनी नई ज़िंदगी का ब्योरा दिया, उससे उनके सारे संदेह धुल गए।

पहली बात, अकादमी ने निश्चय ही उन्हें ज़्यादा परिपक्व, दृढ़ और इस ओर से आश्वस्त बनाया था कि वो कौन हैं और किस भूमिका के लिए ट्रेनिंग पा रहे हैं। उनकी शारीरिक बनावट में भी कठोर प्रशिक्षण के चिह्न दिख रहे थे। यह पूरी तरह से स्पष्ट था कि वो अपनी परवरिश और एनडीए की ट्रेनिंग का बेहतरीन लाभ उठा रहे हैं। एक अठारह साल के नौजवान के तौर पर वो असामान्य आत्मविश्वास की तस्वीर थे।

नौजवान कैडेट — इंडियन मिलिट्री अकादमी में—अपनी ट्रेनिंग के अगले स्तर के लिए तैयार हो चुका था। एनडीए से ट्रेनिंग पूरी करने वाले सभी लोग आईएमए को जॉइन नहीं करते हैं; कुछ वायु सेना अकादमी या भारतीय नौसेना अकादमी में चले जाते हैं। एनडीए में सफलतापूर्वक तीन साल पूरे करने के बाद, कमीशन किए जाने से पहले कैडेटों को एक साल की ट्रेनिंग के लिए अपनी-अपनी अकादमियों में भेजा जाता है। थल सेना के कैडेट उत्तराखंड में देहरादून स्थित इंडियन मिलिट्री अकादमी में जाते हैं; वायु सेना के कैडेट तेलंगाना के डूंडीगल स्थित वायु सेना अकादमी में जाते हैं; और नौसेना के कैडेट केरल के एझिमाला स्थित भारतीय नौसेना अकादमी में जाते हैं।

घर पर रहने के दौरान अनुज अपनी ट्रेनिंग के बारे में बात करना बंद ही नहीं करते थे। वो तो घरेलू कामकाज का भी ड्यूटी पर मौजूद इंस्पेक्टर की तरह निरीक्षण करते थे। वो घर में इस अंदाज़ में घूमते थे कि करण अक्सर चिढ़ जाते थे। दूसरी ओर, प्रोफ़ेसर नैय्यर इस रूप का मज़ा लेते थे।

अनुज अपने दोस्तों के साथ भी बहुत वक़्त बिताते थे। शायद ही कभी वो अपनी मोटरबाइक के बिना बाहर जाते हों। लड़कियां अक्सर उनसे सैर करवाने की गुज़ारिश करतीं मगर वो दृढ़ता से इंकार कर देते थे। मना करने की वजह दिलचस्पी न होना बताई जाती थी। फ़रवरी 1995 की छुट्टियों के दौरान स्थितियां बदलीं, जब आर्मी पब्लिक स्कूल के खेल के मैदान में उनकी मुलाक़ात टिम्मी से हुई, जहां वो दोनों पढ़ा करते थे। उन्होंने टिम्मी से धौला कुआं में स्थित डीएसओआई (डिफ़ेंस सर्विसेज़ ऑफ़िसर्स इंस्टीट्यूट) क्लब में चलने को कहा। उन्होंने टिम्मी को अपने घर बुलाया और करण और आशीष से मिलवाया। अनुज को किसी लड़की के साथ देखना उनके भाई और कज़िन के लिए किसी चमत्कार से कम नहीं था। ड्रॉइंग रूम में अनुज और टिम्मी को बातों में मगन देखकर वो खिलखिलाते रहे।

इसके बाद मुलाक़ातें और बाहर जाना बढ़ता गया। दोनों बाइक पर निकल पड़ते, प्रिया और चाणक्य सिनेमा कॉम्प्लेक्स जाते, या टिम्मी के घर के पास वाले पार्क में चले जाते। वो कॉलेज जाने और क्लास के बाद लाइब्रेरी में पढ़ने के बहाने से घर से निकलतीं। कभी-कभार अनुज अपने माता-पिता के शक और सवालों से बचने के लिए करण को साथ ले लेते थे। अन्य चीज़ों के साथ ही यह जोड़ा अपने लंबी दूरी के रिश्ते के भविष्य पर भी बात करता था। उन्होंने वादा किया कि वो ख़तों के ज़रिए संपर्क में रहेंगे। अनुज के पत्र पाने के लिए टिम्मी को अपनी एक दोस्त का पता देना पड़ा। वो नहीं चाहती थीं कि उनके बताने से पहले माता-पिता को कोई शक हो। अनुज के माता-पिता को टिम्मी के परिवार से बहुत पहले उनके बारे में पता लग गया था।

दूरी दिलों को और क़रीब ला देती है। घर से दूर रहने ने अनुज को परिवार के प्रति ज़्यादा विचारशील और प्रशंसात्मक बना दिया था। वो करण से भी यही अपेक्षा करते थे। अगर अनुज करण को मानी से बहस करते पाते, तो उनसे कहते कि वो उनकी ज़िंदगी में मानी की मौजूदगी का मोल समझें। 'मैं दूर रहता हूं, इसलिए इसे समझता हूं,' वो कहते।

करण याद करते हैं, 'एक बार की बात है, स्कूल से जुड़े किसी मामले पर मानी के साथ बात करते हुए मैं बीच में बोल पड़ा, और मेरी आवाज़ ज़रूरत से कुछ ज़्यादा तेज़ थी और उनका (अनुज का) ध्यान तुरंत इस पर चला गया।

'कुछ ही देर में, उन्होंने मुझे सामने बैठाया—न बहस की, न डांटा, लेकिन मेरे रवैये पर सफ़ाई मांगने लगे। उनकी आंखें ही मुझे यह अहसास कराने के लिए काफ़ी थीं कि मैंने कुछ ग़लत किया है। उन्होंने मुझे मारा नहीं, न चिल्लाए,

वो क़तई नाराज़ भी नहीं दिख रहे थे; हालांकि उनका उत्तेजित रूप, फैली हुई आंखें और चेहरे के सवालिया भाव कुछ और ही कह रहे थे। लगभग ऐसा था जैसे उनका शरीर मुझे डांट रहा हो और उनका दिमाग़ मुझसे सफ़ाई मांगना चाह रहा हो।'

अपने माता-पिता की जानकारी में आने के बाद, उनके लिए टिम्मी के साथ अपने वक़्त की योजना बनाना आसान हो गया था। अपनी मौजूदगी में नौजवान प्रेमियों की असहजता को कम करने की कोशिश में पॉपिन अक्सर हंसी-मज़ाक़ करते और उन्हें चिढ़ाते भी थे। वो अक्सर लैंडलाइन पर टिम्मी के फ़ोन उठाकर अनुज होने का नाटक करते। मगर उस स्मार्ट लड़की से धोखे से पिता को बेटा मनवा पाना आसान नहीं था।

जब अनुज को लगा कि अपने माता-पिता को अपने सपनों की शहज़ादी टिम्मी से मिलवाने का सही वक़्त आ गया है, तो एक दोपहर उन्होंने टिम्मी को अपने घर बुलाया। टिम्मी के लिए यह दुस्साहसपूर्ण क़दम था—उस परिवार से अकेले मिलने चले जाना जिसका वो हिस्सा बनना चाहती थीं। इसमें चुनौती भी थी और साथ ही थोड़ा उत्साह भी था। मानी पक्का करना चाहती थीं कि अनुज इस लड़की को लेकर गंभीर थे या नहीं। 'उससे एक बार मिल लें, उसके बाद मैं आपसे पूछूंगा,' उन्होंने जवाब दिया।

उस दिन घंटी बजते ही मानी ने दरवाज़ा खोला। दरवाज़े पर टिम्मी चमकती नीली पोशाक में खड़ी थीं, आत्मविश्वास से भरी, दमकती हुई। अगले कुछ घंटे नैय्यर परिवार के लिए किसी सपने की तरह थे। टिम्मी ने अपनी हाज़िरजवाबी और तौर-तरीक़ों से उन्हें मोह लिया था। अनुज और टिम्मी की कैमिस्ट्री ने सभी संदेहों को शांत कर दिया था।

अगले कुछ ही दिन में टिम्मी प्रोफ़ेसर नैय्यर के साथ उनके संगीत और फ़ोटोग्राफ़ी के शौक़ से जुड़ गईं तो मानी के साथ अनुज की कहानियों से। मां ने बचपन के क़िस्से सुनाकर उन्हें निहाल कर दिया। टिम्मी ने भी एक बॉयफ्रेंड के रूप में अनुज के बारे में छुटपुट बातें बताकर इस भाव का जवाब किया। हर फ़ोन और मुलाक़ात के साथ नैय्यर परिवार का टिम्मी के साथ जुड़ाव गहराता गया, यहां तक कि एक वैलेंटाइंस डे पर मानी और पॉपिन अनुज के संदेशवाहक भी बन गए थे। अनुज के अनुरोध पर उन्होंने वसंत कुंज में टिम्मी से मुलाक़ात रखी और उन्हें गुलाब के फूलों का बुके और चॉकलेटों से भरा बैग दिया।

इधर टिम्मी अनुज के परिवार के साथ जुड़ रही थीं, उधर अनुज ने एनडीए में अपनी ट्रेनिंग जारी रखी। टिम्मी से बात करने के बाद हर बार उनकी ओर से

मानी कुछ पल के लिए शांत हो जाती थीं, मगर वो जानती थीं कि उनका दिलो-दिमाग़ कभी पूरी तरह से बेफ़िक्र नहीं हो सकता। यह एक सैनिक की मां की ज़िंदगी का हिस्सा था। वो तो एनडीए में उनके खानपान को लेकर भी फ़िक्रमंद रहती थीं, जो उससे एकदम उलट था जो वो घर पर खाना पसंद करते थे, जिसमें पॉपिन के बनाए नॉन-वेज व्यंजन, ढेर सारा दूध, छोले-भठूरे, फ़िंगर चिप्स, पीत्ज़ा और भी बहुत कुछ शामिल होता था। लेकिन उन्होंने मैस के खाने की ज़िंदगी से तालमेल बिठा लिया था। छुट्टियों में अनुज ने अपनी मां को ऐसी किसी भी डिश को परोसने से सख़्त मना कर रखा था जो वो एनडीए की मैस में खाते थे। वो बस वही खाते थे जो उन्हें पसंद होता था, चाहे घर का बना हो या बाज़ार से लाया गया।

दूसरी ओर, अनुज के पिता का फ़ोकस अकादमी में उनके विकास पर ज़्यादा था। किसी भी पिता की तरह वे अपने बेटे के लिए सबसे अच्छा चाहते थे। मगर वे केवल उत्कृष्टता के पीछे ही नहीं थे। पॉपिन चाहते थे कि अनुज एक इंसान के रूप में भी विकसित हों और ऑल राउंडर बनें। शायद उनकी ही वजह से अनुज में कभी कक्षा में टॉप पर रहने का जुनून नहीं रहा न वो कैडेट कैप्टन या बटालियन कैडेट एडजुटेंट के ओहदों के पीछे भागे जिन्हें हैड बॉय का एनडीए समकक्ष कहा जा सकता है। उनके पिता का ज़ोर आईएमए ट्रेनिंग के लिए मज़बूत बुनियाद बनाने और ऐसा ऑफ़िसर बनने पर था जो अपने लोगों, अपनी स्क्वैड्रन, बटालियन और राष्ट्र के काम आ सके। इसी तरह प्रोफ़ेसर नैय्यर अनुज को देश की सच्ची सेवा करने के लिए प्रेरित करते थे। लोगों से सम्मान पाए बिना उनके लिए ओहदे और प्रशस्तियां कोई मायने नहीं रखती थीं।

अनुज ने बहुत जल्दी ही सशस्त्र बलों के ऑफ़िसर की विशिष्टताएं अपना ली थीं। वो जिस्मानी मज़बूती पाने की ओर बढ़ रहे थे और उन्होंने सैन्य विषयों में भी महारत हासिल कर ली थी। मगर अभी भी अनुज युद्ध के लिए तैयार कहलाए जाने से मीलों दूर थे।

कैंप ग्रीनहॉर्न के बाद के दिनों में अनुज के एनडीए कैरियर ने एक अलग मोड़ ले लिया। अब वो तेज़ी से अपनी छाप छोड़ने की ओर बढ़ रहे थे। उन्होंने पक्का किया कि हर टर्म के अंत में उनका संपूर्ण विकास अच्छा हो। उन्होंने पक्का किया कि सेना का ऑफ़िसर बनने के लिए आवश्यक हर योग्यता को वो हासिल कर लें।

अनुज ने एनडीए के कुछ पहलुओं पर अपनी नज़र गड़ा ली थी जिन्हें वो एक सैनिक के रूप में अपने विकास के लिए अहम समझते थे। अंतर-स्क्वैड्रन क्रॉस-कंट्री चैंपियनशिप उन लक्ष्यों में से एक थी जिन्हें हासिल करने का उन्होंने इरादा किया था। वो जानते थे कि अंतिम दौड़ में स्क्वैड्रन का सबसे धीमे दौड़ने वाला भी उतना ही अहम होता है जितना कि सबसे तेज़ दौड़ने वाला। तो वो एक ऐसी स्क्वैड्रन तैयार करने लगे जो चैंपियंस को दी जाने वाली प्रतिष्ठित ग्लाइडर ट्रॉफ़ी के लायक़ हो।

एनडीए और सेना अन्य किसी एथलेटिक खेल से कहीं ज़्यादा दौड़ने के खेलों के मुरीद हैं। अनुज, जैसा कि कर्नल ठाकुर याद करते हैं, इस क्षेत्र में अपने प्रदर्शन से नाख़ुश थे।

शुरू के दिनों में, अनुज क्रॉस-कंट्री दौड़ को चौथे या पांचवे एन्क्लोज़र में पूरा कर पाते थे। ये दौड़ जंगलों, कंक्रीट सड़कों, पहाड़ों और यहां तक कि संकरी खाड़ियों जैसे विभिन्न इलाक़ों में फैली होती हैं। इसमें ताक़त पाते रहने के लिए फ़्लैग पोस्ट के बीच छोटे-छोटे ब्रेक लेते हुए लगातार तेज़ी से दौड़ना होता है। इन फ़्लैग पोस्ट के बीच में ही कैडेट पोज़ीशन बदलते हैं, और चूंकि कैडेट पीछे रह जाते हैं या पोज़ीशन पा लेते हैं, तो रैंक उस हीट के संदर्भ में दिए जाते हैं जिसमें धावक अंतिम रेखा को पार करता है।

अनुज अपने गेम को सुधारने के लिए असामान्य वक़्त पर अभ्यास करते थे। ऐसा लगता था जैसे उन्हें विश्वास हो गया हो कि एक बुरा धावक अच्छा सैनिक नहीं हो सकता। अन्य खेलों में पाए सम्मान तक रेसिंग ट्रैक पर उनके साधारण रूप से अच्छे प्रदर्शन की तुलना में फीके पड़ गए थे। अनुज '90 एश्लॉन्स की वॉलीबॉल टीम के उप-कप्तान थे। वो अन्य ट्रैक और फ़ील्ड गतिविधियों जैसे कूद (लंबी, छोटी और ऊंची) में भी बेहतरीनों में शामिल थे।

'पांचवें टर्म के अंत तक, यह कैडेट अधिकांश कैंप रेसों को दूसरे स्ट्रीक में पूरा कर लेता था और कुछ को तो पहले एन्क्लोज़र में ही,' कर्नल ठाकुर कहते हैं। यह उल्लेखनीय सुधार निश्चय ही उनकी कड़ी मेहनत का फल था। प्रशिक्षकों ने भी दौड़ने के प्रति अनुज की लगन की तारीफ़ की। अभ्यास के घंटों ने अनुज के अध्ययन के समय को भले ही कम कर दिया था, मगर उन्हें कोई एतराज़ नहीं था।

अनुज के अदम्य जज़्बे का असर टीम पर भी पड़ा। एको स्क्वैड्रन अभी भी वॉलीबॉल टूर्नामेंट जीतने की उनकी हठ को याद करती है। वो टीम को बहुत-बहुत देर तक ट्रेनिंग देते क्योंकि उन्हें पिछड़ने, या इससे भी बुरा, हारने के विचार से ही एलर्जी थी। वो डिनर के बाद खिलाड़ियों को अभ्यास के लिए बाहर खींच

ले जाते। 'अंकल (प्रो. नैय्यर) ने अनुज को नाइट ग्लो घड़ी दी थी, जिसे वो हमारे रात के अभ्यास सैशन में पहनते थे,' कर्नल ठाकुर बताते हैं। 'डिनर के बाद बत्ती बुझाने के सख़्त निर्देश थे लेकिन अनुज ने अपनी वॉलीबॉल आकांक्षाओं के बीच अंधेरे को नहीं आने दिया। हम कभी-कभी उन्हें कोसते थे क्योंकि वो हमारा समय देखने के लिए नाइट ग्लो घड़ी का इस्तेमाल करते थे। हालांकि, हमें अपनी सीमा तक धकेलकर ले जाने के लिए अंत में हम उनके शुक्रगुज़ार थे,' पुराने दोस्त कहते हैं।

अनुज का स्क्वैड्रन के साथ लगभग आत्मिक संबंध बन गया था। वो उन लोगों के समूह में से थे जो समान रूप से प्रेरित और मेहनती थे। उनमें से कोई कुछ साबित करने या अपने कौशल को दर्शाने नहीं निकला था।

उनकी व्यस्त दिनचर्या में ट्रेनिंग के अलावा किसी और चीज के लिए मुश्किल से ही समय निकलता था। और ट्रेनिंग का फ़ोकस प्रेक्टीकल शिक्षा पर था, रटने पर नहीं। इस तरह की चीज़ों के कारण ही अनुज ने अकादमी को पायदान पर ला खड़ा किया था। इस प्रतिष्ठित संस्था का सम्मान उनके लिए अत्यंत पवित्र था। इसके ख़िलाफ़ एक शब्द भी उनका क्रोध भड़का देता था। यह कहना ग़लत नहीं होगा कि इसके गेट से अंदर जाते हुए उनका सर सम्मान में झुक जाता था। आईएमए और भारतीय सेना के प्रति उनकी श्रद्धा इसी भावना का विस्तार थी।

'90 एश्लॉन्स की इमेज और प्रतिष्ठा के प्रति अनुज की संवेदनशीलता का ब्योरा देने के लिए कर्नल ठाकुर एक घटना बताते हैं। एक इतवार को— वो एक दिन जब कैडेट अपना दिन या तो बिस्तर में पड़े सुस्ताते हुए बिताते थे या नागरिक जीवन से अपने साप्ताहिक जुड़ाव के लिए कैंपस से बाहर जाते थे —अनुज और उनका स्क्वैड कोल्ड कॉफ़ी पर बातों में तल्लीन था। कॉफ़ी किसी स्टोर से नहीं मंगवाई गई थी, बल्कि कैंपस में ही बाल्टियों में बनाई गई थी! बाल्टियों से सीधे उड़ेली गई कोल्ड कॉफ़ी पर कैडेट हंसी-मज़ाक़ कर रहे थे, दुनिया भर के सैकड़ों विषयों पर बातें कर रहे थे, और आगामी शिविरों और टर्म के लिए योजनाओं पर चर्चा कर रहे थे। दूसरी स्क्वैड्रनों के लोग भी उनसे आ जुड़े और शाम अच्छी बीतती मालूम दे रही थी। यक़ीनन, किसी को उम्मीद नहीं थी कि कोल्ड कॉफ़ी पर पारे चढ़ जाएंगे।

वजह बनी एक दूसरी स्क्वैड्रन के एक सदस्य की टिप्पणी, जिसे शायद ऐसा लगता था कि एश्लॉन्स को कोई मुक़ाबला जीतने के संदर्भ में बहुत कुछ सीखना बाक़ी है। पर्याप्त जोश नहीं है, उसने कहा। कोल्ड कॉफ़ी के छपाके से चुप करवाए जाने से पहले वो लगभग पंद्रह मिनट तक बोलता रहा था। उसके

गालों से टपकती कॉफ़ी अनुज के मग से आई थी। ग़ुस्से से आगबबूला अनुज ने अपने साथी कैडेट से कहा, 'स्क्वैड्रन हमारी मां की तरह है... और तुम यह कभी नहीं कह सकते कि तुम्हारी मां मेरी मां से बेहतर हैं, या कह सकते हो?'

इस सीधे-सादे से कथन ने वहां मौजूद सब लोगों को छू लिया। किसी के पास न जवाब था, न किसी ने पलटकर कुछ कहा। उन्होंने कहीं एक लकीर खींच दी थी, और सब जैसे उस फ़ैसले की इज़्ज़त कर रहे थे। यहां तक कि कॉफ़ी में भीगे कैडेट के मन में भी इस घटना के बाद अनुज के लिए एक नया सम्मान उपज गया था।

एनडीए में अपने छठे टर्म के अंत तक, अनुज अपनी मनचाही स्क्वैड्रन का हिस्सा बन गए थे जो हर उस टूर्नामेंट को जीत सकती थी जिसे वो जीतना चाहती थी। स्क्वैड्रन केवल ट्रॉफ़ी जीतने के लिए ही नहीं थी। सदस्य एक दूसरे के लिए अपनी जान भी दांव पर लगा सकते थे। ग्लाइडर ट्रॉफ़ी के लिए अनुज की हसरत के अनुरूप, '90 एश्लॉन्स ने उसे जीतने के लिए जी तोड़ कोशिश की। यह जीत बहुत ही ख़ास थी, वो जीत जिसके लिए टीम पांच टर्म से भी ज़्यादा समय से अभ्यास कर रही थी, और इस प्रक्रिया में उसने कई खेल प्रतियोगिताओं में मैरिट कार्ड पाए और मानसिक कौशल हासिल किया।

ट्रेनिंग के रुटीन, प्रतियोगिताओं और कभी-कभार के हल्के-फुल्के पलों के बीच अनुज ने एक जून, 1996 को एनडीए से ग्रेजुएशन पूरा कर लिया। ग्रेजुएशन समारोह उनके माता-पिता के लिए भावनापूर्ण अनुभव था, बावजूद इसके कि उन्हें पहुंचने में देर हो गई थी। परिवहन की देरी ने उनके बेटे का ग्रेजुएशन समारोह निकलवा दिया था। मगर फिर भी नैय्यर परिवार एनडीए के कैंपस में क़दम रखकर बहुत ख़ुश था। यह उनके लिए किसी तीर्थ की तरह था।

पासिंग-आउट परेड में जाने के लिए मानी ने अपने एलटीसी (LEAVE TRAVELLING CONCESSION) से पुणे के एयर टिकट ख़रीदे थे। जब वो दिल्ली एयरपोर्ट पहुंचे, तो उन्हें पता लगा कि ओवरबुक्ड फ़्लाइट में कोई सीट उपलब्ध नहीं है। प्रोफ़ेसर ने परिवार के एक सदस्य से पैसे उधार लेकर अगली फ़्लाइट के टिकट बुक किए। करण ने तो अपनी शर्ट भी उस टैक्सी में बदली थी जो परिवार को अकादमी लेकर गई थी। जब तक वो पहुंचे, अनुज अपना ग्रेजुएशन प्रमाणपत्र पा चुके थे। मगर अनुज की शुरुआती निराशा ज़्यादा देर नहीं रही। मानी हंसती हैं, 'आख़िर, अनुज उस दिन ग्रेजुएट हुआ था। जवाहरलाल नेहरू विश्वविद्यालय की डिग्री, एनडीए से पासिंग-आउट प्रमाणपत्र, अपनी पूरी यूनिफ़ॉर्म में... उसकी उदासी जल्दी ही दूर हो गई।'

बाद में उस शाम, नौजवान ग्रेजुएट अपनी मां और भाई को डिनर के लिए मैस में ले गए। मैस में मेहमानों की निर्धारित संख्या के कारण प्रो. नैय्यर नहीं गए। अनुज चाहते थे कि करण इस ट्रिप पर एनडीए को ज़्यादा से ज़्यादा देखें। वो उस रात उन्हें चुपके से हॉस्टल में भी ले गए और उनके साथ सिगरेट भी पी। भाइयों के बीच यह पहली सिगरेट थी, और अनुज ने करण को सिगरेट पकड़ने का सही तरीक़ा भी दिखाया। अनुज ने कभी अपने भाई को सिगरेट या शराब पीने के लिए बढ़ावा नहीं दिया, मगर वो उन्हें यह ग़लत तरीक़े से करते भी नहीं देख सकते थे।

मैस से परिवार के वापस आने का इंतज़ार करते हुए प्रो. नैय्यर ने भारतीय युद्धों में शहीदों के सम्मान-पटल को ध्यान से देखा। उस पर 1962, 1965 और 1971 के युद्धों के शौर्य पुरस्कार प्राप्तकर्ताओं और शहीदों के नाम अंकित थे। जब डिनर के बाद बाक़ी लोग उनके पास पहुंचे, तो पिता ने अपने बेटे से कहा, 'यार, अनुज, इसमें एक भी नैय्यर नहीं है?'

अनुज जवाब में उन्हें देखकर अर्थपूर्ण ढंग से मुस्कुराए। उन्होंने जैसे निश्चय कर लिया था कि उस पटल पर वो पहले नैय्यर होंगे।

'उस दिन उसके पिता ने जब इसका ज़िक्र किया तो उसने जैसे कुछ ठान लिया था या नियति ने कुछ सोच लिया था, हमें क्या पता था।'

एनडीए के बाद, अनुज ने करियप्पा बटालियन की नौशेरा कंपनी में जैंटलमैन कैडेट के रूप में आईएमए जॉइन किया। यह ऑफ़िसर बनने की दिशा में एक और बड़ा अवसर था। द्रास के टाइगर ने अभी जंगल छाना था, और अब वो शिकार करना, घात लगाना और अपनी भूमि की रक्षा करना सीख रहा था।

आईएमए में जैंटलमैन कैडेट अनुज नैय्यरः नौशेरा का 'शेर'

'इसमें कोई शक नहीं है कि मैं तुम्हारे अंदर एक परफ़ेक्ट सैनिक देखता हूं। हमारा आशीर्वाद तुम्हारे साथ है।' इन शब्दों के साथ प्रो. नैय्यर ने अपने सैनिक जीवन के अगले अध्याय में जाने के लिए तैयार अनुज का हौसला बढ़ाया था। करण आमतौर पर अपने फ़ौजी भाई के बारे में डींगें हांककर ख़ुश होते थे। तो, एक छोटे से अवकाश के बाद अनुज देहरादून चले गए।

जब अनुज ने इंडियन मिलिट्री अकादमी के कैंपस में क़दम रखा तो वहां चल रही ड्रिल की आवाज़ों ने उनका स्वागत किया। वो सीधे चेटवुड हॉल पहुंचे, उस प्रतिष्ठित भवन की दहलीज़ पर रुके, उसकी विरासत को स्वीकार करते हुए सिर झुकाया और अंदर प्रवेश किया।

अनुज ने अपने लिए लक्ष्य निर्धारित कर रखा था—इक्कीस साल की उम्र तक ऑफ़िसर बनना। वो जल्दी शुरू करना चाहते थे ताकि सेना में कई दशक रह सकें और अंतत: उन्हें वैशिष्ट्य और अधिकतम अनुभव मिल सके। वो जल्द से जल्द अपनी यूनिट, साथियों और देश के प्रति अपना फ़र्ज़ निभाने के लिए तैयार होना चाहते थे। उनकी महत्वाकांक्षाएं आईएमए के सिद्धांत वाक्य से मेल खाती थीं: 'आपके देश की सुरक्षा, सम्मान और कल्याण हमेशा और हर बार सर्वप्रथम है। फिर है आपके सैनिकों का सम्मान, कल्याण और सुविधा। आपकी अपनी सुविधा, आराम और सुरक्षा हमेशा और हर बार आख़िर में आते हैं।'

अनुज ने करियप्पा बटालियन की नौशेरा कंपनी को जैंटलमैन कैडेट की हैसियत से जॉइन किया था, जिसे आमतौर पर 'गड्ढा बटालियन' कहा जाता था क्योंकि यह तमसा नदी के किनारे पर थी। उनके बैचमेट कहते हैं कि उनकी वेवलैंग्थ कंपनी के ज़्यादातर लोगों से मेल खाती थी। यह सुखद संयोग था। सैनिक सामान्यत: अपने एनडीए के दिनों द्वारा याद किया जाना पसंद करते हैं। युद्ध के दौरान भी संपर्क के नक़ली नामों के तौर पर वो अपने एनडीए के पुकार संकेतों को ही इस्तेमाल करते हैं। वही दिन होते हैं जब नौजवान अपने उत्साही हमवतनों की संगत में सीखते हैं; जब कर्तव्य बुद्धि पर शुरुआती प्रभाव डालता है और आगामी वर्षों के लिए उसे ढालता है। अनुज को सौभाग्य से उसी आईएमए कंपनी में एनडीए के कई बैचमेट मिल गए थे। और उन्हें समान विचारधारा वाले दूसरे जैंटलमेन और कुछ अंतरराष्ट्रीय स्तर के युद्ध-पत्रकारों का साथ मिल गया था। यह मेल-मिलाप कंपनी के लिए अद्भुत रहा। अनुज के आईएमए बैचमेट कर्नल चित्रसेन याद करते हैं कि प्रत्येक व्यक्ति ने अपना सर्वश्रेष्ठ दिया। अनुज उस गोंद की तरह थे जो सभी को जोड़े रखता था। वो सिर्फ़ कंपनी और उसमें शामिल लोगों के लिए ही बेहतरीन नहीं चाहते थे। वो ऐसी विरासत का भी निर्माण करना चाहते थे जिसे सब याद रखें। निश्चित रूप से, उनके उत्साह और प्रेरणा ने दूसरों को भी अपनी गिरफ़्त में ले लिया। जल्द ही आईएमए के उच्च-पदाधिकारियों ने ट्रेनिंग में नौशेरा कंपनी के औसत से बेहतर प्रदर्शन पर ध्यान देना शुरू कर दिया।

मोर्चे पर एक अगुआ के रूप में जैंटलमैन कैडेट अनुज नैय्यर के विकास में आईएमए ट्रेनिंग ने एक स्रोत के रूप में काम किया। उनके संगठनात्मक कौशल, और साथ ही एक लड़ाकू सैनिक के रूप में उनके शारीरिक बल में भी सुधार आया। उन्हें *स्वोर्ड ऑफ़ ऑनर* की आकांक्षा प्रेरित नहीं कर रही थी, जो कि सर्वश्रेष्ठ प्रदर्शन करने वाले ट्रेनी कैडेट को प्रदान किया जाता है। उन्हें तो वेटरन और मार्शल रेजिमेंटों में से किसी एक में स्थान की तलाश थी।

कंपनी के युद्धघोष 'शेरों का शेरा, नौशेरा' के बीच, इन जवानों ने अनुज नैय्यर में एक लीडर पाया। वर्तमान पाकिस्तान का एक शहर नौशेरा वो जगह है जहां महाराजा रणजीत सिंह की सिख खालसा सेना ने 1823 में पश्तून क़बायलियों के साथ घनघोर युद्ध किया था। मगर नौशेरा कंपनी का युद्धघोष नौशेरा की एक और लड़ाई से आया था जो स्वतंत्र भारत में लड़ी गई थी। 1948 की उस लड़ाई के नायक थे सैकंड लेफ़्टिनेंट राम राघोबा राणे, जिन्हें कश्मीर के पुंछ, राजौरी ज़िले में नौशेरा और पीर पंजाल के महत्वपूर्ण स्थलों पर अधिकार करने के लिए परमवीर चक्र प्रदान किया गया था। बमुश्किल दो साल बाद ही भारतीय सेना के एक कैप्टन के रूप में अपना जीवन देकर राष्ट्रसेवा करने से पहले, अनुज ने आईएमए में पंजाबी क्षत्रिय से सैकंड लेफ़्टिनेंट बनते हुए इन दो युद्ध गाथाओं से बेहतरीन बातों को अपनाया था। जुलाई 1996 के आईएमए बैच में कुछ एनडीए के ग्रेजुएट, टैक्नीकल ग्रेजुएट और श्रीलंका के कैडेट साथ थे। उन्होंने मिलकर 'रॉग ब्रदर्स'(ROGUE BROTHERS) नाम का एक ग्रुप बनाया था। ग्रुप के कुछ सदस्य वाक़ई बेलगाम हो जाते थे। मगर अनुज, जो हमेशा अपने साथियों का साथ देने, उनका मार्गदर्शन और बचाव करने के लिए तत्पर रहते थे, उनके पीछे चट्टान की तरह खड़े रहते थे। उन्होंने सबको एक उद्देश्य की भावना, कंपनी के विकास की दिशा में योगदान करने का कारण दिया था। निजी उत्कृष्टता पाने से ज़्यादा वो सामूहिक भलाई और उपलब्धियों में विश्वास करते थे। यह भारतीय सेना की समावेशिता की धारणा के अनुरूप था। यह अनुज के राष्ट्रवाद का सार भी था, जिसकी सीख उनके पिता ने उन्हें दी थी।

एक सैनिक को अनेक कर्तव्य निभाने होते हैं। और अनुज हर भूमिका में, युद्ध हो या कोई और, अपना सर्वश्रेष्ठ देना चाहते थे। अपने साथी कैडेटों से भी वो यही अपेक्षा करते थे। वो उनसे अच्छा पिता, प्रशिक्षक, वक्ता और नागरिक बनने की मांग करते थे। एक सैनिक सैनिक ही होता है भले ही वो सो रहा हो। और वो अनेकों के लिए उम्मीद की किरण होता है। अपनी अफ़सरों जैसी योग्यताओं के साथ अनुज बदलाव का दूत बनना चाहते थे। ऐसा तभी हो

सकता था जब कोई कोर्स से परे देखे और राह में आने वाले ज़िंदगी के सबक़ भी सीखता चले। आज तक भी नौशेरा अपनी कामयाबी के लिए अंशतः अनुज की ऋणी है जो हमेशा टीम की ढाल बने रहे और उसे एक यशस्वी भविष्य की ओर ले गए। उन्होंने रॉग ब्रदर्स को उत्कृष्टता के प्रतीक में बदल दिया। और फिर वो द्रास के टाइगर बन गए।

एक संस्था के रूप में आईएमए इतनी सुदृढ़ और भव्य है कि हरेक कैडेट, चाहे वो पूर्व एनडीए हो, टैक्नीकल ग्रेजुएट हो या विदेशी मित्र कैडेट या संयुक्त रक्षा सेवाओं का सदस्य हो, इसके मापदंडों को अपना लेता है और अपने कॉमरेडों और साथियों के साथ गहरा जुड़ाव स्थापित कर लेता है। जीसी (जेंटलमेन कैडेट) अनुज नैय्यर स्क्वैड्रन भावना के पुजारी थे। अगर कोई उनकी कंपनी की आलोचना करे, उस पर फब्ती कसे या उसका मज़ाक़ उड़ाए तो एनडीए के दिनों की तरह ही वो कभी चुप नहीं रहते थे।

कर्नल चित्रसेन आईएमए के अपने शुरुआती दिनों के एक ड्रिल इंस्ट्रक्टर को याद करते हैं। 'हमारे सारे ड्रिल इंस्ट्रक्टर ''उस्ताद साहब'' हुआ करते थे। ऐसे ही एक इंस्ट्रक्टर ने हमें यह बात समझाने की कोशिश की कि हाल के वर्षों में नौशेरा कंपनी का प्रदर्शन कमज़ोर रहा है,' वो बताते हैं। यह अनुमान लगाना मुश्किल था कि उनका मक़सद नौशेरा के नए बैच को प्रेरित करना था या उनका मनोबल तोड़ना।

'शानदार पासिंग-आउट परेड का वर्णन करते हुए, उन्होंने कैडेटों से कहा: ''तुममें से किसी को पता है कि नौशेरा कंपनी पिछली बार फ़ाइनल टैली में किस रैंक पर थी?''

कर्नल सरविंदर भी नौशेरा थे, उन्होंने तुरंत जवाब दिया, ''उस्ताद साहब, फ़र्स्ट आई थी क्या?''

''नहीं, मेरे दोस्त,'' इंस्ट्रक्टर ने कहा।

''ज़रूर सैकंड आई होगी,'' एक और कैडेट ने उम्मीद करते हुए कहा।

उस्ताद साहब का वही जवाब था।

अनुमान लगाने का यह खेल कुछ और मिनट चला। नौशेरों ने छठे स्थान तक गिना मगर कोच का जवाब नहीं बदला। आख़िरकार इस टिप्पणी के साथ

उन्होंने सस्पेंस ख़त्म किया, ''इतनी पीछे थी कि ढूंढ़ने से भी नहीं मिलगी।'' यानी नौशेरों का प्रदर्शन इतना ख़राब था कि वो अंतिम टैली से लगभग लापता थी।

अनुज जो तब तक इस सवाल-जवाब पर ज़्यादा ध्यान नहीं दे रहे थे इस टिप्पणी को पचा नहीं पाए। उस रात उन्होंने अपने साथी नौशेरों से वादा लिया कि वो कड़ी मेहनत करके उस कंपनी का सम्मान फिर से हासिल करेंगे जो सेना को अपने बेहतरीन और सम्मान-प्राप्त अफ़सर देने के लिए जानी जाती थी। इसने जैंटलमेन कैडेटों को नींद से जगाने का काम किया था।'

आईएमए के कैंप युवा कैडेटों को अपनी क्षमता साबित करने के कई अवसर प्रदान करते थे। ट्रैक से लेकर क्रॉस-कंट्री रेस तक, हथियारों के प्रशिक्षण से लेकर गुरिल्ला ऑपरेशन तक उनका शेड्यूल ऐसी गतिविधियों से भरा होता था जो उनकी योग्यता को सिद्ध करता था। ये अनुज के लिए अपने नेतृत्व कौशल को बेहतर बनाने और अपनी कंपनी को जीतने के लिए प्रेरित करने के अवसर भी थे। इसी के बीच वो वरिष्ठों और प्रशिक्षकों की मदद और मार्गदर्शन भी हासिल करते थे।

ऐसे ही एक कैंप—कैंप तोरणा—में नौशेरों से आठ से नौ किलोमीटर के सर्किट में दौड़ने, एक और किलोमीटर चढ़ाई पर ट्रैक करने, ट्रैक के बाद अस्त्र प्रशिक्षण पूरा करने और जलाशयों में कृत्रिम डूबने के साथ गतिविधि समाप्त करने को कहा गया। यह सब कुछ पंद्रह से बीस किलो के हथियारों और वज़नी पैक को लिए-लिए करना था।

'इन परीक्षाओं के दौरान अपनी सहनशक्ति गंवा देना और गिर जाना आम बात है, मगर कार्यक्रम के नियम कंपनी को तब तक पास होने की इजाज़त नहीं देते जब तक कि हर जवान न आ जाए। इस तरह, हरेक व्यक्ति के लिए एन्क्लोज़र तक पहुंचना और हर चरण के अंत में रिपोर्ट करना अनिवार्य हो जाता है,' कर्नल चित्रसेन बताते हैं। 'अनुज और मैंने ग्रुप पर नज़र रखकर और रास्ते में थक या गिर जाने वाले किसी भी जवान की मदद करके कंपनी की गति को बनाए रखा। एक समय ऐसा आया जब हमारे पास तीन ऐसे कैडेट थे जिन्हें उनके उपकरणों और वज़नी पैक के साथ ले जाना था। और इसकी भी एक वजह है कि मैं कहता हूं कि यही मौक़े कंपनी के सदस्य, युद्ध में जाने योग्य सैनिक और एक रणनीति-कुशल व्यक्ति के रूप में एक सच्चे सैनिक के गुणों की परीक्षा लेते हैं।' उन्हें अभी भी लगभग चार सौ मीटर की चढ़ाई चढ़नी, और उसके बाद वापस बेस की यात्रा पूरी करनी थी। स्वाभाविक रूप से, समूह को चिंता होने लगी।

अनुज यह ज़ाहिर नहीं करना चाहते थे कि हर एक जवान को अपने ख़ुद के भार को ले जाने और अपने साथी कैडेटों की फ़िक्र करने के बीच चुनाव करना होगा। वो जानते थे कि उनके साथी हार मानने के क़रीब थे, उन्हें प्रेरित करने के लिए अनुज को मिसाल पेश करनी थी। वो नहीं चाहते थे कि उनके साथियों को अपना या दूसरे थके साथियों का वज़न उठाने के बीच चुनाव करना पड़े।

अनुज ने ट्रैक पर पड़े बैगों को देखा। उन्होंने हरेक को उठाया और आख़िर में उस आख़री बैग को उठा लिया जो सबसे भारी था। 'अब बाक़ी लोग हल्के वाले बैग उठा लें और आगे चलें,' उन्होंने ग्रुप से कहा। यह सबको बताने का तरीक़ा था कि उन्हें किसी और के पहल करने का इंतज़ार करने के बजाय ख़ुद से आगे बढ़ना चाहिए, कर्नल चित्रसेन कहते हैं। इस चेष्टा का वांछित प्रभाव हुआ। एक्शन में आने के लिए प्रेरित किए जाने पर शेष ग्रुप ने तुरंत सारे काम को आपस में बांट लिया। और जल्दी ही नौशेरे अपनी टीम के सदस्यों और बैगेज के साथ आगे मार्च कर रहे थे।

अनुज सबके लिए मज़बूत स्तम्भ थे। नाकामियों को लेकर वो संवेदनशील थे। हर नाकामी को—चाहे व्यक्तिगत हो या सामूहिक—वो अपनी मानते थे। मगर इससे उन्होंने कभी ख़ुद को निराश नहीं होने दिया। वो संन्यासियों की सी शांतचित्तता और योद्धाओं की प्रचंडता में शानदार संतुलन बनाए रखते थे। परिणाम वो था जिसे दुनिया ने उस दिन देखा जब उन्होंने द्रास पर विजय प्राप्त की थी।

वो घर पर भी इसी संयम का पालन करते थे। 'दूसरों को मुझसे कम दुस्साहसी, कम समर्पित होने का विशेषाधिकार क्यों मिले? ज़िंदा रहने के लिए प्रेरित होना और प्रेरक होना आवश्यक है,' वो कहते। एक बार मानी ने उन्हें यह बताने के लिए फ़ोन किया कि अब करण को अपने पिता की कार चलाने की इजाज़त नहीं है। उनके लिए यह इतनी फ़िक्र की बात नहीं थी कि करण को कोई चीज़ सीखने से रोका जा रहा था जितना कि उसकी वजह थी। करण का एक्सीडेंट हो गया था और उन्हें कुछ चोटें आई थीं—कार भी बुरी तरह क्षतिग्रस्त हो गई थी। मानी को चिंता थी कि करण फिर चोट खा सकते हैं क्योंकि उन्होंने सुरक्षित ड्राइविंग नहीं सीखी थी। और उनकी बेलगाम ड्राइविंग दोस्तों के बीच मज़ाक़ का विषय बन गई थी। मानी को चिंता थी कि अगर रोका नहीं गया, तो करण ख़ुद को और दूसरों को भी ख़तरे में डाल सकते हैं।

अनुज ने अपनी मां से कहा कि करण की ड्राइविंग तुरंत फिर से चालू करवाएं। वो तब तक न रुकें जब तक कि इसमें माहिर न हो जाएं। सामान्य बुद्धि कहेगी कि अनुज चाहते थे कि उनका भाई एक्सीडेंट से उबर जाए। मगर इससे

भी ज़्यादा वो यह नहीं चाहते थे कि करण थोड़ी सी चोट लगने की वजह से कार चलाने से घबराने लगें। उनके लिए शारीरिक सहनशीलता से ज़्यादा अहम दिमाग़ की मज़बूती थी। वो कहते, 'मानी, हाथी में बला की ताक़त होती है मगर जंगल शेर के आगे नतमस्तक होता है जो अपनी ताक़त का इस्तेमाल बुद्धिमानी से करता है।'

शायद इसी दृढ़ विश्वास और संकल्प ने उन्हें द्रास का टाइगर बनाया था। वो महज़ भारतीय सेना में अफ़सर बनने के लिए रक्षा और सैन्य अकादमियों में ट्रेनिंग नहीं ले रहे थे; वो तो उसी पल से ख़ुद को युद्ध के लिए तैयार कर रहे थे जब उनके पिता ने उन्हें इलाहाबाद के स्टेशन पर छोड़ा था।

कंपनी के द्वारा, कंपनी का, कंपनी के लिए

इंडियन मिलिट्री अकादमी में अनुज का समय कंपनी को समर्पित था। जिस दिन उन्होंने बीते सालों में नौशेरा के औसत प्रदर्शन के बारे में सुना, उसी दिन उन्होंने उसकी साख को फिर से क़ायम करने का वादा कर लिया। वो जानते थे कि मान-सम्मान की खोज में व्यक्ति को किन कठिनाइयों से गुज़रना पड़ता है। उनके पिता का जीवन इसका उदाहरण था। उन्होंने अपने पिता को जीवनयापन के लिए संघर्ष करते देखा था, और वो जानते थे कि इसी में सम्मान है। वो उस विरासत को अपने तरीक़े से बनाना चाहते थे। इस विचारधारा के साथ जैंटलमैन कैडेट अनुज नैय्यर ने अकादमी में, प्रशिक्षण पाठ्यक्रमों में और कमीशंड बटालियन की अपनी इकाई के भीतर प्रतिस्पर्धात्मक प्रदर्शन की योजनाओं के लिए गहरा सम्मान बनाए रखा।

आईएमए में अपने तीसरे टर्म के दौरान, अनुज ने अंतर-कंपनी बॉक्सिंग टूर्नामेंट के लिए एक टीम गठित करने का ज़िम्मा लिया। यह देखकर उन्हें निराशा हुई कि नौशेरों के पास सभी भार-वर्गों के लिए प्रतिनिधित्व नहीं है। जवाब के लिए उन्होंने कंपनी की नियुक्तियों में खोज की मगर कुछ नहीं मिला। 'नियुक्तियां और अन्य लोग बस यह कह पाए कि वो कोशिश कर रहे हैं, या उनके उपकरण पुराने हैं, या कि उचित प्रशिक्षण का अभाव है, या और सैकड़ों बातें; मगर जवाब का अभाव कंपनी की मंशा की कमी को दर्शाता था। अनुज ने इस बारे में कुछ करने का फ़ैसला किया,' कर्नल सरविंदर बताते हैं।

अनुज ने कुछ कैडेटों को जमा किया और प्रैक्टिस के लिए बॉक्सिंग रिंग में पहुंच गए। वो रिंग में उतरे और बैग को पंच करने लगे।

'लगभग दस मिनट तक बैग को पंच करने के बाद पसीने में लथपथ वो रुके और हमसे बोले, ''मैं यहां रोज़ प्रैक्टिस किया करूंगा जब तक कि हममें से कोई हर वर्ग में भाग नहीं लेता... तो मेरे साथ कौन आ रहा है?'' पल भर को तो हम समझ ही नहीं पाए कि वो क्या कह रहे हैं,' कर्नल सरविंदर कहते हैं।

अनुज दूसरे जैंटलमेन कैडेटों को अपनी नाकामियों पर सोए रहने के लिए लगभग ताना मारते हुए सामने आने के लिए ललकार रहे थे। शायद कैडेट उनके दुस्साहस पर भौंचक्के थे, शायद वो इस चुनौती को स्वीकार करने का साहस नहीं जुटा पा रहे थे, मगर कोई भी इस ललकार पर आगे नहीं बढ़ा। अनुज फिर से बैग को पंच करने लग गए, इस बार और भी तेज़ी से। अगले दस मिनट बाद उन्होंने ऐलान किया, 'ठीक है, तो जो आपकी मर्ज़ी हो करें; मैं सभी भार वर्गों में नाम दे दूंगा और ख़ुद लड़ूंगा।'

इसने सबको झकझोर दिया। नाक से जुड़ी चिकित्सकीय समस्या के बावजूद उन्हें रोक पाना नामुमकिन था। 'मैं यह पक्का करूंगा कि करियप्पा बटालियन के हॉल में नौशेरा कंपनी के नाम पर हर भार-वर्ग में ट्रॉफ़ी हो।'

यह ऐलान ही उनके साथियों को प्रेरित करने के लिए काफ़ी था। उस साल के बॉक्सिंग टूर्नामेंट ने नौशेरों को अपने बेहतरीन प्रदर्शनों में से एक करते देखा। यहां तक कि दूसरे देशों के लोगों ने भी उत्साह से भाग लिया। नतीजा वही था जो अनुज चाहते थे: कंपनी के लिए एक वाजिब रजत पदक।

'अनुज को रणनीति, प्लाटून स्तरीय युद्ध-नीतियों, सैन्य विज्ञान, युद्ध आदि सैन्य विषयों की तुलना में नियमित कोर्स के विषयों में बहुत कम दिलचस्पी थी। हमारा मानना था कि ये सैन्य विषय ही परीक्षा पास करने में उनकी मदद करते थे,' कर्नल ठाकुर याद करते हैं।

अनुज की शिक्षा नियमों, बाध्यताओं और रुटीन की ग़ुलाम नहीं थी। वो नियमों से हटने, किसी हद तक स्वाभाविकता और यहां तक कि अनिश्चितता के लिए भी जगह रखना पसंद करते थे। उनके पास सफलता का कोई फ़ॉर्मूला नहीं था। वो जोखिम लेने और चुनौतियों का सामना करने के लिए तैयार रहते थे।

नौशेरों को बॉक्सिंग में आगे बढ़ते देखने की अपनी आकांक्षा के समान ही, अनुज अंतर-कंपनी क्रॉस-कंट्री चैंपियनशिप में भी कंपनी को शीर्ष टीमों में लाने के लिए उत्सुक थे। अनुज ने एनडीए के दिनों में भी कामयाबी हासिल की थी जब '90 एश्लॉन्स प्रतिष्ठित ग्लाइडर ट्रॉफ़ी लाए थे। वो कामयाबी की उसी कहानी को दोहराना चाहते थे। मगर इस योजना में सबसे बड़ी बाधा प्रैक्टिस के समय की कमी थी। अनुज जानते थे कि नौशेरों को इस ओर प्रेरित करने के लिए सुबह और शाम के खेल के घंटे ही काफ़ी नहीं हैं।

'व्याकुल होकर, उन्हें दोपहर में प्रैक्टिस करने का विचार सूझा,' कर्नल चित्रसेन ने बताया। अनुज और उनके साथियों ने अस्त्रागार के ग़ैर-कमीशंड अधिकारी को राज़ी कर लिया कि उन्हें प्रशिक्षण के लिए आवश्यक हथियारों और वज़न पैकों का इस्तेमाल करने की इजाज़त दे दें।

टीम के लंच ख़त्म करने के साथ ही, अनुज उन्हें अतिरिक्त सत्रों के लिए ग्राउंड में ले जाते। जल्दी ही, दूसरी कंपनियां इन प्रैक्टिस सत्रों को लेकर शिकायत करने लगीं। उन्हें लगा कि यह विशिष्ट छूट है। अनुज ने इन शिकायतों पर ध्यान नहीं दिया।

प्रैक्टिस सत्र उनके द्वारा इस्तेमाल किए जा रहे कुछ हथियारों के क्षतिग्रस्त होने तक जारी रहे। कर्नल ठाकुर याद करते हैं, 'हम अस्त्रागार से जो हथियार उधार लेते थे, उनमें से एक-दो के गैस प्लग या कुछ और पुरज़े खो गए थे। अनुज को डांट-फटकार पड़ी, मगर इससे वो विचलित नहीं हुए।'

अच्छे लीडर की तरह, अनुज ने एक ऐसी चीज़ के लिए सारा इल्ज़ाम अपने ऊपर ले लिया जो केवल उनकी ग़लती नहीं थी। मुआवज़े का भी सबसे बड़ा हिस्सा उन्होंने ही भरा। इस घटना के कारण उन्होंने अपनी टीम का मनोबल कम नहीं होने दिया। कर्नल चित्रसेन के अनुसार, अनुज नहीं चाहते थे कि टीम को किसी नई या भिन्न चीज़ को आज़माने को लेकर परेशानी हो। इस बाधा के बावजूद नौशेरों ने अपनी दोपहर की प्रैक्टिस जारी रखी और टूर्नामेंट में चौथा स्थान पाया। उस कंपनी के आत्मविश्वास के लिए यह बहुत बड़ा प्रोत्साहन था जो ग्यारहवें या बारहवें स्थान पर आया करती थी। अनुज और उनके साथियों ने जीत की जो प्रवृत्ति शुरू की थी, उसके कारण आज भी नौशेरा कंपनी वार्षिक रैंक में अच्छा स्थान बनाए रखने में सक्षम रहती है। टीम के नेतृत्व का ऐसा प्रभाव हुआ कि उन्होंने प्रेरणा का एक आंदोलन रच दिया। ये प्रभाव समय के साथ फीके नहीं पड़े; बल्कि उन्होंने विकसित होकर महानता के नए पहलुओं को खोजा।

अनुज को शरारतें करना बहुत पसंद था। 'वो उस तरह के इंसान थे जिसे अगर मौजमस्ती और शरारत करने का मौक़ा न मिले तो बीमार पड़ जाए,' कर्नल सरविंदर मज़ाक़ में कहते हैं। अपने 'मौजमस्ती' के अवतार में, अनुज किसी को भी निशाना बना सकते थे। अपने बैचमेट, अपने सबसे अच्छे दोस्तों, सीनियरों और यहां तक कि अपने शिक्षकों को भी।

ऐसा ही एक निशाना बने थे एक ड्रिल इंस्ट्रक्टर जो अकादमी में नए आए थे। 1997 की नौशेरा कंपनी काका साहब भोंसले से प्रशिक्षण पाने वाली पहली कंपनियों में से थी। समय और सहनशक्ति दोनों संदर्भों में भोंसले की कक्षाएं ग्रुप को निचोड़े दे रही थीं। उनके अंदर दूसरी किसी भी गतिविधि के लिए न ऊर्जा बचती थी न गुंजाइश। यह अनुज के लिए परेशानी की बात थी जिन्हें क्रॉस-कंट्री रेसों और बॉक्सिंग में ज़्यादा रुचि थी। तो उन्होंने और उनके कोर्स-मेट रोहित कौंडिन्य ने युवा इंस्ट्रक्टर को इस तरह 'व्यस्त' रखने का फ़ैसला किया कि उनके सत्र कम थकाऊ हो जाएं।

इस तरह शुरू हुआ 'भोंसले ऑपरेशन।' उनके सत्र एक्सरसाइज़ के बारे में कम और बातों के ज़्यादा हो गए। रोहित और अनुज इंस्ट्रक्टर के साथ दुनिया भर की बातों पर चर्चा करते—परिवार से लेकर दोस्तों, और बटालियनों से लेकर लड़ाइयों तक। बातचीत में कभी-कभार ही एक्सरसाइज़ के विराम-अल्पविराम लगते। जैसा अपेक्षित था, दूसरे इंस्ट्रक्टर्स का ध्यान नौशेरों के साथ भोंसले के सत्रों में चल रही अजीब सी गतिविधियों पर गया। उन्होंने अपने सहकर्मी को आगाह किया कि कंपनी के साथ बहुत ज़्यादा नर्मी न बरतें। मगर इससे बैच के साथ भोंसले का तालमेल नहीं बदला। अनुज की बदौलत वो नौशेरों पर अपना प्रेम लुटाते रहे जिन्होंने भोंसले को आश्वस्त कर दिया था कि उनके सहकर्मी छात्रों के बीच उनकी लोकप्रियता से जलते हैं।

ऐसा नहीं है कि भोंसले इस ओर से बेख़बर थे कि उनकी क्लास में क्या चल रहा है। यह स्पष्ट था कि नौशेरे उनकी क़ीमत पर थोड़ी मासूम सी मस्ती कर रहे हैं। मगर वो यह भी जानते थे कि उनकी क्लास को थोड़ी सी तनावमुक्ति के लिए इस्तेमाल करने के पीछे कोई दुर्भावना या ग़लत मंशा नहीं है। उन्होंने तो ग्रुप से कह भी दिया था, 'तुम लोगों ने मेरे को बुद्धु बनाया,' मगर होंठों पर मुस्कुराहट के साथ। आज भी, अनेक ड्रिल इंस्ट्रक्टर बड़े प्रेम से 1997 के नौशेरों को याद करते हैं।

कुछ लोग केवल नतीजों की परवाह करते हैं, तो कुछ नतीजे पाने के तरीक़ों की। अनुज उन सैनिकों में से थे जो दोनों की परवाह करते थे। कर्नल ठाकुर कहते हैं, 'वो आदेशों का पालन करते थे, मगर उन्हें अपनी शर्तों पर पूरा करते थे।' आईएमए के फ़ाइनल टर्म के दौरान, इक्कीस साल की उम्र तक ऑफ़िसर बनने और नौशेरा को अंतर-कंपनी रैंकिंग की तालिका में ऊपर देखने का अनुज का दोहरा लक्ष्य पहुंच के अंदर था। कर्नल सरविंदर कहते हैं कि शिक्षा में अच्छे अंक लाने की आवश्यकता पर बल देते हुए वो बैच को प्रेरित करते थे कि लाइब्रेरी में भी अपना वक़्त बिताएं।

इसके साथ ही, अनुज ऐसे किसी भी अवसर को हाथ से नहीं जाने देते थे जो कंपनी की उपलब्धियों की सूची में इज़ाफ़ा करे। उन्होंने पैर की गंभीर चोट के बावजूद कर्नल चित्रसेन को वार्षिक क्रॉस-कंट्री चैंपियनशिप में भाग लेने के लिए राज़ी कर लिया। 'फ़ाइनल से कुछ दिन पहले ही मैं मेडिकल लीव से वापस आया था। एक दुर्घटना में मेरे दाहिने पैर में चोट आ गई थी और जब मैंने कक्षाओं में फिर से जाना शुरू किया तब मैं चल भी मुश्किल से पा रहा था,' वो कहते हैं। लेकिन उनके प्रिय मित्र अनुज ना सुनने को तैयार ही नहीं थे। उन्हें यक़ीन था कि कर्नल चित्रसेन के एनडीए के दिनों के अनुभव से उन्हें रेस पूरी करने में मदद मिलेगी और टीम अच्छा स्कोर करेगी।

कर्नल चित्रसेन को जब याद आया कि कैसे नाक से ख़ून बहते हुए भी अनुज बॉक्सिंग टूर्नामेंट के लिए अभ्यास करते रहे थे, तो उन्होंने हार मान ली। उनकी अपनी चोट इतनी मामूली प्रतीत हुई कि वो पीछे हटने के बारे में सोच भी नहीं सके। अपनी क्षमताओं में अनुज के विश्वास से प्रेरित होकर वो प्रतियोगिता के फ़ाइनल में पहुंचने में सफल रहे।

यहां तक कि श्रीलंका के कैडेट भी, जो आमतौर पर शारीरिक संपर्क वाले खेलों से बचते थे, अनुज की अथक मनुहार के कारण उनकी बॉक्सिंग टीम में शामिल हो गए। पता चला कि अनुज ने उन्हें अलग से प्रशिक्षित किया और उन्होंने बहुत अच्छा प्रदर्शन किया। नौशेरा कंपनी ने इंटर-कंपनी बॉक्सिंग चैंपियनशिप में दूसरा स्थान हासिल किया।

अनुज ने करण को फ़ाइनल में आमंत्रित किया था। नियमों के बावजूद अनुज ने किसी तरह अपने भाई को छात्रावास में रख लिया। उन्होंने करण को बिस्तर दे दिया और ख़ुद फ़र्श पर सोए। यहां तक कि उन्होंने उन्हें मैस और ड्रिल चौक भी घुमाया। हालांकि, करण अनुज के अकेले मेहमान नहीं थे। उन्हें कभी-कभार अपने कमरे में कोई सांप, और अन्य ख़ौफ़नाक रेंगने वाले जंतु भी मिल

जाते थे। लेकिन एक थका हुआ कैडेट जब अपने कमरे में होता है तो वो बस सोने के बारे में ही सोच पाता है। अनुज की चिंताओं में कीड़े-मकोड़े और सांप सबसे आख़िर में होते थे।

बॉक्सिंग फ़ाइनल की रात को कंपनी ने जीत का जश्न मनाने के लिए बोनफ़ायर जलाई। जब उनकी लकड़ियां ख़त्म हो गईं, तो नौशेरों ने आग को जलाए रखने के लिए बैरकों का बेकार पड़ा फ़र्नीचर इस्तेमाल कर लिया। अधिकारियों को यह बात पसंद नहीं आई। नौशेरों को सज़ा मिली। हालात को और बिगाड़ते हुए, उन्हें सामान्य कपड़ों में मौजूद उस लड़के के बारे में भी सवालों का सामना करना पड़ा जो ग्रुप फ़ोटोज़ में शान से मौजूद था। वो लड़का, बेशक, करण थे। कंपनी में किसी ने भी उनके बारे में एक शब्द नहीं कहा। इसने भी अधिकारियों को नाराज़ कर दिया जिन्होंने एक बार फिर नौशेरों को दंडित किया।

जल्दी ही यह फ़ैसला लेने की घड़ी आ गई कि अकादमी के बाद कहां जाना है। 'अनुज टैक्नीकल पोस्टिंग, सिग्नल्स, इंजीनियरिंग आदि में जाने के इच्छुक थे। उनकी इच्छा थी कि सिग्नल कोर में पोस्टिंग के ज़रिए वो अपनी तकनीकी महारत और रणनीतिक उत्कृष्टता का बेहतर उपयोग करें। वो मज़ाक़ में कहा करते थे कि अब समय आ गया है कि असैनिक इकाइयां जवानों की भर्ती ज़्यादा करें।' पासिंग-आउट समारोह से पहले के महीनों में, प्रत्येक कैडेट को अपनी पसंद की पोस्टिंग बताते हुए एक फ़ॉर्म भरना होता है। उन्हें इन्फ़ैंट्री और अन्य भारतीय सैन्य वर्गों के बीच चुनाव करना होता है। अनुज सोच-समझकर फ़ैसला लेना चाहते थे। अंत में, इन्फ़ैंट्री के लिए उनकी पसंद इस क्रम में थी: ग्रेनेडियर्स रेजिमेंट, जाट रेजिमेंट और राजपूताना राइफ़ल्स, तीनों ही योद्धा जातियों के उच्च प्रतिनिधित्व के लिए जानी जाती हैं।

शुरू में, अनुज के पास इन्फ़ैंट्री की जगह तकनीकी यूनिट चुनने के अपने कारण थे। वो प्रो. नैय्यर और मानी की पहुंच के दायरे में रहना चाहते थे। वो यह भी चाहते थे कि सामरिक सैन्य विषयों और सिग्नल/संचार प्रणालियों की उनकी जानकारी का बेहतर इस्तेमाल हो। मगर, फिर उन्होंने इन्फ़ैंट्री को चुना। जाट रेजिमेंट में उनका चयन हैरानी भरा था। 'शायद अधिकारियों को उनका प्रोफ़ाइल इन्फ़ैंट्री में भूमिका के लिए ज़्यादा उचित लगा हो जो कि आगामी सालों में सही साबित हुआ,' कर्नल चित्रसेन कहते हैं।

सात जून, 1997 को, जैंटलमैन कैडेट अनुज नैय्यर को सैकंड लेफ़्टिनेंट आईसी-57111डब्ल्यू के रूप में भारतीय सेना में कमीशन किया गया। उन्होंने

पासिंग-आउट परेड में हिस्सा लिया और राष्ट्र, अपने साथी जवानों और अपनी यूनिट की सेवा करने की शपथ लेने के लिए 'अंतिम पग' पार किया।

शपथ-ग्रहण समारोह के अंत में भारतीय सेना के नए नियुक्त अफ़सर हवा में अपनी कैप उछालते हैं। मगर अनुज ने अपनी कैप नहीं उछाली। अपने माता-पिता और भाई से मिलने जाते हुए वो उसे अपने सीने से लगाए रहे। शूरवीर नैय्यर को कैप और यूनिफ़ॉर्म चमचमाते कवच जैसे प्रतीत हो रहे थे।

अनुज कोई और व्यवसाय चुन सकते थे, यह सोच पाना भी नामुमकिन प्रतीत होता था—द्रास का टाइगर शिकार पर निकल चुका था। बस कुछ ही समय की बात थी और वो अपने इलाक़े की हदबंदी कर देता। इस बीच, रावलपिंडी स्थित पाकिस्तान सेना के जनरल मुख्यालय के दफ़्तरों में कहीं 1999 की घटनाओं की नींव डाली जा रही थी।

3

कैडेट से ऑफ़िसर

मैं इतना ग़ैरज़िम्मेदार नहीं हूं कि देश के लिए अपने फ़र्ज़ पूरे किए बिना मर जाऊं। मैं सियाचिन में पोस्टिंग चाहता हूं ताकि अपनी शारीरिक और मानसिक सहनशक्ति को आज़मा सकूं। मैं देखना चाहता हूं कि मैं हक़ीक़त में कितना मज़बूत हूं।

—कैप्टन अनुज नैय्यर, महा वीर चक्र

आईएमए से ग्रेजुएशन के बाद अनुज नैय्यर अगस्त 1997 में जाट रेजिमेंट की 17वीं बटालियन में शामिल हुए। यह उस नौजवान अफ़सर के लिए एक खास पल था जिसने रैगिंग के दौरान सत्रह टोस्ट (ड्रिंक्स) उठाकर यह साबित किया था कि वो किसी भी चुनौती को हल्के में नहीं लेने वाला था। वो उन योद्धाओं में से थे जिन्होंने जुनून के साथ रेजिमेंट के सम्मान की रक्षा की। कहा जाता है कि जब महावीर चक्र प्राप्तकर्ता ब्रिगेडियर डेसमंड हेड (3 जाट बटालियन) से पूछा गया कि युद्ध में जाट को क्या बात विजयी बनाती है, तो उन्होंने अपने पास खड़े कंपनी के जवान की ओर इशारा किया और कहा, 'जवान इसलिए लड़ते हैं क्योंकि मेजर शेखावत लड़ते हैं। हम लड़ते हैं क्योंकि हमें उस इज़्ज़त से ज़्यादा और कोई चीज़ प्यारी नहीं है जो हमें अपने साथियों, परिवार और समुदाय से मिलती है। उस इज़्ज़त को खोने का डर मौत के डर को जीत लेता है।' सैकंड लेफ़्टिनेंट अनुज नैय्यर ने अपने सेवाकाल में इन मूल्यों को अमर कर दिया।

जाट रेजिमेंट का दो सौ से अधिक वर्षों का शानदार इतिहास है। भारतीय सेना की सबसे ज़्यादा सम्मान-प्राप्त रेजिमेंटों में शामिल होने वाली इस रेजिमेंट की सफलता की कहानियां अफ़ग़ानिस्तान, बर्मा, अफ़्रीका और दोनों विश्व युद्धों के दौरान ब्रिटिश भारत के लिए लड़े गए युद्धों और लड़ाइयों तक में सुनी जाती हैं। आज़ादी के बाद, रेजिमेंट ने 1948 में कश्मीर में क़बायलियों के ख़िलाफ़, 1962 के भारत-चीन युद्ध में चीनी सेना के ख़िलाफ़, 1965 में पाकिस्तानी सेना के ख़िलाफ़ और 1971 के बांग्लादेश मुक्ति युद्ध के दौरान लड़ाई का नेतृत्व किया। रेजिमेंट के इसी शानदार इतिहास ने आईएमए में अनुज को अन्य इन्फ़ैंट्री विकल्पों में से इस रेजिमेंट को चुनने के लिए प्रेरित किया।

उनका प्रदर्शन शुरुआत से ही बेमिसाल था। 'वो एक अच्छा ब्रेक था, लगभग तीन से चार साल का, जिसके बाद एनडीए और आईएमए दोनों में प्रशिक्षित ऑफ़िसर बटालियन में आता था। मुझे पहले दिन से ही उन पर भरोसा था। उस समय मैं 17 जाट का सैकंड इन कमांड (2आईसी) था और मैं जानता था कि अनुज एक ऑफ़िसर के तौर पर बेमिसाल काम करेंगे,' ब्रिगेडियर यू.एस. बावा कहते हैं।

अनुज ने राजस्थान के श्री गंगानगर में बटालियन को जॉइन किया था, जहां उन्होंने 'यंग ऑफ़िसर्स' कोर्स पर जाने से पहले अपनी शुरुआती यूनिट ट्रेनिंग पूरी की। यंग ऑफिसर्स यानी वाईओ (YO) कोर्स भारतीय सेना में कमीशन पाने के बाद किसी ऑफ़िसर को मिलने वाली पहली प्रोफेशनल आर्मी ट्रेनिंग थी। इन्फ़ैंट्री के जवानों के लिए यह मध्य प्रदेश में इंदौर के निकट एक ख़ूबसूरत क़स्बे महू में आयोजित किया जाता है। यूनिट लेवल की लीडरशिप, ट्रेनिंग और रणनीति में एक साल की प्रैक्टिस के बाद ऑफ़िसर को बटालियन स्तर पर गतिविधियों के अवलोकन के साथ प्लाटून और कंपनी स्तर पर सैन्य रणनीति के संपर्क में लाया जाता है। इसमें एक साल से कम अवधि की हथियारों और सामरिक रणनीति की ट्रेनिंग शामिल होती है। प्रोफेशनल मिलिट्री अकादमिक का पहला अनुभव देने वाले इस कोर्स में ऑफिसर अपना पूरा दमखम लगाते हैं। ऑफ़िसरों और सेना के लिए उच्चतम मानदंड निर्धारित करने के उद्‌देश्य से संस्था शिक्षण और मूल्यांकन में भी इसे गंभीरता से लेती है। कोर्स में बेहतर परिणाम प्राप्त करने के लिए ऑफ़िसर व्यक्तिगत रूप से यूनिट स्तर पर कोर्स से पहले ही ट्रेनिंग शुरू कर देते हैं। आमतौर पर, एक बैच के ऑफ़िसर एक साथ कोर्स में भाग लेते हैं। यह प्रतिस्पर्धात्मकता के नियमों को कम किए बिना, कोर्स की सामाजिकता के लिए एक प्लेटफ़ॉर्म तैयार करता है।

किसी ऑफ़िसर को उसकी मैरिट की वरिष्ठता के अनुसार कोर्स के लिए चुना जाता है। कम उम्र में वरिष्ठता मुख्यतः अकादमी की पासिंग-आउट मैरिट होती है। वेकेंसी, ऑफ़िसर की सेहत, शांति या फ़ील्ड में सक्रियता, उसकी तैयारी आदि जैसे अन्य मापदंड भी नामांकन में भूमिका निभा सकते हैं। यह अनिवार्य कोर्स है और देर-सबेर सभी ऑफ़िसरों को यह करना होता है।

अधिक महत्वपूर्ण वो प्रेरणा और परिश्रम है जिसके साथ ऑफ़िसर इस कोर्स को पूरा करता है। उत्कृष्टता की खोज आदर्श है। यह एक प्लेटफ़ॉर्म बनाता है और अच्छे और बेहतर ऑफ़िसरों के बीच अंतर करता है। युवा ऑफ़िसर जिन जवानों को कमांड करते हैं, वो भी वाईओ में उनके परफोर्मेंस के आधार पर उनकी व्यावसायिकता का आकलन करते हैं।

इसके महत्व को जानते हुए अनुज जल्दी से जल्दी इस कोर्स को पूरा करना चाहते थे। उनके लिए वाईओ में अच्छा परफोर्मेंस करना एक ऑफ़िसर से प्रोफेशनल मिलिट्री लीडर बनने का पल था। उन्होंने महू में वाईओ ट्रेनिंग के लिए ख़ुद को तैयार किया। उत्कृष्ट करना उनका मिशन और उच्चतम मानदंड हासिल करना लक्ष्य था।

पहले दिन से ही, अपनी सामान्य से अधिक मिलनसारिता के अनुरूप अनुज ने साथी ऑफ़िसरों और सैनिकों के साथ मज़बूत रिश्ता बनाने का निर्णय लिया। भारतीय सेना की सारी बटालियनों की भांति, 17 जाट के भी प्रत्येक ऑफ़िसर की आपसी घनिष्ठता ज़रूरी थी। हर नया ऑफ़िसर सिपाहियों की कड़ी निगरानी में बैरकों में रहता, सैनिकों के साथ खाता और यूनिट की प्रतिदिन की एक्टिविटी को पूरा करता था।

ब्रिगेडियर बावा कहते हैं, 'मुझे अभी भी याद है कि ऑफ़िसर-सिपाही बॉन्डिंग की इस एक्टिविटी के बारे में सुनकर अनुज कितने खुश हुए थे।' अनुज ने बड़े उत्साह के साथ इसे पूरा किया था।

इस एक्टिविटी से अनुज अपने सीनियर्स और सहपाठियों के बीच तुरंत ही लोकप्रिय हो गए थे। कर्नल अशोक ठाकुर याद करते हैं कि यूनिट में कभी किसी को कोई दुविधा होती तो अनुज सबसे भरोसेमंद ऑफ़िसर होते थे। उनका मानना था कि किसी भी समस्या या कंफ्यूजन को 'अनुज सर' अच्छे से संभाल लेते थे। एक्स्ट्रा एक्टिविटी के लिए छुट्टी और परमिशन देने के मामले में भी वो सबसे ज़्यादा लचीले थे।

सिपाही हर तरह के ऑफ़िसरों के तहत कामकाज करते हैं। कुछ रौबदार होते हैं, कुछ विनम्र, कुछ सख़्त होते हैं तो कुछ उदार। ब्रिगेडियर बावा के अनुसार अनुज ने रौब, मित्रता और आपसी समझबूझ के बीच सही संतुलन पा लिया था। किसी भी यूनिट को किसी ऑफ़िसर के साथ खुलने में वक़्त लगता है। उन्होंने अनुज को खुले दिल से स्वीकार कर लिया था, यह इससे साबित होता है कि बॉन्डिंग एक्टिविटी पूरी होने के बहुत बाद तक भी उन्होंने कितनी ही बार अनुज को अपनी बैरकों में अपने साथ भोजन करने के लिए आमंत्रित किया था। वहां, गर्मियों की दोपहरों या शामों को पेड़ की छाया में, अनुज को यूनिट के साथ खाना खाते, लंबे गिलासों में लस्सी पीते और बचपन और ट्रेनिंग के दिनों की कहानियों से उनका मनबहलाव करते देखा जा सकता था।

'अनुज ने वफ़ादारी की मांग नहीं की,' ब्रिगेडियर बावा कहते हैं। 'उनका मानना था कि यूनिट की पवित्रता उसके प्रत्येक व्यक्ति से आती है, और जब तक सभी लोग समान रूप से समान लक्ष्य के साथ एकाकार नहीं होंगे और अपनी भूमिका स्वीकार नहीं करेंगे, यूनिट क़ायम नहीं रह पाएगी।'

ब्रिगेडियर अनिल शर्मा, बावा के कमांडिंग ऑफ़िसर का पद सँभालने पर, 17 जाट के सेकंड इन कमांड बने। उनका मानना था कि अनुज में सेना के उच्च रैंक के अधिकारी बनने के सारे गुण थे। 'वो आदर्श ऑफ़िसर के हर मापदंड को पूरा करते थे। मंझे हुए ऑफ़िसर भी बटालियन में इस क़दर दृढ़ संकल्प वाले नौजवान को देखकर संकुचित हो जाते थे। आप हमेशा उनको किसी न किसी चीज़ की ट्रेनिंग लेते पाते,' वो कहते हैं।

आईएमए और एनडीए में अनुज का फ़ोकस ऑफ़िसर बनने पर था। बटालियन के दिनों में वो बस अच्छा ऑफ़िसर बनना चाहते थे और इसी दिशा में काम कर रहे थे। और ऐसा नहीं है कि उन्होंने रुटीन को आत्मसात करने या यूनिट की कार्यशैली के साथ एकाकार होने में कोई समय लिया हो। उन्होंने बटालियन की सामान्य कार्रवाई से होकर अपना रास्ता बनाया और जल्दी ही रैंक-प्राप्त सेना अधिकारी बनने के अगले चरण की ओर बढ़ गए। ब्रिगेडियर शर्मा कहते हैं, 'मैंने ऐसा दृढ़ संकल्पी अधिकारी कभी नहीं देखा। वो हर चीज़ में जुड़ जाते थे, हर ऑफिशियल या अनऑफिशियल एक्टिविटी में वॉलंटियर करते, जिससे उन्हें हर तरह का अनुभव मिलता था।'

अनुज की प्रतिस्पर्धात्मक भावना बटालियन के स्तर पर भी शांत नहीं हो पाई थी। वो ऐसे ऑफ़िसर थे जो हमेशा किसी न किसी कॉम्पीटिशन की तैयारी करते रहते थे। उन्होंने बैरकों में भी इसी तरह का जोश भर दिया था, वो उन्हें

वॉलीबॉल और बास्केटबॉल के मैदान में ले जाते, और बदले में उनसे सीखते भी थे। 1998 की गर्मियों ने बैरकों से अनेक नए खिलाड़ियों को उभरते देखा था, सब 'नैय्यर साहब' की बदौलत।'

भारतीय सेना ने नए आईएमए कैडेटों के वरिष्ठताक्रम को पुनर्परिभाषित करने के लिए एक सामूहिक मेमोरैंडम जारी किया था और सैकंड लेफ़्टिनेंट के पद को ख़त्म कर दिया। सीओ के अनुमोदन पर सारे सैकंड लेफ़्टिनेंट प्रमोशन पाकर लेफ़्टिनेंट हो गए थे। अनुज को जब यह ख़बर मिली तो वो अपने उत्साह को छिपा नहीं पाए। उन्होंने दिल्ली फ़ोन किया और अपने माता-पिता को ख़बर दी कि जल्दी ही उन्हें प्रमोशन का लैटर मिल जाएगा। और इस तरह वो लेफ़्टिनेंट अनुज नैय्यर हो गए। इस विकास ने उन्हें वाईओ के लिए आवेदन करने को प्रेरित किया। बात रैंकों के ज़रिए बढ़ने की अपेक्षा अपने पंख तौलने की ज़्यादा थी।

जब अनुज श्री गंगानगर में अपने लक्ष्यों को पाने में लगे थे, तो उनकी गर्लफ़्रेंड टिम्मी ने दिल्ली के दोनों परिवारों के बीच लेफ़्टिनेंट की छुट्टियों के दौरान शादी की बातों के लिए ज़मीन तैयार कर ली थी। वो अनुज को उतनी जानकारी देती रहती थीं जितना वो अपने पिता को अपने डेली अपडेट और योजनाएं बताते थे। प्रोफ़ेसर अपने बेटे को खत लिखते और उन्हें तोहफ़े भेजते रहते थे। उनके पिता नौजवान ऑफ़िसर के ज़रिए अपनी महत्वाकांक्षाओं को जी रहे थे और खुले दिल से उनसे अपनी ख़ुशी का इजहार करते थे।

एक बार फ़ोन पर अनुज ने पॉपिन को अपने सियाचिन के सपने के बारे में बताया। 'मैं एक दिन सियाचिन में पोस्टिंग चाहता हूं। मैं इसके लिए तैयार हूं... मैं ऊंचाइयों को चुनौती देना और यह देखना चाहूंगा कि कौन ज़्यादा लचीला है—मैं या ग्लेशियर,' उन्होंने कहा था। उन्होंने कारगिल से लौटने पर सियाचिन में तैनाती का औपचारिक निवेदन देने का फ़ैसला किया था। सियाचिन ने यक़ीनन एक योद्धा के साथ आंखें मिलाने का मौक़ा गंवा दिया था।

वाईओ के लिए अनुज का आवेदन पहले तो अस्वीकृत हो गया था। ब्रिगेडियर शर्मा और बावा समेत किसी को इस पर यक़ीन नहीं हो रहा था। मगर नियति में अनुज के लिए एक सरप्राइज़ था। जब वो एक छोटे से ब्रेक के लिए दिल्ली जाने वाले थे, तभी उनका आवेदन स्वीकृत हो गया।

17 जाट बटालियन में यंग ऑफ़िसर्स कोर्स के लिए ऑफ़िसरों को प्री-ट्रेनिंग देने की परंपरा है ताकि इसे जॉइन करने वाला हर ऑफ़िसर अच्छे अंक और रैंक लेकर आए। ब्रिगेडियर बावा ने अनुज के लिए भी यही किया। वो याद करते

हैं, 'हम उनसे इसके लिए कहते, इससे पहले अनुज ने ख़ुद ही वादा किया कि कोर्स में एल्फ़ा ग्रेड लाएंगे। वो बहुत दिलचस्पी से हर प्री-ट्रेनिंग सत्र में पहुंचे।'

अनुज जानते थे कि उनकी सफलता के साथ बटालियन की इज़्ज़त और उनके वरिष्ठों का भरोसा जुड़ा हुआ है। अपने कैरियर में पहली बार उन्होंने अच्छे ग्रेड और अंक लाने की हसरत की, और इस दिशा में प्रयत्न किया। उनके एनडीए के मित्र कर्नल चित्रसेन, जो वाईओ संस्थान में उनके रूममेट बन गए थे, कहते हैं, 'हमें लगा जैसे वो उन रैंक और ग्रेड की भरपाई कर रहे हैं जो उन्होंने एनडीए और आईएमए में गंवा दिए थे। अब जब वो ग़ैर-शैक्षिक गतिविधियों में अपनी श्रेष्ठता साबित कर चुके थे, तो वो अपनी शैक्षिक शक्ति की क्षतिपूर्ति कर रहे हैं। मगर हम ग़लत थे।'

आईएमए के दिनों से लेकर बटालियन में अपने वक़्त तक अनुज अपनी उम्र से ज़्यादा मैच्योर हो गए थे। ऐसा प्रतीत होता था कि फौजी वर्दी और उस पर लगे सितारों ने उन्हें बदल दिया था। उनके दृष्टिकोण और मापदंड वही थे; मगर उनका तौर-तरीक़ा नया था। वो प्रोटोकोल के प्रति गहरा सम्मान लिए वाईओ ट्रेनिंग में गए थे। वो देखना चाहते थे कि क्या वो नियमों पर चलकर रैंक पा सकते हैं। यह उनके लिए एक और चुनौती थी, बौद्धिक चुनौती। आईएमए ग्रेजुएट से एक ऑफ़िसर बनना उनका असली ग्रेजुएशन था।

फ़रवरी 1997 में, वाईओ जॉइन करने से पहले मिलिट्री हॉस्पिटल में अनुज को पीलिया घोषित किया गया। उन्हें तुरंत दस दिन के इलाज के लिए भर्ती कर दिया गया और टिम्मी ने सुनिश्चित किया कि स्टाफ़ नौजवान ऑफ़िसर का ख़ास ध्यान रखे।

अस्पताल के बेड तक सीमित रहना अनुज जैसे एक्टिव आदमी के लिए क़ैद के समान था। वहां भी वो टिम्मी से मिलने के लिए चुपके से अस्पताल से ग़ायब हो जाते थे। 'जिस चटपटे खाने से वो मुझे दूर रखते हैं, मैं उसी से इस पीलिया को ख़त्म कर दूंगा,' वो उनसे कहते। अस्पताल से ग़ायब हो जाना अनुज के लिए आम हो गया था और वो दोनों दिल्ली में अपनी पसंदीदा जगहों पर वक़्त बिताते थे।

अनुज के साथ बिताए इस एक्स्ट्रा समय ने फ़ैसला लेने में टिम्मी की मदद की। वो अब और इंतज़ार नहीं करना चाहती थीं और उन्होंने अपने रिश्ते के बारे में अपने माता-पिता को बता दिया। टिम्मी के परिवार ने खुले दिल से उनके चुनाव को स्वीकार किया और उनके रिश्ते के लिए सहमत हो गए। अनुज के एको स्क्वैड्रन से होने ने टिम्मी के पिता पर जादुई असर किया। अपनी पहली

मुलाक़ात में अनुज और टिम्मी के पिता टिम्मी या शादी से ज़्यादा आईएमए और एनडीए के बारे में बातें करते रहे थे।

जल्दी ही टिम्मी के माता-पिता नैय्यर आवास पर आए और दोनों परिवारों ने सगाई समारोह की तारीख़ पक्की करके एक्स्ट्रा छुट्टियों का बेहतरीन उपयोग किया। फ़ंक्शन एक फ़ार्महाउस पर रखा गया था और दोनों परिवार जश्न मनाने एकत्र हुए। उनकी जन्मकुंडलियां तक दोनों के तालमेल का ऐलान करती प्रतीत हो रही थीं; मानी याद करती हैं कि उनकी कुंडलियों में छत्तीस में से पैंतीस गुण मिल रहे थे।

अपनी सगाई की रात को इस जोड़े ने अनेक रोमांटिक गानों पर डांस किया। अनुज मुक्त और शांत महसूस कर रहे थे। मुक्त क्योंकि उनका प्यार अब राज़ नहीं रहा था, और शांत इसलिए कि इसने सामाजिक और पारिवारिक अनुमति पा ली थी। एक सैनिक के लिए अपने जज़्बात ज़ाहिर करना बहुत दुर्लभ होता है। मगर जब वो ऐसा करता है, तो यह उसके चरित्र में इज़ाफ़ा ही करता है।

इस ब्रेक के दौरान अनुज ने आगामी ट्रेनिंग के बारे में अपने पिता से चर्चा करने में भी समय बिताया। बस दो दिन के आवास में, उन्होंने यह कहकर प्रोफ़ेसर को चौंका दिया कि अब वो भारी-भरकम बुलेट नहीं चलाना चाहते। 'इस बार मुझे कोई ज़्यादा तेज़ और हल्की चीज़ दिलवाइए,' उन्होंने उस व्यक्ति से मांग की जिन्होंने उस बुलेट के लिए अपने प्यारे कैमरे और वाइड-एंगल के लैंस गिरवी रख दिए थे जिससे अब उनका सैनिक बेटा उकता गया था। अनुज का इरादा बाइक को ट्रेनिंग पर ले जाने का था।

शीघ्र ही बुलेट को बेच दिया गया और युवा नैय्यर के लिए एक नई आरएक्स100 ले ली गई।

नियमों और प्रोटोकोल के लिए अपनी नई आज्ञापालिता के बावजूद नौजवान लेफ़्टिनेंट किसी तरह बुलेट को ले गया। क्लास के बाद बाइक अनुज की आज़ादी का टिकट बन गई थी।

कोर्स के बाद घटनाक्रम अनुज को सात जुलाई, 1999 तक ले गया, वो दिन जब उन्होंने द्रास की पहाड़ियों और राष्ट्र के दिल पर अमिट छाप छोड़ी थी।

सेना का यंग ऑफ़िसर्स कोर्स पहला ट्रेनिंग कोर्स है जो कमीशन किए जाने के बाद हर एक नौजवान ऑफ़िसर को करना होता है। सबको हैरानी हुई कि कोर्स

के लिए अनुज का आवेदन पहली लिस्ट में स्वीकृत नहीं हुआ था। बावा को, जो तब सैकंड इन कमांड थे, सौ प्रतिशत विश्वास था कि किसी लिपिकीय ग़लती की वजह से ऐसा हुआ होगा। नाकामी के बावजूद अनुज ने अपनी प्री-ट्रेनिंग जारी रखा। जल्दी ही उनका आवेदन स्वीकृत हो गया। उन्हें पिच्यासीवें वाईओ के लिए मध्य प्रदेश के महू स्थित आर्मी वॉर कॉलेज के इन्फ़ैंट्री स्कूल में रिपोर्ट करना था।

अनुज का एनडीए ट्रेनिंग कैडेट बनने के लिए आवश्यक शारीरिक और मानसिक ताक़त हासिल करने से जुड़ा था। आईएमए ने उन्हें 'कंपनी भावना' सिखाई। वाईओ ने एक ऑफ़िसर के रूप में उनका बेहतरीन पहलू उभारा। कर्नल चित्रसेन कहते हैं कि अनुज ने कभी भी अच्छे ग्रेड लाने के लिए बहुत मेहनत नहीं की। 'उनके लिए चीज़ों को सही तरीक़े से करना और मानदंडों में प्रगतिशील बदलाव लाना कहीं अधिक वांछनीय था,' वो कहते हैं।

महू के इन्फ़ैंट्री स्कूल में ऑफ़िसर नैय्यर अपने एनडीए और आईएमए के दौर से कहीं अधिक व्यवस्थित थे। वो पहले से अपने दिन की योजना बना लेते थे और उनका प्रोग्राम पढ़ाई और आराम के बीच एकदम संतुलित रूप से बंटा था।

वाईओ मौजमस्ती का समय भी था क्योंकि कमीशन पाने के बाद आईएमए और एनडीए के सहयोगी साथ इकट्ठा होते और अपनी-अपनी यूनिटों के साथ समय बिताते थे। कर्नल सरविंदर कहते हैं, 'यह लगभग पूर्व-झुकाव, एक प्रकार का मानसिक खिंचाव होता है जो वाईओ में लोगों को अपने एनडीए के सहपाठियों के पास वापस ले जाता है। लेफ़्टिनेंट अपने एनडीए के साथियों को तलाशते हैं और उनके साथ कमरे शेयर करते हैं। मगर हमारे मामले में तो नौशेरे कमरे शेयर करते थे... इसका श्रेय, बेशक, अनुज को जाता है। वो हमारे जुड़ाव की कुंजी थे।'

हालांकि वाईओ के दिन ट्रेनिंग और प्रैक्टिस के लिए होते थे, मगर रातें अपने साथियों के साथ समय बिताने के लिए होती थीं। आर्मी वॉर कॉलेज के इन्फ़ैंट्री स्कूल में प्रशिक्षुओं को अपने प्राइवेट व्हीकल रखने की इजाज़त नहीं थी। अनुज उन कुछ लोगों में से थे जो किसी तरह अपनी बाइक ले आए थे। उनके रूममेट कर्नल चित्रसेन अपने सीनियरों की खोजी निगाहों से टू-व्हीलर को सुरक्षित रखने की निरंतर जारी चुनौती को याद करते हैं। 'हम उसे कॉलेज परिसर में नहीं रख सकते थे, उसे स्थानीय लोगों के पास भी नहीं छोड़ सकते थे, लेकिन लगता है कि अनुज हर काम में उस्ताद थे,' वो कहते हैं। अनुज और आईएमए के एक और साथी विशाल दुबे अपनी बाइक को एक सार्वजनिक फ़ोन बूथ (पीसीओ) के पास पार्क करते थे। पीसीओ के मालिक की दोनों ऑफ़िसरों के साथ अच्छी

पटती थी क्योंकि उनके द्वारा अपने परिवारों, दोस्तों और गर्लफ्रेंड्स को लॉन्ग डिस्टेंस कॉल किए जाने से उसका अच्छा बिज़नेस होता था।

एक दिन, हफ़्ते भर की गहन ट्रेनिंग के अंत में ऑफ़िसर अनुज, सरविंदर, चित्रसेन और विशाल ने इंदौर जाने और रात को वहीं रुकने के बाद महू वापस आने का फ़ैसला किया। चारों के गुट ने इस सफ़र के लिए दोनों बाइकों का इस्तेमाल किया। अनुज और विशाल नई आरएक्स100 पर थे। महू फ़्रोर्ट रोड के पास कहीं, भीड़ भरे डीएसओआई सर्कल के क़रीब, सरविंदर ने दो ट्रकों के बीच से निकलने की कोशिश करते हुए एक गाड़ी को ओवरटेक करने का फ़ैसला किया। पीछे बैठे चित्रसेन बताते हैं, 'ट्रकों के बीच बस एक बंदे की जगह थी मगर सरविंदर किसी तरह उसमें से बाइक को निकाल ले गए। मगर ट्रकों को पार करते ही हम एक और गाड़ी के पीछे पहुंचे जो अचानक रुक गई थी। हमारी बाइक अब पतंग की तरह आसमान में उड़ रही थी और अनुज हमारे ठीक पीछे थे।' ग्रुप टक्कर से बाल-बाल बच गया था मगर इस घटना से चित्रसेन दहल गए जिन्होंने, जैसा सरविंदर को याद है, उन पर गालियों की बौछार कर दी और अनुज के पीछे बैठकर चलने का फ़ैसला किया।

चित्रसेन को शायद लगा होगा कि सफ़र का बुरा हिस्सा निकल गया है। मगर उन्हें क्या पता था कि बस कुछ किलोमीटर दूर ही एक और ख़तरा उनका इंतज़ार कर रहा है। चित्रसेन दावा करते हैं कि वो एक्सीडेंट अभी भी उनकी यादों में ताज़ा है।

अगले चौराहे पर नब्बे किलोमीटर प्रति घंटे की गति से आ रहा एक विशाल ट्रक ग्रुप के रास्ते में आ गया। वो गति कम किए बिना 270 डिग्री पर मुड़ गया, जिससे सरविंदर का संतुलन बिगड़ गया। वो विशाल के साथ बाइक से गिर गए, जबकि अनुज बस कुछ मीटर ही पीछे थे। बस कोई चमत्कार ही अनुज की बाइक को अपने दोस्तों पर चढ़ने से रोक सकता था जो सड़क पर गिरे पड़े थे। 'उस पल अनुज ने एक बहुत अहम फ़ैसला लिया,' चित्रसेन कहते हैं। ऐसा फ़ैसला जो उनकी स्वार्थहीनता और दूसरों के लिए फ़िक्र, और ख़ुद को पीछे रखने के गुण को दर्शाता था।

अनुज ने चित्रसेन से बाइक से कूदने को कहा ताकि वो हादसे को रोकने के लिए बाइक को नीचे लिटा सकें। चित्रसेन ने बात मानी और कूल्हों के बल गिरे। उनकी पैंट की पीछे की जेब में रखे वॉलेट ने उन्हें चोट लगने से बचा लिया। जब वो कुछ संभले तो उन्होंने अनुज को अपनी बाइक झुकाते हुए देखा। 'बाइक

को फिसलते हुए जाने देने से पहले वो उसके नीचे से निकल गए,' चित्रसेन आगे कहते हैं। 'उनकी तुरत बुद्धि ने उस दिन जानें बचा ली थीं।'

उस रात ऑफ़िसरों ने ड्रिंक्स के साथ अपने बाल-बाल बचने का जश्न मनाया। वो सुबह होने तक पीते रहे। 'वो लास्ट टाइम था जब अनुज के अपनी यूनिट में वापस लौटने से पहले हम साथ थे। उनकी यूनिट फिर कश्मीर चली गई थी,' चित्रसेन दुखी मन से कहते हैं।

अनुज ने ब्रिगेडियर बावा से किए वादे को पूरा किया और यंग ऑफ़िसर्स कोर्स में एल्फ़ा ग्रेड हासिल किए। अपने परिवार के साथ इस उपलब्धि का जश्न मनाने के लिए वो कुछ दिन को घर चले गए।

जब अनुज वाईओ में मेहनत में लगे थे, तब घर पर नैय्यर परिवार दस सितंबर 1999 को होने वाली ऑफ़िसर और टिम्मी की शादी की तैयारियों में जुटा था। जब अनुज कोर्स के बाद घर पहुंचे तो ज़ेवर, कपड़ों, शादी के कपड़ों और अन्य चीज़ों की ख़रीदारी पूरे ज़ोरों पर थीं। मानी उस दिन को याद करती हैं जब उन्होंने दूल्हे के कपड़ों का ट्रायल लिया था। पिता उस कार को फ़ाइनल करने में लगे थे जो वो नए जोड़े को भेंट करना चाहते थे: गोल्डन ज़ैन। शादी वाले दिन दूल्हे के लुक को पूरा करने के लिए बस जूतियां लेनी बची थीं।

ख़रीदारी अभियानों में टिम्मी बहुत उत्साह से भाग लेती थीं। वो अपने मंगेतर के साथ लगी रहती थीं जो अक्सर उनसे कहते थे 'मौत के हमें अलग करने तक।'

बदक़िस्मती से, यही हुआ।

हक़ीक़त हीरो बनाती है

अनुज नैय्यर का आख़री छुट्टियां बस शादी की ख़रीदारी में नहीं बीती थीं। उन्होंने अपने रिश्तेदारों और दोस्तों से मिलने का वक़्त भी निकाला। वो सैकंड इन कमांड और उस वक़्त लेफ़्टिनेंट कर्नल रहे ब्रिगेडियर बावा के यहां डिनर पर भी गए, जहां उन्होंने मेज़बान को टिम्मी से मिलवाया।

जब उन्होंने सुना कि उनकी यूनिट को कश्मीर घाटी में कोर रिज़र्व के रूप में तैनात किया जा रहा है, तो वो ख़ुशी से झूम उठे थे। उन्होंने अपने पिता से कहा, 'एक बार में एक क़दम, डैड! सियाचिन दिन-ब-दिन क़रीब आ रहा है। पहले

कश्मीर घाटी और फिर सियाचिन ग्लेशियर।' उस दिन वो टिम्मी और करण के साथ बाहर गए, जिसके बाद उन्होंने अपनी नई पोस्टिंग की तैयारी शुरू कर दी।

यूनिट को जम्मू-कश्मीर के पुलवामा ज़िले के अंतर्गत आने वाले खेरउ नाम के इलाक़े में तैनात किया गया था। अनुज ने चार्ली कंपनी को 2आईसी के तौर पर जॉइन किया। युद्ध जैसी परिस्थितियों में भारतीय सेना की आरक्षित बल, कोर रिज़र्व पहली उत्तरदाता होती है। 17 जाट की विभिन्न कंपनियों को अनेक इलाक़ों में उग्रवाद विरोधी दबिशों, तलाशी अभियानों, गश्त, सक्रिय क्षेत्रों में गहन निगरानी और अन्य गतिविधियों को अंजाम देने के लिए तैनात किया गया था।

पास के क्षेत्रों में बटालियन की कुछ दूसरी कंपनियां पहले से तैनात थीं। जब तक 17 जाट कंपनियों ने रिपोर्ट किया, तब तक बटालियन पीर पंजाल रेंज को कवर कर चुकी थी और पुंछ ज़िले के छावनी शहर बाफ़लियाज़ में पहुंचने लगी थी। 1998 के अंत तक, चार्ली कंपनी सोनमर्ग और टूटमारी गली में दबिश दे रही थी और खोजी अभियान चला रही थी। ये उग्रवाद के ज्ञात संवेदनशील क्षेत्र थे।

श्री गंगानगर में अनुज घातक प्लाटून के कमांडर थे। खेरउ और उसके बाद के अभियानों में भी उनकी वही पोज़ीशन बनी रही। घातक प्लाटून भारत की ब्रिटिश सेना की पेट्रोल प्लाटून या यूएस मैरीन कोर की एसटीए प्लाटून के समकक्ष हैं। शारीरिक रूप से फ़िट और सामरिक योजना बनाने और नेतृत्व में अच्छी योग्यता होने के कारण अनुज को यह पोज़ीशन दी गई थी बावजूद इसके कि उन्होंने घातक प्लाटून का नेतृत्व करने के लिए आमतौर पर तरजीह दिया जाने वाला कमांडो ट्रेनिंग कोर्स नहीं किया था।

खेरउ में, उन्होंने अन्य कोर रिज़र्व के घातक प्लाटून के साथ एक काउंटर इंसर्जेंसी (सीआई) ऑपरेशन—'ऑपरेशन अघाओ' में भाग लिया। यह तीन-दिवसीय ऑपरेशन था जिसमें पंद्रह से बीस संदिग्ध आतंकवादियों को पकड़ने के लिए स्थानीय निवासियों की तलाशी और बचाव शामिल था। लेकिन इससे पहले कि इन लोगों को खोजा जाता, उनमें से कुछ भाग गए जबकि कुल ग्यारह आतंकवादी मारे गए। कंपनी के 2आईसी अधिकारी मदन ने घाटी में अपने पहले सीआई ऑपरेशन के लिए अनुज की सराहना की। हफ़्तों बाद जब उन्हें अपने माता-पिता को फ़ोन करने की अनुमति मिली, तो अनुज ने उन्हें ऑपरेशन में अपनी परफोर्मेंस के बारे में बताया। मानी, बेशक, उनकी सुरक्षा को लेकर चिंतित थीं लेकिन अनुज अपने खतों के माध्यम से उन्हें आश्वस्त करने में कामयाब रहे।

अनुज ने खेरउ में अपनी स्पोर्ट्स एक्टिविटीज जारी रखीं। उन्होंने केवल प्रेरणा के लिए ही नहीं, बल्कि अचानक आने वाली, अनपेक्षित चुनौतियों की तैयारी में भी भाग लेने के लिए सबको प्रोत्साहित किया।

घातक प्रतियोगिताएं घातक प्लाटूनों के लिए राष्ट्रीय स्तर के टूर्नामेंट होते हैं। ये खेल आयोजन नहीं होते बल्कि इनमें विभिन्न यूनिटों के घातकों के बीच सैन्य ऑपरेशन, ड्रिल और संयुक्त अभियान शामिल होते हैं। अन्य चीज़ों के अलावा, इन टूर्नामेंटों में हथियारों की ट्रेनिंग, बहुत ऊंचाई पर गुरिल्ला युद्ध की ट्रेनिंग, अवरोधन हमले और मैदानी युद्ध अभ्यास शामिल होते हैं।

श्री गंगानगर और अन्य राष्ट्रीय स्तर के टूर्नामेंटों में 17 जाट घातक कंपनी के परफोर्मेंस से यह स्पष्ट था कि विजयी स्थान के लिए और कोई दावेदार नहीं है। कमांडिंग ऑफ़िसरों ने फ़ैसला किया कि 17 जाट भागीदारी या मुक़ाबला नहीं, बल्कि प्रतियोगिताओं का आयोजन करेगी। लेफ़्टिनेंट नैय्यर को उनकी योजना बनाने और अंजाम देने का काम सौंपा गया।

इसी घातक टूर्नामेंट के दौरान अनुज की मुलाक़ात एक बार फिर कर्नल परेश गुप्ता से हुई, जो तब उनकी ही तरह लेफ़्टिनेंट थे। वो वाईओ में क्लासमेट रहे थे। गुप्ता ने अनुज से कॉम्पीटिशन में अपनी टीम की मदद करने को कहा। अनुज अपने दोस्तों को इतनी अच्छी तरह से जानते थे कि उनके पास इस तरह की स्थितियों के लिए सटीक जवाब था। उन्होंने कहा, 'मैं आपके जवानों का हाथ पकड़कर तो उन्हें जीत तक नहीं ले जाऊंगा... क्योंकि यह अपमानजनक होगा और मैं जानता हूं कि आप ऐसा कह भी नहीं रहे हैं। मैं उन्हें कुछ संकेत देने की कोशिश करूंगा जिससे उन्हें अपना रास्ता पाने में मदद मिल सकेगी। मगर फिर भी उन्हें ख़ुद समझना और उस पर काम करना होगा।'

गुप्ता ने जवाब दिया, 'फ़िलहाल जितना मिल सकता है वही मैं ले लूंगा।'

अनुज के मार्गदर्शन के बावजूद गुप्ता की टीम हार गई। अनेक सीनियर ऑफ़िसर्स ने आयोजन का नेतृत्व करने के लिए अनुज की प्रशंसा की। इस अभियान में एक ख़ास पहाड़ी पर बारह घंटे की ऊपर-नीचे ट्रैकिंग शामिल थी, जिसे अनुज ने बाक़ी सभी भागीदारों के साथ पूरा किया। तेज़ मूसलाधार बारिश ने कॉम्पीटिशन को पूरा करना लगभग नामुमकिन बना दिया था।

17 जाट की चार्ली कंपनी के नायब सूबेदार मनोज कुमार कहते हैं कि अनुज कॉम्पीटिशन को रद्द करने के लिए तैयार नहीं हुए। उनका तर्क था कि

अगर भागीदार ट्रेनिंग के दौरान अनपेक्षित चुनौतियों से पार पाने में अक्षम हैं, तो असल ज़िंदगी में ऐसा करने के बारे में तो वो भूल ही जाएं।

कुमार अपने भूतपूर्व कमांडिंग ऑफ़िसर के बारे में आगे कहते हैं: 'अपने लिए हदों को आगे बढ़ाते जाना और दूसरों को भी इसके लिए प्रेरित करना उनकी आदत थी। उनका तरीक़ा भले ही नियमों के मुताबिक़ न हो, मगर उन्होंने हमें उससे कहीं ज़्यादा सिखाया जितना हम काम के दौरान सीखते। कोई सैनिक पीछे न छूटे और सौ प्रतिशत डिलीवरी—उनके मार्गदर्शन को मैं इन दो बिंदुओं में समेट सकता हूं।'

घातक कॉम्पीटिशन की सफलता के बाद, अनुज से हाई-कमांड अभियानों में भाग लेने को कहा गया, जिन्हें उग्रवाद से अत्यंत प्रभावित क्षेत्रों में ख़ुफिया जानकारी के आधार पर अंजाम दिया गया था।

ब्रिगेडियर शर्मा अभियानों के बारे में बताते हैं: 'उन दिनों में, कोर रिज़र्व पतझड़ और सर्दियों के दौरान सभी प्रमुख प्रवेश बिंदुओं पर निगरानी पॉइंट स्थापित करती थी। ये वो इलाक़े थे जहां से घाटी में सुरक्षित ठिकानों पर ले जाए जाने के लिए आतंकवादी और कट्टरपंथी सीमा पार करते थे। प्रत्येक प्रवेश बिंदु पर पांच-छह सैनिकों के साथ एक या दो ऑफ़िसरों को निगरानी करनी थी। जब हमें सूचना मिली कि दस आतंकवादी पीर पंजाल पर्वत श्रेणी को पार करने की कोशिश कर रहे हैं, उस समय अनुज राजौरी इलाक़े के पास एक चौकी पर थे। सैनिकों के साथ अनुज, दीपक रामपाल, पदम जंघू और मुझे यह मामला सौंपा गया था।'

अपनी जगह से अनुज और उनके साथी थोड़ा सा ऊपर चढ़ने और मैदान में उतरने के बाद आतंकवादियों को देख सकते थे। 'वो तीन दिन का रास्ता था,' शर्मा आगे कहते हैं, 'मगर अनुज ने ऐलान किया कि हम इसे दो या इससे भी कम दिन में पूरा करेंगे।' वो जनवरी का महीना था और टीम बर्फ़ से ढके इलाक़े में ट्रैक करने की मुश्किलों को जानती थी। अनुज, जिन्हें कई सैनिकों का इन्चार्ज बनाया गया था, पांच इंच मोटी बर्फ़ से जूझने पर भी नहीं रुके। जब टीम के एक सदस्य की सांस फूलने लगी और उसे आगे बढ़ना मुश्किल लगने लगा तो अनुज ने पांच-छह घंटे इंतज़ार किया और फिर उसकी लाइट मशीन गन उठाकर आगे बढ़ने लगे।

ब्रिगेडियर शर्मा को अहसास हुआ कि अनुज के लिए आगे बढ़कर फ़ैसला लेने से पहले इंतज़ार करना क्यों ज़रूरी था। वो नहीं चाहते थे कि सैनिक से वापसी करने का मौक़ा छीनें। वो चाहते थे कि उनका सहयोगी मानसिक शक्ति से शारीरिक बाधा को जीते। जब अनुज संतुष्ट हो गए कि वो जवान अपनी पूरी

कोशिश कर चुका है, और हस्तक्षेप की वास्तविक ज़रूरत है, तो उन्होंने न तो समय लिया न अनुमति। उन्होंने बस राइफ़ल उठाई, अपने ऊपर लादी और आगे बढ़ गए। उस रात बाद में चोटी पर जब शर्मा, जो तब लेफ़्टिनेंट कर्नल थे, ने उनसे पूछा कि वहां क्या हुआ था, तो अनुज ने कहा: 'मुझे यह देखना था कि क्या मुझमें इतना दमख़म है कि कुछ अतिरिक्त बोझ उठा सकूं।'

'मुझे पता था वो झूठ बोल रहे हैं,' ब्रिगेडियर शर्मा कहते हैं। 'मुझे अच्छा भी लग रहा था और गर्व भी हो रहा था कि यहां यह लीडर है जिसे मैंने एक आम लड़का भर समझने की भूल की थी। और फिर मैंने उनसे पूछा क्या वो ट्रैकिंग से थक गए हैं।'

'ना! यह तो रुटीन चीज़ है, सर। मुझे लगता है अगर हम थोड़ी सी कोशिश करें तो शेड्यूल से पहले वापस आ सकते हैं,' अनुज ने जवाब दिया था।

शर्मा मानते हैं कि अनुज के अदम्य जोश और ऊर्जा के पीछे 'देश के दुश्मनों की ओर चुंबकीय खिंचाव' काम करता था। 'जब उन्हें पता होता था कि वो लोग आसपास हैं तो वो ख़ुद को रोक नहीं पाते थे। यह हताशाजनक भी है कि शायद यही उत्साह उन्हें उनकी शहादत की ओर ले गया था। वो एक दिन अच्छे सीओ बनते,' शर्मा एक आह के साथ बात पूरी करते हैं।

बटालियन में अपने अनुभव और गतिविधियों की प्रकृति को देखते हुए अनुज कर्नाटक के बेलगाम में जूनियर लीडर्स विंग, इन्फ़ैंट्री स्कूल में एक घातक कोर्स के लिए जाने वाले थे, जिसे कमांडो ट्रेनिंग कोर्स भी कहा जाता है। इसके लिए रवाना होने से पहले अनुज को एक बार फिर कंपनी के घातक प्लाटून कमांडरों द्वारा प्री-कोर्स ट्रेनिंग दी गई।

अनुज को कोर्स के लिए अपना सामान जमा करने के लिए छुट्टी दी गई थी। मगर कारगिल विद्रोह के कारण इसे ख़त्म कर दिया गया। बटालियन के सारे ऑफ़िसरों को संवेदनशील मोर्चों पर तैनाती के लिए बुला लिया गया। उस समय कारगिल का विद्रोह महज़ एक सैन्य सूचना थी जो हाई कमांड के बीच घूम रही थी।

अनुज के लिए यह विचार-मनन और उदासी दोनों का पल था। वो एक बड़ा अवसर गंवाने के कारण दुखी थे। यह एक ऐसा कोर्स था जिसे वो छोड़ना नहीं चाहते थे। एक सच्चा युद्ध-प्रवीण सैनिक बनने के उनके नज़रिए के लिए यह महत्वपूर्ण था। मानी का कहना है कि उन्होंने फिर भी उम्मीद नहीं खोई थी। उन्हें यक़ीन था कि वो अगले बैच में जा पाएंगे और बेहतर ग्रेड हासिल करेंगे।

और पॉपिन यह देखकर गर्वित थे कि उनका बेटा दिन-ब-दिन तन और मन से एक श्रेष्ठ सैनिक बनता जा रहा है। वो कहते कि उन्हें ऐसा लगता है जैसे कि वो अनुज के साथ ट्रैक पर दौड़ रहे हों।

कर्नल दीपक रामपाल ने, जो 17 जाट में बॉक्सिंग में अनुज के पार्टनर थे, अनुज को अगले कमांडो कोर्स में सीट पाने का आश्वासन दिया। फ़िलहाल तो, नौजवान ऑफ़िसर दुश्मन के ख़िलाफ़ लड़ाई में उतरने को बेताब था।

चित्रकूट चौकी पर जाने से पहले जहां वो घाटी की अनेक चौकियों को सुदृढ़ करने के सीआई ऑपरेशन का हिस्सा बने, अनुज बारामूला क्षेत्र में उपलाना कैंप में मुहिम में शामिल हुए। ये 13,000 फ़ुट की ऊंचाई पर स्थित चौकियां थीं जहां रसद पहुंचानी थीं और विद्रोह की स्थिति में उन्हें पुन: अधिकार में लिया जाना था। इन सभी अभियानों को अंजाम दिया गया, तभी कोर रिज़र्व को कारगिल और पड़ोसी क्षेत्रों में विद्रोह की सूचना मिली।

अब तक मई 1999 आ गई थी और माहौल में सीमा पर सैन्य तनाव की अफवाहें और अंदेशे थे। मगर अधिकांश लोगों ने इसे तब तक गंभीरता से नहीं लिया जब तक कि हाई कमांड से सूचना नहीं आई। उस साल फ़रवरी के आसपास आंतरिक चैनलों में राष्ट्रीय राजमार्ग 1 ए के आसपास हमलों की ख़बरें चल रही थीं, जबकि भारतीय प्रधानमंत्री दिल्ली और लाहौर के बीच चलने वाली सदा-ए-अरहद बस सेवा से पाकिस्तान की शांति यात्रा पर गए थे। 17 जाट के कमांडिंग ऑफ़िसर ने प्लाटूनों और यूनिटों का एक दरबार भी आयोजित किया था, जिन्होंने उन्हें युद्ध जैसी स्थिति के बारे में चेतावनी दी थी, जिसमें जान-माल का भारी नुकसान होने का अंदेशा था। शुक्र है कि दोनों पड़ोसियों द्वारा तनाव कम करने के लिए क़दम उठाने के बाद ऐसा कुछ नहीं हुआ।

इस बार भी वही सूचना थी, कम से कम ज़मीनी यूनिटों, कोर रिज़र्व और उन यूनिटों के लिए जो प्रथम उत्तरदाता नहीं थीं।

जब चौकियों पर जाने के सफ़र के लिए ऑपरेटिंग बेस पर ख़च्चरों पर सामान लादा जा रहा था, तो अनुज और उनकी टीम के सदस्य कुछ वक़्त निकालकर सीओ बावा के साथ चोटियों के साथ-साथ टहलने निकल गए। टहलते हुए उन्होंने टाट्रा ट्रकों की क़तार को अपने पास से गुज़रते देखा। बावा जानते थे कि इसका उनके और उनकी कमान में मौजूद जवानों के लिए क्या अर्थ है। उन्होंने अनुज से कहा कि ख़च्चरों और रसद से भरे यही वाहन उनके सैनिकों को कारगिल ले जाने के लिए इस्तेमाल किए जाएंगे। 'तैयार रहना,' उन्होंने चेतावनी दी।

कारगिल मुठभेड़ को अभी भी एक सामान्य घटना के तौर पर देखा जा रहा था जिसे मौक़े के पास मौजूद यूनिटें संभाल रही थीं। किसी को इसकी भयावहता का अंदाज़ा नहीं था। जल्दी ही सामने आया कि घुसपैठिए सामरिक रूप से लाभ की स्थिति में हैं और भारतीय सेना ख़ुफ़िया जानकारी के लिए संघर्ष कर रही है।

अनुज ने पूछा क्या सब लोगों को फ़ौरन पैकिंग शुरू कर देनी चाहिए। 'हम तैयार हैं, चाहे हमारे रास्ते में कुछ भी आए,' उन्होंने सख़्ती से कहा।

मौजूदा परिस्थिति के लिए—ऐसी परिस्थिति जो तनाव, मौत एवं हार के अंदेशे से भरी थी—अनुज की तत्परता ने बावा को भावुक कर दिया। बाद में उस रात खाने पर यूनिट से कहा गया कि उसे द्रास सैक्टर में मोर्चे की ओर बढ़ना है।

तब तक, 4 जाट के कैप्टन सौरभ कालिया और उनके जवानों को बजरंग चौकी के पहाड़ों पर गश्त करने के दौरान युद्धबंदी बना लिया गया था। 17 जाट के जवान पद्मासन और राधेसर चौकियों पर दूसरे स्तर की तैनाती के लिए बढ़ रहे थे। घुसपैठियों के क़ब्ज़े से चौकियों को छुड़ाने के लिए ये नियमित मुहिम होती रहती थीं। अनुज उस ऑपरेशन का हिस्सा थे जो इस जानकारी से निर्देशित था कि घुसपैठियों ने बहुत ऊंचाई पर स्थित कुछ चौकियों पर क़ब्ज़ा कर लिया है। उन्हें कुछ पता नहीं था कि आगे क्या होने वाला है।

अनेक लोग मानते हैं कि कारगिल पर लड़ाई 1965 के भारत-पाकिस्तान युद्ध के बाद ताशकंद घोषणा पर हस्ताक्षर के साथ शुरू हो गई थी। वैश्विक सहयोगियों से आपूर्ति पर प्रतिबंध का सामना करते हुए पाकिस्तान सोवियत संघ की मध्यस्थता में शांति समझौते पर सहमत हो गया था। तब पाकिस्तान पीछे हट गया था लेकिन उसने हार नहीं मानी थी। संभवत: अनुज और कारगिल के अन्य युद्ध नायकों की क़िस्मत का फ़ैसला उस दुर्भाग्यपूर्ण दिन—दस जनवरी 1966—ही हो गया था। पाकिस्तान के लिए कश्मीर इतना अनमोल रत्न था जिसे एक या दो हार के कारण छोड़ा नहीं जा सकता था।

1971 में बांग्लादेश मुक्ति युद्ध में पाकिस्तान को भारी नुकसान उठाना पड़ा था और सोलह दिसंबर 1971 को उसे 'आत्मसमर्पण की दलील' पर और बाद में जुलाई 1972 में शिमला समझौते पर हस्ताक्षर करने पड़े।

असल में कारगिल की कहानी तभी शुरू हो गई थी। पाकिस्तान के समर्पण से जुड़ा अपमान, जैसा कि मुशर्रफ़ ने ख़ुद कहा था, पीड़ा का ऐसा पल था जिसके कारण उन्हें युद्धबंदी के विचार पर पछतावा हुआ था। उस दिन नियंत्रण रेखा (एलओसी), कश्मीर के भारतीय और पाकिस्तानी हिस्सों को बांटने वाली

सैन्य नियंत्रण रेखा, स्थापित की गई थी, जिसमें पुंछ, उरी, बारामूला, केल, द्रास और कारगिल के क्षेत्र शामिल थे।

कारगिल और द्रास में घुसपैठ के दौरान जिन चौकियों पर क़ब्ज़ा किया गया था, उन्हें प्रतिकूल मौसम की स्थिति में ख़ाली छोड़ दिया गया था। ताशकंद, शिमला और फिर लाहौर में यही समझौता हुआ था। जिस समाधान पर सहमति हुई: दोनों पक्षों के सैनिक सर्दी के महीनों में अत्यंत ऊंचाई पर स्थित चौकियों को छोड़ देंगे। यह तय हुआ था कि वो अपनी चौकियों को हथियारों और राशन के साथ ही छोड़ेंगे। 1999 की सर्दियों में बर्फ़ सामान्य समय से पहले पिघल गई, जिससे आतंकवादियों के लिए इन चौकियों पर क़ब्ज़ा करना आसान हो गया था, जिन्हें माना जाता है कि पाकिस्तानी सेना की नॉर्दर्न लाइट इन्फ़ैंट्री (एनएलआई) का सहयोग प्राप्त था।

तेरह मई, 1999 को लद्दाख़ में स्काउट्स और नागरिकों द्वारा रिपोर्ट की गई संदिग्ध गतिविधियां विश्वसनीय प्रतीत होने लगीं। हाई कमान ने एक कार्य-योजना तैयार की थी। हाल में कमीशन किए गए कैप्टन सौरभ कालिया (जो तब लेफ़्टिनेंट थे) चौथे गश्ती दल का नेतृत्व कर रहे थे जिसे कारगिल के काकसर में लगभग 14,000 फ़ुट की ऊंचाई पर स्थित बजरंग चौकी पर टोह लेने भेजा गया था। उस साल सीमा सुरक्षा के संदर्भ में मौसम अजीबो-ग़रीब था। वो चौकी की सुरक्षित हद तक पहुंच पाते, इससे पहले ही छह लोगों के उस गश्ती दल पर गोलियों और ग्रेनेडों की बौछार होने लगी। गश्ती दल के पास मौजूद सीमित सामान के साथ, जिसमें मूलत: व्यक्तिगत हथियारों का पाउच, एक संचार सेट, एमआरई (मील, रेडी टू ईट) राशन और कुछ हथगोले भर होते हैं, कालिया और उनके जवान जितनी देर मुमकिन हो सका, चालीस से अधिक हमलावरों को रोकते रहे।

अंत में वो पूरी तरह घिर गए थे और भारत की सरज़मीं पर उन्हे बंदी बना लिया गया। रेडियो पाकिस्तान स्कर्दू ने जवानों को पकड़ने की घोषणा की जिन्हें कथित रूप से एनएलआई या स्पेशल सर्विस ग्रुप के, पाकिस्तान के गिलगिट-बाल्टिस्तान क्षेत्र में स्थित स्कर्दू बेस ले जाया गया। बारह जून 1999 को कैप्टन कालिया का शव भारत को लौटाया गया। रिपोर्टों में दावा किया गया कि शव पर यातना और अनेक चोटों के निशान थे। तब तक कारगिल युद्ध शुरू हो चुका था। हर दिन नियंत्रण रेखा के पार गश्ती दल द्वारा घात लगाने, हत्याएं, अंग-भंग और हमले करने की ख़बरें आ रही थीं। निस्संदेह, इसने इलाक़े की रखवाली करने वाले सैनिकों को भड़का दिया। ये हर मायने में क्रूर गर्मियां थीं।

बीस मई 1999 की रात को, 17 जाट को राधेसर चौकी से उतरकर कारगिल सैक्टर में घूमरी की ओर बढ़ने का बहत्तर घंटे का नोटिस मिला। अनुज और उनकी टीम से 17 जाट और 79 ब्रिगेड के बेस कैंप होशियार सिंह ग्राउंड पर रिपोर्ट करने और अगले आदेशों का इंतज़ार करने को कहा गया था। उस समय तक ज़मीनी हालात पर सूचनाएं बहुत भ्रामक थीं जो पॉइंट 4875 और पॉइंट 5140 पर मिलाकर केवल पंद्रह से बीस आतंकवादियों; जुबर टॉप पर ज़्यादा से ज़्यादा दस घुसपैठियों, बाटलिक सैक्टर में तीस और तोलोलिंग चौकी पर अधिकतम दस विद्रोहियों की मौजूदगी का आभास दे रही थीं। ये सब बेहद ग़लत अनुमान थे। असली तादाद चौंकाने वाली हद तक ज़्यादा थी।

पिंपल कॉम्प्लेक्स द्रास सैक्टर की मुशकोह घाटी में 11,000 से 14,000 फ़ुट ऊंची चोटियों की श्रृंखला है। जबकि टाइगर हिल और तोलोलिंग कारगिल सैक्टर का हिस्सा हैं जहां एनएच1ए ख़तरनाक ढंग से पाकिस्तानी सुरक्षा रेखा के क़रीब है, वहीं पिंपल कॉम्प्लेक्स से ज़ोजी ला पास से होते हुए सोनमर्ग तक एनएच1ए क्रॉसिंग तक सीधा दृश्य दिखता था। ये वो बिंदु थे जहां से दुश्मन सबसे घातक प्रहार कर सकता था। टाइगर हिल और जुबर टॉप में घुसपैठ लेह और श्रीनगर के बीच की कड़ी को काट देती। पिंपल कॉम्प्लेक्स दुश्मन को अधिकतम नुक़्सान पहुंचाने का मौक़ा दे सकता था और उस इलाक़े में तैनात भारतीय सेनाओं को कोई मदद पाने से रोक सकता था।

पॉइंट 4875 पर क़ब्ज़ा करने से दुश्मन को एक रणनीतिक लाभ मिल गया था जिसने पिंपल कॉम्प्लेक्स और एनएच1ए के दक्षिण-पश्चिमी कोण पर उन्हें दृश्य-विस्तार प्रदान किया। पॉइंट 4875 की ओर जाने वाली पूरी रेंज में पिंपल कॉम्प्लेक्स (पिंपल 1 और पिंपल 2), रॉकी नॉब, व्हेलबैक, सैडल (उत्तर-पूर्वी रिज लाइन, जिस पर बाद में 2 नागाओं ने अधिकार किया) और साउथ स्पर शामिल थे। पॉइंट 4875 के पहले गश्ती दल ने इसे फिसलन भरी बर्फ़ और खड़ी चढ़ाई के ख़तरों से भरा ट्रैक घोषित कर दिया था। इसलिए, एक अन्य स्थान पॉइंट 4540 को फ़ायर बेस स्थापित करने के लिए साफ़ करना पड़ा। यह ऐसी ऊंचाई पर भी था जहां से भारतीय सैनिक पॉइंट 4875 और पिंपल कॉम्प्लेक्स पर मौजूद दुश्मन को देख सकते थे।

चार्ली कंपनी और 17 जाट से पिंपल कॉम्प्लेक्स पर फिर से अधिकार करने और पॉइंट 4875 और रॉकी नॉब को सुरक्षित करने के लिए कहा गया था। पिंपल कॉम्प्लेक्स की पहाड़ियों पर ढलानों के बेक़ाबू हो जाने से हताहतों

की तादाद उससे कहीं ज़्यादा होने का अंदेशा था जितनी कोर रिज़र्व, 79 ब्रिगेड और 17 जाट ने देखी थीं।

मई 1999 के तीसरे हफ़्ते में, सूबेदार देशम और सीएचएम (कंपनी हवलदार मेजर) राम करब को टोह लेने के लिए गश्ती दलों के साथ पॉइंट 4540 पर भेजा गया। इसके बाद पॉइंट 4540 और रॉकी नॉब पर हमला किया गया और फिर व्हेलबैक, पिंपल 1 और पिंपल 2 को अधिकार में लेकर अंततः पॉइंट 4875 पर जीत सुनिश्चित की गई।

कहा जाता है कि अगर 17 जाट की दूसरी कंपनियों के साथ अनुज और उनकी टीम पिंपल कॉम्प्लेक्स को साफ़ नहीं करती तो दूसरे पॉइंट की जीतें जवाबी हमले का शिकार हो जातीं। कुछ तो यहां तक कहते हैं कि अनुज ने वो किया जो बाद के हमलों में बटालियनें भी नहीं कर सकीं। उन्होंने एक रात के हमले के दौरान दुश्मन के अनेक बंकरों को साफ़ किया, जिससे मुशकोह घाटी में जीत हासिल हुई। एक और थ्योरी कहती है कि पिंपल कॉम्प्लेक्स में अनुज की जीत उस जीत की पूरक बनी जिसे कैप्टन विक्रम बत्रा (13 जम्मू एवं कश्मीर राइफ़ल्स) ने पॉइंट 4875 पर हासिल किया था। पिंपल 2 और पॉइंट 4875 के बीच की हवाई दूरी केवल 300-500 मीटर थी। इस चोटी को साफ़ करके अनुज और उनकी कंपनी ने अनेक जानें बचाईं। यह नियति है कि अपने समय के दो महान योद्धाओं (कैप्टन अनुज नैय्यर और कैप्टन विक्रम बत्रा) ने अपनी मातृभूमि के लिए एक ही दिन युद्ध किया और अपने प्राणों की आहुति दी।

हमले की तैयारी करते वक़्त अनुज ने यह नहीं सोचा था कि वो कोई कठिन ज़िम्मेदारी उठा रहे हैं। उनका फ़ोकस तो दुश्मन को खदेड़ने पर था। वो चाहते थे कि उनकी यूनिट की साख बनी रहे क्योंकि 'स्क्वैड से बढ़कर कुछ नहीं।' उन्होंने अपनी ज़िंदगी में जो भी सीखा और जाना था, वो कसौटी पर परखे जाने के लिए तैयार था।

4

‘क्या वो लड़ते हुए गया?’

अभी तक मेरा सामना किसी ऐसे प्रतिद्वंद्वी से नहीं हुआ जो मुझसे जीत सके। मैं कश्मीर में तैनाती चाहता हूं क्योंकि इतने निर्दोष भारतीयों को मारने के लिए मैं उन्हें मारना चाहता हूं।

—कैप्टन अनुज नैय्यर, महावीर चक्र

राधेसर चौकी से नीचे उतरने के बाद 17 जाट के सैनिकों और अधिकारियों से भरे ट्रक मातायन में होशियार सिंह ग्राउंड की ओर बढ़ने लगे, द्रास से कुछ दूरी पर स्थित ये पर्वत श्रृंखला 79 ब्रिगेड का बेस कैंप बनी थी। सामूहिक क़ाफ़िले को टूटमारी गली में अपना मोर्चा छोड़ना पड़ा था और सोनमर्ग और ज़ोजी ला के रास्ते मातायन के लिए बढ़ना पड़ा। होशियार सिंह ग्राउंड 17 जाट का बेस कैंप होना था।

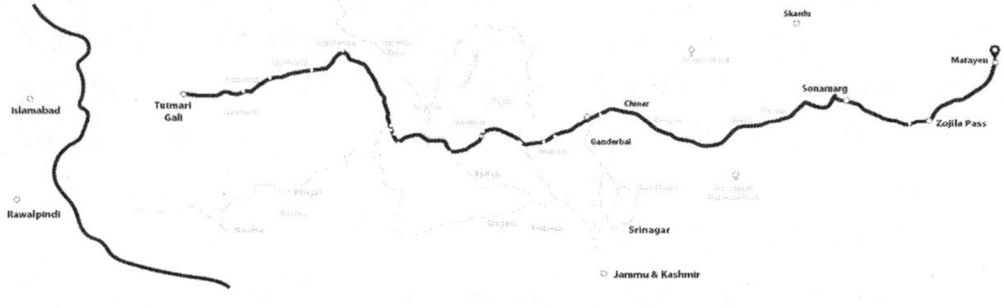

79 इन्फ़ैंट्री ब्रिगेड के लिए 1999 कारगिल बेस कैंप वह जगह थी जहां से समाचारों के अंश और तोड़े-मरोड़े संदेश मोर्चे पर मौजूद सैनिकों के बीच विभिन्न मत पैदा कर रहे थे। 79 इन्फ़ैंट्री ब्रिगेड की कमान में 17 जाट, 13 जम्मू और कश्मीर राइफ़ल्स, 2 नागा और कई अन्य यूनिटें थीं। ब्रिगेडियर बावा ने अपने वरिष्ठों से उस चौकी से नीचे उतरने के लिए अतिरिक्त समय मांगा, जिस तक पहुंचने में उनके सैनिकों को सात दिन लगे थे। लेकिन यह आसान नहीं था। तोलोलिंग पोस्ट और टाइगर हिल पर यूनिटों को हो रहे लगातार नुकसान के चलते, भारतीय सेना को पाकिस्तानी कवर को हर ओर से रोकने के लिए सैनिकों की ज़रूरत थी। पलटन (पूरी शक्ति वाली रेजिमेंटल यूनिट) को राधेसर चौकी पर अपना राशन और गोला-बारूद छोड़ने और बेस कैंप में फिर से रसद लेने के लिए कहा गया था। अनुज और दूसरे अधिकारी 2आईसी लेफ़्टिनेंट कर्नल अनिल शर्मा के निर्देशों पर बटालियन की आवाजाही की देखरेख कर रहे थे।

सीओ कर्नल बावा, 2आईसी (2IC) लेफ़्टिनेंट कर्नल शर्मा और बटालियन के अन्य अधिकारियों के साथ जीप में जाने के प्रस्ताव के बावजूद अनुज ने जवानों के साथ ट्रक में यात्रा करना चुना। वो जवानों का मनोबल बढ़ाना चाहते थे और उनकी ख़ैरियत लेना चाहते थे।

यात्रा के दौरान अनुज अपने बटुए में रखी तस्वीरों पर एक नज़र डालना चाहते थे। एक तस्वीर मानी की थी। वो उसे देर तक बहुत ग़ौर से देखते रहे। इसके बाद अनुज एक और तस्वीर तलाश करने लगे जो उनके लिए बहुत ख़ास थी। लेकिन तस्वीर ग़ायब थी। बुरी तरह झुंझलाए हुए अनुज ने अपने साथियों से पूछा कि क्या उन्होंने उन्हें कहीं वो तस्वीर गिराते देखा था या कहीं ऐसा तो नहीं कि वो उसे छिपाकर उनके साथ शरारत कर रहे हों।

सूबेदार विनोद कुमार, जो कारगिल में अनुज के साथ लड़े थे, याद करते हैं कि वो जिस तरह बौखलाकर लापता तस्वीर को खोज रहे थे, उससे ट्रक में सवार जवान बेचैन होने लगे। शोर-शराबे से सिपाही विजय जाग गए, जो खेरउ में चार्ली कंपनी के रेडियो ऑपरेटर थे। वो तुरंत समझ गए कि माजरा क्या है और उन्होंने अनुज को शांत होने के लिए कहा। अनुज के ग़लती से तस्वीर को गिराने पर उन्होंने उसे उठा लिया था और अधिकारी के साथ शरारत करने के लिए उसे अपने पास रख लिया था। उन्होंने अपना बटुआ निकाला और अनुज को टिम्मी की तस्वीर सौंप दी। आभारी अनुज फ़ौरन अपनी सीट पर लुढ़क गए और उन्होंने बाक़ी की यात्रा उस तस्वीर को देखने में बिता दी।

मातायन में सैनिक सर्वेक्षण के लिए 17 जाट को नक़्शे दिए गए और द्रास की स्थिति के बारे में भी जानकारी दी गई। 'फिर हमें मुशकोह घाटी में 79 इन्फ़ैंट्री ब्रिगेड

के बेस कैंप तक पहुंचने के लिए कहा गया। अनुज और अन्य प्लाटून कमांडरों को रात के पड़ाव के लिए टेंट लगाने का निर्देश दिया गया था,' ब्रिगेडियर बावा कहते हैं।

ब्रिगेडियर शर्मा के अनुसार टेंट लगाना और उन्हें लपेटना उन जवानों के लिए बच्चों का खेल था जो पिछले एक साल से लगातार कश्मीर घाटी में घूम रहे थे।

उधर कर्नल बावा मुशकोह घाटी में संयुक्त सर्वेक्षण के लिए बटालियन से आगे चले गए, और इधर अनुज और उनके साथी अधिकारियों को घर पर कॉल करने के लिए कुछ समय मिल गया। अनुज ने मानी से बात की और टिम्मी को एक ख़त लिखा।

उन्होंने मानी को विश्वास दिलाया कि वो लड़ाई के आसपास कहीं तैनात नहीं हैं और उन्हें बस सौ मीटर के क्षेत्र में बारूदी सुरंगों की तलाश करनी है। लेकिन इसी समय के दौरान लड़ाई उनकी ओर बढ़ती आ रही थी। जब मानी और टिम्मी ने बाद में इस कॉल पर चर्चा की, तो उन्होंने मज़ाक़ में कहा कि 'जब वो छोटा था तो हमेशा मेरे पर्स से चीज़ें ढूंढ़ लेता था, इसलिए सौ मीटर की जगह में बारूदी सुरंगें ढूंढ़ना उसके लिए मुश्किल काम नहीं होगा।'

उस समय, कारगिल संघर्ष पर मीडिया रिपोर्टें साफ़ नहीं थीं। 'हम भारत के उन पहले परिवारों में से थे जिन्हें हमारे सैनिक बेटों से आंखों देखी रिपोर्ट मिल रही थीं। अनुज हमेशा की तरह परेशान होने से ज़्यादा उत्साहित था,' मानी कहती हैं। 'उसके पिता ने मुझे यह पता नहीं लगने दिया कि वो लड़ाई के मोर्चे पर तैनात है। साथ ही, उन्होंने यह भी ध्यान रखा कि मुझे बस इतना ही पता चले कि मैं उसकी सुरक्षा के बारे में चिंता न करूं,' वो आगे कहती हैं।

करण को अनुज का अपने पिता से यह कहना याद है कि सेना के पास घुसपैठियों को निकाल बाहर करने के लिए आवश्यक पूरी जानकारी थी। उन्होंने नैय्यर परिवार से कहा था कि लड़ाई के बारे में बाहरी लोगों के साथ चर्चा न करें। सेना नहीं चाहती थी कि नागरिक घबराएं, उन्होंने ज़ोर देकर कहा था।

21 मई की रात को होशियार सिंह ग्राउंड पर बहुत बुरी तरह से गोलाबारी की गई। ऐसा लग रहा था कि हमला करने से पहले दुश्मन ने भारतीय सेना द्वारा कैंप लगा लेने का इंतज़ार किया था। कोर रिज़र्व में होने के कारण अनुज की यूनिट ऊंचे इलाक़ों में कठिन परिस्थितियों में पड़ जाने और उनसे निकलने की आदी थी। लेफ़्टिनेंट कर्नल शर्मा, मेजर दीपक रामपाल, मेजर पदम जंघू, मेजर रितेश शर्मा और लेफ़्टिनेंट अनुज नैय्यर को अपनी कंपनियों को व्यवस्थित करने और मुशकोह में निर्धारित स्थान के लिए प्रस्थान करने को कहा गया था। 17 जाट के अंतिम ट्रक कैंप से बाहर निकले ही थे कि उन पर गोले बरसने लगे।

22 मई को, 17 जाट ने 79 इन्फ़ैंट्री ब्रिगेड के बेस कैंप में रिपोर्ट किया। तुरंत कामचलाऊ टेंट और सुरक्षात्मक दायरे स्थापित कर दिए गए और रणनीतिक बैठकों के दौर शुरू हो गए।

कॉरपोरेट बोर्डरूम के विपरीत, इन बैठकों में फ़ैसले उत्पादकता या लागत पर केंद्रित नहीं थे, बल्कि उनका उद्देश्य मोर्टार के गोलों की मारक (Radius) दूरी को अधिकतम करने या खुले हमले के जोखिम को कम करना था। कश्मीर के गुलमर्ग में भारतीय सेना के हाई एल्टीट्यूड वॉरफ़ेयर स्कूल की नींव इन्हीं मैदानों में रखी गई थी, जहां अमेरिकी नौसेना, रॉयल मरीन और रॉयल नेवी (यूके) विशेषज्ञ ट्रेनिंग लेते हैं।

पाकिस्तानी इस युद्ध को जीतने के लिए प्राकृतिक आवरण और भारी मात्रा में युद्ध सामग्री पर भरोसा किए हुए थे। उन्होंने शायद पहाड़ी इलाक़ों में भारतीय सेना की ताक़त और चुस्ती पर ध्यान नहीं दिया था। भारतीय कैंपों ने कमांडिंग ऑफ़िसर और उनके सैकंड इन कमांड को कंपनी कमांडरों, कंपनी सैकंड इन कमांड, जूनियर कमीशंड अफ़सरों और उनके जवानों के साथ लंबी बैठकें करते देखा। तय हुआ कि पॉइंट 4875 की लड़ाई दो छोर से लड़ी जाएगी। पॉइंट 4875 एक अलग मोर्चा होगा जबकि पिंपल 1, पिंपल 2, पिंपल 3, व्हेलबैक, रॉकी नॉब और अन्य चट्टानों वाला पूरा पिंपल कॉम्प्लेक्स दूसरा मोर्चा होगा।

जब घायल सैनिकों के ट्रक पहुंचे तब यूनिट 79 ब्रिगेड बेस कैंप में सुरक्षित रूप से तैनात थी। कई सैनिकों की मौत हो चुकी थी, जबकि अन्य को गंभीर इलाज की ज़रूरत थी। अनुज और उनके जवान घायल सैनिकों को स्ट्रेचर पर अस्पताल लेकर गए। सूबेदार मान सिंह को याद है कि घायल सैनिकों के सदमे को कम करने के लिए अनुज उनसे लगातार बात कर रहे थे। 'अनुज साहब ने मुझसे कहा कि गोलाबारी से स्तब्ध सैनिक जानकारी के कुशल स्रोत नहीं हैं। ''हमें ज़मीनी रिपोर्ट की ज़रूरत है,'' उन्होंने कहा, ''लेकिन एक घायल सैनिक से स्थिति के बारे में पूछने से उसे और ज़्यादा कष्ट होगा,''' सूबेदार कहते हैं।

अनुज को आख़िरकार वो जानकारी मिल गई जो वो चाहते थे। 'उस जानकारी से हमें रणनीतिक रूप से न सही, मगर मानसिक रूप से अवश्य मदद मिली,' सूबेदार मान सिंह याद करते हैं। 'हममें से ज़्यादातर ने युद्ध के बारे में किताबों में पढ़ा था और नक़ली लड़ाइयों और अभ्यास में युद्ध लड़े थे,' वे आगे कहते हैं, 'लेकिन अनुज साहब चाहते थे कि हमें पता हो कि वहां पहुंचने पर हमें किस चीज़ की उम्मीद करनी चाहिए।' सैनिकों की हालत और हताहतों की तादाद ने अनुज को लड़ाई के पैमाने के बारे में सोचने पर मजबूर कर दिया था। उन्हें ये स्पष्ट हो गया था कि परिस्थितियां उतनी सीधी-सरल नहीं हैं जितनी पेश की गई थीं।

अनुज और उनकी टीम के पिंपल कॉम्प्लेक्स बेस कैंप के लिए निकलने से पहले एके-47 के लगभग 50,000 राउंड, सेल्फ़-लोडिंग राइफ़लें (एसएलआर) और मोर्टार के टनों गोलों के साथ ही ग्रेनेड भी बेस कैंप में पहुंचाए गए। वो 23 मई की शाम को मौक़े पर पहुंचे।

कर्नल बावा ने होशियार सिंह ग्राउंड में एक अस्थायी टेंट में अपने अधिकारियों को शुरुआती ऑपरेशन के ऑर्डर दिए थे। वहां मौजूद लोग थे, बटालियन के सैकंड इन कमांड लेफ़्टिनेंट कर्नल शर्मा; अल्फ़ा कंपनी के कमांडर मेजर आर.के. सिंह; ब्रावो कंपनी के कमांडर मेजर डी.एस. पूनिया; चार्ली कंपनी के कमांडर मेजर पदम जंघू; डेल्टा कंपनी के कमांडर मेजर दीपक रामपाल; चार्ली कंपनी के दूसरे कमांडिंग मेजर रितेश शर्मा; चार्ली कंपनी के प्लाटून कमांडर लेफ़्टिनेंट अनुज नैय्यर; और बटालियन एजुटैंट कैप्टन मदन। मिशन:11,000-15,000 फ़ुट की ऊंचाई की अनेक चोटियों वाले पिंपल कॉम्प्लेक्स पर दोबारा क़ब्ज़ा करना।

कर्नल दीपक रामपाल को याद है कि कैसे अनुज ने पिंपल कॉम्प्लेक्स पर हमले के लिए कंपनी का नेतृत्व करने के लिए झगड़ा किया था। 'वो शांतिकाल की गतिविधियों में कंपनियों के गुणों का हवाला देते और अपनी टीम को मौक़ा दिए जाने की कोशिश करते रहे। उन्होंने तर्क दिया कि युवाओं को सही मौक़ा कभी नहीं मिलता। मैं उन्हें तब तक सुरक्षित रखना चाहता था जब तक कि हमें स्थिति का ठीक से अंदाज़ा न हो जाए, लेकिन वो पीछे पड़े रहे,' वो कहते हैं। बटालियन के वरिष्ठों ने अनुज के उत्साह की सराहना तो की, लेकिन फिर भी उन्होंने अपनी ही योजना पर चलने का फ़ैसला किया।

चार्ली कंपनी फ्रंट कंपनी नहीं, बल्कि फ्रंट प्लाटून का हिस्सा थी। अनुज ने व्यवस्था के साथ समझौता तो कर लिया था, लेकिन, कर्नल रामपाल के अनुसार, अभी भी उनकी इच्छा रिज़र्व कंपनी में होने से कुछ ज़्यादा करने की थी। उन्हें लग रहा था कि अगर उनके साथी प्लाटून कमांडरों ने अपना काम अच्छी तरह से किया, तो उनकी कंपनी को मोर्चे पर जाने का मौका नहीं मिलेगा।

अनुज प्लाटून 7, चार्ली कंपनी के प्लाटून कमांडर थे। उनकी टीम को पिंपल कॉम्प्लेक्स पर प्रमुख हमलों में फ़ायरिंग में सहायता और रिज़र्व क्षमता प्रदान करने का काम सौंपा गया था। लेकिन भाग्य को अनुज और उनकी टीम के लिए कुछ और ही मंज़ूर था। पॉइंट 4875 और पिंपल कॉम्प्लेक्स पर क़ब्ज़ा करने के लिए व्हेलबैक और पॉइंट 4540 जैसे अन्य रणनीतिक स्थलों पर नियंत्रण हासिल करना आवश्यक था। ये वो पॉइंट्स थे जहां दुश्मन ने प्रमुख ठिकानों के लिए रक्षा की अपनी पहली पंक्ति लगाई हुई थी। जिस समय मेजर पूनिया की कंपनी ने पॉइंट 4540 पर हमला किया, तब अनुज गश्त की ड्यूटी पर थे। ब्रावो कंपनी के कंपनी 2 आईसी (2IC)

सूबेदार हरफूल सिंह ने पॉइंट रॉकी नॉब पर हमले का नेतृत्व किया, जो पिंपल्स से 3,000 फ़ुट नीचे बीस डिग्री दक्षिण-पूर्व में है।

28 मई 1999 को, मेजर पूनिया के नेतृत्व में 17 जाट की ब्रावो कंपनी ने पॉइंट 4540 पर भारतीय सेना का पहला हमला किया। शुरुआती टोही रिपोर्टों को छोड़कर कोई नहीं जानता था कि इन पहाड़ियों पर क्या था। ब्रावो कंपनी के हमले से एक दिन पहले सूबेदार देशराम और भाना राम की गश्ती प्लाटून ने दुश्मन से पहला संपर्क किया था। मेजर पूनिया ने दुश्मन की सबसे कमज़ोर चौकियों पर हमले की योजना बनाई। 81-मिमी मोर्टार फ़ायर और तोपख़ाने की मदद से उनके जवानों ने घुसपैठियों को वापस रॉकी नॉब तक धकेल दिया। किसी के हताहत होने की कोई रिपोर्ट नहीं आई और एक महत्वपूर्ण पॉइंट पर क़ब्ज़ा हासिल हो गया—17 जाट के युद्ध रिकॉर्ड की अच्छी शुरुआत हो चुकी थी।

अगली सुबह कर्नल बावा ने मेजर पूनिया को रॉकी नॉब पर हमला जारी रखने का निर्देश दिया। शायद उनका इरादा अचानक तूफ़ानी हमला करने का था। हमले का नेतृत्व करते हुए सूबेदार हरफूल सिंह ने 0200 बजे से पहले चढ़ाई शुरू कर दी। 0400 बजे जब हमलावर दल दुश्मन के ठिकाने से लगभग 150 मीटर की दूरी पर था, तो उन पर सात से आठ छोरों से एचएमजी (हैवी मशीन गन) और यूएमजी (ऊबर मशीन गन) की गोलियों की बौछार होने लगी। गोलीबारी की भयंकरता ने सूबेदार सिंह को एक इंच भी आगे बढ़ने से रोक दिया। फिर भी हमलावर पार्टी डटी रही। उन्होंने जगहें बदलीं और कुछ छोरों से फ़ायरिंग के प्रवाह में बाधाएं डालने का प्रयास किया। दुर्भाग्य से, सूबेदार हरफूल सिंह और उनके पांच जवानों को बचाने के लिए यह काफी नहीं था। वो युद्ध में 17 जाट के शहीद होने वाले पहले लोग थे। कर्नल बावा के साथ बात करने के बाद मेजर पूनिया को रॉकी नॉब में अपने हमले के मोर्चों से पीछे हटने का कड़ा फैसला लेना पड़ा।

अब यह साफ़ हो चुका था कि रेडियो की बातें और रिपोर्टें ग़लत थीं। भारतीय सेना पर गोलियां और गोले बरसाने वाले लोग अनौपचारिक रक्षा पंक्तियों वाले मुजाहिदीन नहीं थे। वो नियमित पाकिस्तानी सैनिक थे जिनके पास ट्रेनिंग भी थी और अच्छा साज़ो-सामान भी। और उन्होंने अपेक्षित सैन्य कार्रवाई के ख़िलाफ़ सोच-समझकर रक्षा पंक्तियां स्थापित की थीं। यह क़ब्ज़ा करने का प्रयास था और मोर्चों की तैयारी इसी उद्देश्य के अनुरूप थी। उनकी सुरक्षा में सेंध लगाने का एकमात्र तरीक़ा बारीकी के साथ योजना बनाना था।

सूबेदार हरफूल सिंह की मौत की ख़बर ने अनुज को आगबबूला कर दिया। वो जानते थे कि सिंह अपने गंभीर रूप से बीमार बच्चे के लिए उचित चिकित्सा सुविधाएं खोजने की कोशिश में लगे हुए थे। आख़िरकार उन्हें एक प्रतिष्ठित अस्पताल

अनुज

उम्र 3 साल, 1978

पहला जन्मदिन

अपने पहले जन्मदिन पर, अपने पेरेंट्स के साथ अनुज, 28 अगस्त 1976

मानी के साथ
अनुज अपनी माँ के साथ, जिन्हें वो प्यार से 'मानी' कहते थे, 1976

माँ बेटे की जोड़ी
मानी के साथ अनुज, 1978

दमदार तिगड़ी

प्रो. एस.के. नैय्यर, पॉपिन अपने बेटों अनुज और करण के साथ, एक फैमिली पिकनिक पर, अगस्त 1980

बड़े भैया अनुज

बाएं से दाएंः करण और अनुज अपने कज़िन अभिषेक और आशीष के साथ, 1983, अनुज हमेशा अपने भाइयों का ध्यान रखते थे और कई बार उन्हें मुश्किलों से भी निकाला था।

भाई

बचपन, अनुज और करण एक दूसरे से जुदा नहीं होते थे, 1984, छोटे नैय्यर हमेशा अपने अनुशासित अफसर भाई का अनुसरण करते।

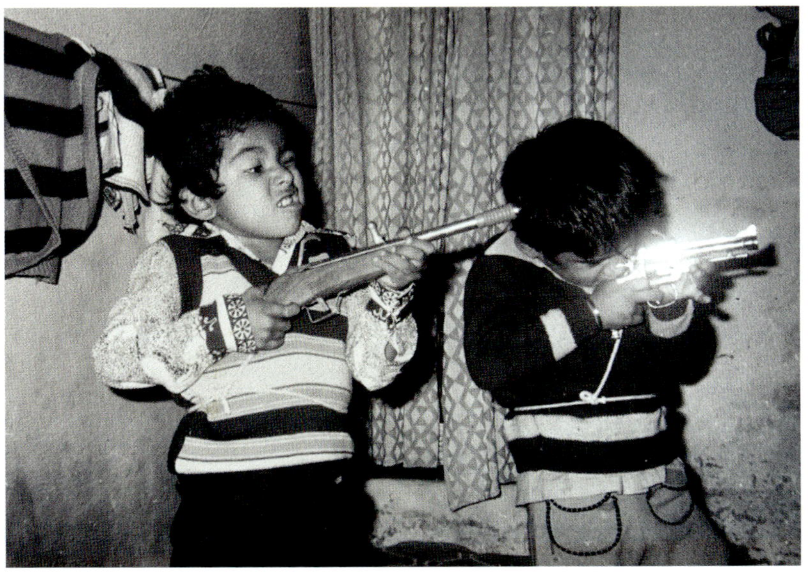

अपनी पहली गन के साथ अनुज

गनफाइट्स बचपन में ही शुरू हो गई थीं और फिर तमाम उम्र साथ रही। अपने कज़िन, आशीष के साथ अनुज, 1985

ARMY PUBLIC SCHOOL

New Delhi.

CLASS..... .... SESSION 1984—1985 SEC..................

क्लास फ़ोटोग्राफ़

आर्मी पब्लिक स्कूल, धौला कुआं की चौथी क्लास, 1985. छोटे अनुज टीचर्स के पीछे खड़े हैं (दाएं से पांचवें)

पड़ोस वाला गैंग

1987 में, अनुज टूर्नामेंट में अपने पड़ोस के दोस्तों के साथ, उनके पिता प्रो. एस.के. नैय्यर ने इसका संचालन किया था।

अनुज

अक्टूबर 1990 में

स्कूल के दिन

आर्मी पब्लिक स्कूल, धौला कुआं के सहपाठियों के साथ अनुज, 1992

सशस्त्र जवान

नेशनल डिफेन्स अकादमी के ग्रीनहॉर्न में कैडेट अनुज नैय्यर, सितम्बर 1993

ट्रेंचेस बनाते हुए

कैंप ग्रीनहॉर्न में कैडेट अनुज नैय्यर अपने साथियों के साथ ट्रेंचेस खोदते हुए, सितम्बर 1993

एनडीए में कैडेट अनुज नैय्यर, 1995

एनडीए में सर्दियों की मुफ़्ती में कैडेट अनुज नैय्यर, नवंबर 1995

एनडीए में ब्लू पैट्रॉल यूनिफार्म में कैडेट अनुज नैय्यर, दिसंबर 1995

एनडीए में ड्रिल ऑर्डर यूनिफार्म में कैडेट अनुज नैय्यर, फरवरी 1996

एनडीए पॉप

नेशनल डिफेन्स अकादमी की पासिंग आउट परेड में, जेंटलमैन कैडेट अनुज नैय्यर से हाथ मिलाते हुए मानी, 1 जून 1996

आईएमए में पॉपिन

इंडियन मिलिट्री अकादमी की ट्रेनिंग के दिनों में प्रो. एस.के. नैय्यर अपने बेटे से मिलने गए थे। उन्होंने अनुज और उनके बैचमेट अशोक कुमार ठाकुर (बाएं) के साथ फोटो भी खिंचवाई।

लिमिट्स को बढ़ाना

नेशनल डिफेन्स अकादमी में अनुज अपने बैच मेट्स के साथ क्रॉस–कंट्री रन पर, जून 1996

योद्धा की तैयारी

भारतीय सैन्य अकादमी में, 'धावा' पोजीशन में कैडेट अनुज नैय्यर, इस पोजीशन का इस्तेमाल दुश्मन के साथ करीबी मुठभेड़ में किया जाता है, नवंबर 1996

'90 एश्लॉन

एनडीए के इको स्क्वाड्रन 1996 का बैच, '90 एश्लॉन। कैडेट अनुज नैय्यर पहली पंक्ति में, बाएं से दूसरे स्थान पर बैठे हैं। 1 जून 1996

1997 में अनुज नैय्यर

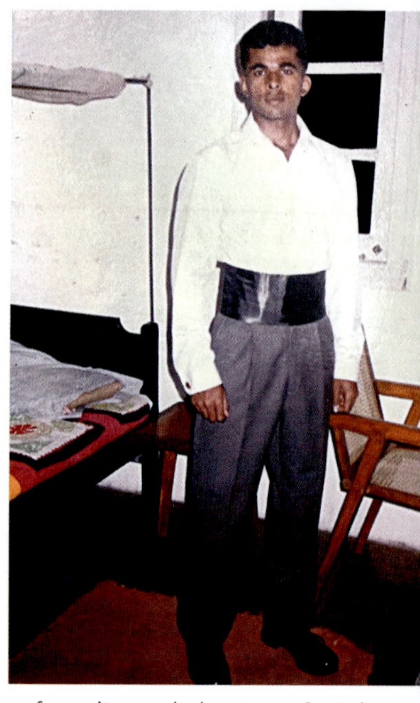

आईएमए में, 6 ब्रावो ड्रेस (अनुष्ठानिक) में जेंटलमैन कैडेट अनुज नैय्यर, फरवरी 1997

मुस्कान

पासिंग–आउट परेड में अनुज, 7 जून 1997

आईएमए पीओपी

भारतीय सैन्य अकादमी की पासिंग आउट परेड नैय्यर परिवार के लिए गर्व का पल था। प्रो. एस.के. नैय्यर, मिसेज मीना नैय्यर और करण के साथ सेकेंड लेफ्टिनेंट अनुज नैय्यर, 7 जून 1997

आँख के तारे पर सितारा लगाने का पल

भारतीय सैन्य अकादमी की पासिंग आउट परेड में नव नियुक्त सेकेंड लेफ्टिनेंट अनुज नैय्यर के साथ मिसेज मीना नैय्यर, जून 1997

पहली पोस्टिंग

ऑफिसर अनुज नैय्यर 17 जाट के कमांडिंग ऑफिसर का अभिवादन करते हुए, गंगानगर, 1997

वर्दी में टाइगर

भारतीय सेना की वर्दी में अनुज नैय्यर, 1998

I AM PROUD OF YOU MY SON.
2nd Lt A. NAYYAR 17-JAT. 7/8 JUN 97

WELCOME TO ARMS: The Joyous commissioned officers of the IMA, Dehra Dun, after the passing-out parade. — HT photo by Pradeep Bhatia

THIS IS A PROUD MOMENT OF MY LIFE. ON THIS DAY THE 7th OF JUN 97 MY SON ANUJ NAYYAR WALKS IN THE IMA GROUND. STANDS SMILINGLY IN FRONT OF HIS EQUALLY PROUD & BEAMING MOTHER, WITNESSED BY HIS FATHER, BROTHER KARAN NAYYAR & HIS SWEET HEART TIMMY. WHEN THE MOMENT CAME & HIS MANI PINNED THE TWO STARS ON HIS SHOULDERS. IT WAS ECSTACY, I WAS CHOCKED WITH EMOTIONS & ALL THAT I COULD SAY IN THE HEAT OF THE MOMENT WAS "I AM PROUD OF YOU MY SON – KEEP IT UP"
LET THIS MONTH OF JUN BE AUSPICIOUS FOR US. I GOT MANI ON 8th JUN 74. YOU GOT COMMISSION ON 7th JUN 97 & ON THIS DAY OF 8th JUN 94 YOU PROPOSED TO TIMMY. GOOD LUCK

- POPIN -

गर्वित पिता का संदेश

प्रो. एस.के. नैय्यर ने भारतीय सैन्य अकादमी से अपने पुत्र की ग्रेजुएशन के अवसर पर यह खत लिखा था, 7 जून 1997

टिम्मी के साथ
अपनी सगाई के अवसर पर लेफ्टिनेंट और टिम्मी, 11 अप्रैल 1998

मिस्टर और मिसेज नैय्यर
अनुज की सगाई के दिन उनके माता–पिता

मुस्कुराते भाई

अपने छोटे करण के साथ अनुज

जवानों के साथ

मशहूर लैटरमैन, जनवरी 1999... अनुज अपनी पोस्टिंग्स से नियमित रूप से घर के लिए खत लिखा करते थे।

बर्फीली चोटी पर एक लम्बा दिन बिताने के बाद सुस्ताते हुए
अनुज और उनके साथी, मार्च 1999

13,000 फ़ीट की ऊँचाई पर अनुज और उनके साथी, मार्च 1999

प्रमोशन

कारगिल हाइट्स में अनुज नैय्यर को लेफ्टिनेंट से कैप्टन बनाया गया, जून 1999

The Infantry School [illegible] MHOW (M P)

YOUNG OFFICERS COURSE SERIAL - 87

09 Nov 98 to 03 Apr 99

Sitting L to R – Maj Vinay Khosla, Maj SK Rai, Maj SC Mann, Lt Col HV Sharma, Lt Col Bhalinder Singh, Col PC Chaudhary, Brig SK Trehan, Capt Pankaj Rana, Maj Gen JS Bhatti, SM, VSM, Lt Gen DS Chauhan, UYSM, VSM, Brig LM Tewari, SM, VSM, Capt UPR Veerakoon, Col KS Aithani, Col PK Dhodapkar, Maj AR Deshpande, Maj R Bandhu, Maj R Manocha, Maj CS Dewgun, Capt AK Mishra.

Standing LtoR 1st Row Maj VPS Kaushik, T Gilja, Lt Ram Prasad, BS Sidhu, Sudhir, KJ Sri Nivasan, Velu, Sunil, Sumer, R Bath, A Upadhaya, A Banga, P Parida, H Bansal, P Thapliyal, N Gehldt, A Nayyar, Parhik, G Ghuman, S Pujari, DK Basel, M Srivastav, Capt Charih, Lt M Sakthawat, Capt S Agarwal.

Standing LtoR 2nd Row 2 Lt KT Penjor, Lt Chaudhari, S Paentia, B Bhat, V Jondhale, SP Singh, J Chuba Sashi, KP Umrao, PS Sanger, JV Singh, SN Guru, K Dusad, S Madan, D Gurung, TVR Satyanarayan, Rajesh Singh, G Somal, Capt Ruberu, Lt N Rajput, V Prasad, Shiish KP, Capt VDS Perera, Lt Vijay Rathi.

Standing LtoR 3rd Row – Lt Kadam, Gayenka, S Rana, AP Singh, S Nimbalkar, YK Malik, Anil Kumar VR, R Ranjit, A Hoda, M Sanghera, P Surayan, S Bhatacharya, JB Chhetri, R Shekhar, P Modgil, Capt Jayasiri, Siri Wardhana, Parera, Lt W Mexgo, Capt Pallekumbura, SB Amunugama, Lt Kishore.

Standing LtoR 4th Row – Lt Rajesh, BS Bhandari, SF Ahmad, R Mukundan, MS Kulkarni, Srijith, Arun, A Bhandari, A Yadav, S Saklani, Harpreet, A Das, PP Saha, Capt Anthony, Lt AB Bohara, P Shinde, V Vaidya, Y Singh, S Balhara, S jain, R Nanda, Vijay.

Standing LtoR 5th Row – Lt RS Sekhon, R Kumar, H Dukpa, N Yadav, A Pawar, R Shinde, BS Khandka, B Gurung, R Mathew Kartikeya, AK Tiwari, S Mukherjee, BS Sawian, Tharchin, Wangdi, R Chaudri.

वाईओ–87

यंग ऑफिसर्स कोर्स में अनुज, 3 अप्रैल 1999

विजय ध्वज फहराते हुए

कैप्टन अनुज नैय्यर और 17 जाट बटालियन के उनके साथी, पिंपल में अपना सफलतापूर्वक मिशन पूरा करने पर, 8 जुलाई 1999

अंतिम पग

युवा अफसर के सफर के अंतिम कदम – कैप्टन अनुज नैय्यर और उनका परिवार आर्मी ट्रक से ब्रार स्क्वायर क्रेमेटोरियम की तरफ बढ़ते हुए, 11 जुलाई 1999

कैप्टन की विरासत

'शहीद कैप्टन अनुज नैय्यर सर्वोदय विद्यालय' का उद्घाटन, वर्ष 2000

कारगिल हाइट्स फिलिंग स्टेशन, सितंबर 2021

राष्ट्रीय राइडर्स

2017 में राष्ट्रीय राइडर्स की टीम कैप्टन अनुज नैय्यर से मिलने पहुंची, इस मुलाकात से ही इस किताब की नींव पड़ी।

करण अपनी पत्नी हरनीत और बच्चों मनअँश, माशा और मैना के साथ अनुज भाई और पॉपिन की कहानियां साझा करते हुए।

सुनहरे नाम

करण उस पट्टी के सामने खड़े हैं, जहाँ कारगिल वार मेमोरियल में अनुज नैय्यर का नाम अंकित है, अगस्त 2018

चट्टान का ये टुकड़ा करण 2018 में, कारगिल दौरे के दौरान पिंपल 2 से लाए थे, जहाँ उनके भाई ने अंतिम सांस ली थी।

कारगिल 1999 से गोला–बारूद का बक्सा, जो सूबेदार मान सिंह ने करण को पिंपल 2 के दौरे के दौरान प्रस्तुत किया था।

आर्मी द्वारा दी गई श्रृद्धांजलि

कारगिल वॉर मेमोरियल में अपने बलिदान दिवस पर कैप्टन अनुज नैय्यर, 7 जुलाई 2019

से जवाब भी मिल गया था। जब उन्हें सक्रिय ड्यूटी पर वापस बुलाया गया, तो उन्होंने सोचा कि वो अपने बेटे के पास तो कभी भी लौट सकते हैं लेकिन उनके देश और उनके साथियों को तत्काल उनकी आवश्यकता है। अब हालांकि पिता अपने घर नहीं जा सकता था, लेकिन अनुज सुनिश्चित करना चाहते थे कि उनका शव उनके परिवार तक पहुंच जाए। उन्होंने मारे गए सैनिकों के शवों को वापस लाने वाले दल का नेतृत्व करने के लिए वॉलंटियर किया। कर्नल बावा ने अनुज और अल्फ़ा और चार्ली के सैनिकों की एक छोटी सी यूनिट को जाने की परमिशन दे दी।

शवों को वापस लाने वाली टीम का काम आसान नहीं था। चार्ली कंपनी के सूबेदार विनोद कुमार का कहना है कि मृतकों को निकालने की कोशिश में जवानों को भारी फ़ायरिंग का सामना करना पड़ा। 'जेनेवा कन्वेंशन के अनुसार हमने यह स्पष्ट करने के लिए युद्धविराम का सफ़ेद झंडा फहरा दिया था कि हम अपने शहीदों को घर वापस ले जाने के लिए आए हैं। लेकिन अमानवीय लोगों ने हम पर गोलियां चलानी शुरू कर दीं। जब अनुज साहब और टीम के अन्य सदस्य शहीद हुए नायकों तक पहुंचने की कोशिश कर रहे थे, तो गोलियां हमारे कानों के पास से गुज़र रही थीं,' वो बताते हैं।

टीम कुछ सैनिकों को बेस पर वापस लाने में कामयाब रही लेकिन सूबेदार हरफूल सिंह के पार्थिव शरीर को नहीं ला पाई। अनुज इस मिशन छोड़ने को तैयार नहीं थे। अनुज और उनकी टीम को कुछ समय के लिए रिकवरी स्थगित करने को मनाने के लिए बावा को हस्तक्षेप करना पड़ा। 'मैंने उनसे वादा किया कि हम इस अमानवीयता का बदला लेंगे। मैंने अनुज से कहा कि इस चोटी का बदला पिंपल कॉम्प्लेक्स और पॉइंट 4875 पर क़ब्ज़ा करके मिलेगा। तब कहीं जाकर उन्होंने इस स्थिति से समझौता किया,' ब्रिगेडियर बावा कहते हैं।

79 इन्फ़ैंट्री ब्रिगेड कमांडर कर्नल बावा और प्रमुख बटालियन अधिकारियों के बीच कई दौर की बातचीत के बाद यह फ़ैसला लिया गया कि बटालियन को आसपास की चोटियों पर कैंप लगाते हुए गहन रेकी अभियान चलाने चाहिएं। इससे अगला हमला करने से पहले उन्हें स्थिति को समझने में मदद मिलेगी। उन्हें गोला-बारूद के लिए भूमिगत कक्ष और फ़ायरबेस स्थापित करने, और दुश्मन के ठिकानों की विस्तृत जानकारी हासिल करने के लिए 26 मई से 1 जुलाई के बीच एक महीने का समय दिया गया। 13 जम्मू और कश्मीर राइफ़ल्स और 17 जाट की इकाइयों को ये अभियान अपनी निर्धारित परिधियों के भीतर अंजाम देने थे। यह भी योजना बनाई गई थी कि 5 जुलाई तक, हमले के पहले चरण में, 17 जाट की अल्फ़ा कंपनी ने पिंपल 1 पर नियंत्रण स्थापित कर लिया होगा, जबकि डेल्टा कंपनी 0500 बजे तक व्हेलबैक पर नियंत्रण हासिल कर चुकी होगी।

29 मई के अंतिम कुछ घंटों में कर्नल बावा ने अनुज को चौंका दिया। उन्होंने युवा अधिकारी और उनकी चार्ली कंपनी टीम को डेल्टा कंपनी की सहायता से पिंपल कॉम्प्लेक्स की चट्टानों का सर्वेक्षण करने का निर्देश दिया। उनका काम दुश्मन की स्थिति की पुष्टि करने के लिए पिंपल 2 के दक्षिण-पश्चिम और उत्तर-पश्चिमी छोरों पर चढ़ना था। डेल्टा कंपनी के लेफ़्टिनेंट शमशेर सिंह और चार्ली कंपनी के लेफ़्टिनेंट अनुज नैय्यर को मेजर जंघू के साथ इस ऑपरेशन को अंजाम देने का काम सौंपा गया था।

ब्रिगेडियर बावा के शब्दों में, उन्होंने अनुज से कहा कि जाकर दुश्मन से मिलें और 'उस जगह का पता लगाएं जहां से हम उनके भाग्य का फ़ैसला करेंगे।' वो कहते हैं, 'मैंने उनसे उनके दिल और दिमाग़ में गहराई तक उतरने के लिए कहा ताकि छिपे हुए ठिकानों से होने वाले उनके कायरतापूर्ण हमलों के कारण कोई और भारतीय सैनिक न मरे।' वो जानते थे कि अनुज की ट्रेनिंग और खेरउ में आतंकवाद विरोधी अभियानों के संचालन के उनके अनुभव को देखते हुए वो इस काम के लिए सही व्यक्ति थे। लेकिन वो यह नहीं जानते थे कि अनुज सिर्फ़ दुश्मन के ठिकानों का सर्वे ही नहीं करेंगे, वो इलाक़े पर अपनी छाप भी छोड़ेंगे। 'हमें दुश्मन की ताक़त से ज़्यादा अपनी रणनीतियों पर विश्वास था। इसलिए अनुज को मोर्चे पर तैनात करने की कोई आवश्यकता नहीं थी, लेकिन इस टोही अभियान ने सब कुछ बदल दिया,' अधिकारी आगे कहते हैं।

इस रेकी अभियान के नतीजे में पिंपल कॉम्प्लेक्स और पॉइंट 4875 पर सैनिकों और उग्रवादियों की संख्या सत्तर से अस्सी हो गई। इन चौकियों पर अन्य दस्ती हथियारों के अलावा मीडियम मशीनगनों, ग्रेनेड लॉन्चर्स, 51-मिमी मोर्टार और 120-मिमी मोर्टार का अच्छा ज़ख़ीरा था। अनुज ने दुश्मन के ख़िलाफ़ अपना ठिकाना बनाने के लिए अपने पसंदीदा स्थान चुन लिए थे; इसी प्रक्रिया में, पिंपल कॉम्प्लेक्स पर दोनों चरणों के हमले के लिए फ़ायरबेस संचालनों के उपयुक्त स्थानों का ख़ाका भी तैयार कर लिया गया।

लेफ़्टिनेंट अनुज और मेजर जंघू द्वारा किए गए गुप्त टोही अभियान और सटीक मानचित्रण के उत्कृष्ट काम से कर्नल बावा को अपनी कैलकुलेशन करने में मदद मिली। 'मैंने निष्कर्ष निकाला कि इस पर्वतीय इलाक़े में हताहतों की तादाद कम करने और जल्दी जीत पाने के लिए एक नहीं बल्कि तीन बटालियनों की आवश्यकता होगी,' वे कहते हैं। ब्रिगेडियर अनिल शर्मा भी उनके योगदान को स्वीकार करते हैं: 'उन्होंने इतना अच्छा काम किया कि जिस कोण पर हमारे फ़ायरबेस स्थापित किए गए थे, वो ठीक दुश्मन के सिर पर वार करते थे।' उन्होंने आगे कहा कि कैलकुलेशन

में गोला-बारूद की उच्च व्यय दर सामने आने के बाद बटालियन को सुझावों के लिए ब्रिगेड कमांड को रिपोर्ट करना पड़ा।

ब्रिगेडियर बावा ने 79 इन्फ़ैंट्री ब्रिगेड कमांड को दुश्मन के ठिकाने पर हमला करने के लिए आवश्यक सहायता प्रदान करने के लिए कहा। 'मैंने सुझाव दिया कि दुश्मन की सुदृढ़ीकरण क्षमता और सामरिक बढ़त को देखते हुए, पूरे पैमाने पर हमला करने की इस कार्रवाई के लिए तीन बटालियनों की आवश्यकता हो सकती है। मैं और साथ ही शर्मा, दीपक, पूनिया और अनुज भी तोपख़ाने की मदद का इस्तेमाल करने के सख़्त ख़िलाफ़ थे, और हमें अपनी पैदल सेना की इकाइयों पर भरोसा था,' वो बताते हैं।

ठीक उसी समय 15,340 फ़ुट पर एक भयंकर जवाबी हमला किया जा रहा था। मेजर अधिकारी के नेतृत्व में 18 ग्रेनेडियर्स तोलोलिंग रेंज के पहले ठिकानों पर क़ब्ज़ा करने के लिए लड़ाई लड़ रहे थे। और ऑपरेशन सफ़ेद सागर में भारतीय वायु सेना के लड़ाकू विमानों ने मुंथो ढालो और द्रास सैक्टर के पॉइंट 4388 के क़रीब चौकियों को नष्ट कर दिया था। वहीं बातालिक सैक्टर से चोरबत ला और तुरतुक में घुसपैठ की ख़बरें भी आई थीं। अनुज और उनके सैनिकों को ये जानकारियां 2 आईसी (2IC) लेफ़्टिनेंट कर्नल शर्मा से मिली थीं।

तोलोलिंग और बातालिक में की जा रही कार्रवाइयों की प्रकृति को देखते हुए 79 इन्फ़ैंट्री ब्रिगेड कमांड ने अनुमान लगाया कि द्रास को साफ़ करने के काम में अंदाज़े से ज़्यादा समय लग सकता है। ज़्यादा लाभ के लिए सोच-समझकर और साहसिक निर्णय लेने के इरादे से, यह तय किया गया कि द्रास की लड़ाई तोलोलिंग की लड़ाई के बाद शुरू होगी। 17 जाट और 13 जम्मू और कश्मीर राइफ़ल्स की इकाइयों को अपने ठिकानों को मज़बूत करने के लिए कहा गया था, जबकि वे पिंपल कॉम्प्लेक्स और पॉइंट 4875 पर हमलों के लिए निर्देशों का इंतज़ार कर रहे थे। प्रतिद्वंद्वी की जानबूझकर अपनाई गई रक्षा रणनीति—दुश्मन से संपर्क से पहले स्थापित सुरक्षा—के जवाब में भारतीय पक्ष ने ज़्यादा धैर्यपूर्ण रवैया अपनाने का फ़ैसला किया। इकाइयों से कहा गया कि वे अपने समय का उपयोग एक विस्तारित अनुकूलन अभ्यास के रूप में करें जिससे उन्हें पहाड़ियों में फ़ायरबेसेज़ स्थापित करने का मौक़ा मिल जाए।

लेफ़्टिनेंट अनुज और लेफ़्टिनेंट शमशेर द्वारा एकत्र की गई जानकारी के आधार पर गोला-बारूद के भंडारों की जगहों को अंतिम रूप दिया गया। अनुज बड़ी दिलचस्पी और धैर्य के साथ सारी गतिविधियों को देख रहे थे और उन्हें सौंपे गए हर काम को पूरा कर रहे थे। यह एक करिश्मा ही था कि वो इतने लंबे समय तक शांत रहने में कामयाब रहे थे। चुनौतियों के मामले में कारगिल का संघर्ष अपने

आप में अलग ही था। कुटिल दुश्मन ने अपने ठिकाने अप्राप्य छेदों में बना रखे थे, जो एक क्रूर भौगोलिक प्रतिकूल स्थिति थी। ये सब किसी को भी तोड़ सकता था, लेकिन अनुज को नहीं। उन दिनों अपने पिता को लिखे एक पत्र में उन्होंने लिखा था, 'मैं इतना ग़ैर-ज़िम्मेदार नहीं हूं कि बिना लड़े घर आ जाऊं। मैं ऐसा व्यक्ति नहीं हूं जो इस युद्ध को जीते बिना वापस आ जाए, आपने मुझे यह नहीं सिखाया है।'

और इस तरह टाइगर हिल और तोलोलिंग में जीत का लंबा इंतज़ार शुरू हो गया। लेफ़्टिनेंट अनुज रोज़ाना कर्नल बावा से मिलने जाते और तोलोलिंग की लड़ाई की ताज़ा जानकारी लेते थे। रिटायर्ड ब्रिगेडियर याद करते हैं, 'जिस समय मुझे दुश्मन के हमलों में लेफ़्टिनेंट कर्नल विश्वनाथन के मारे जाने की ख़बर मिली, उस समय अनुज मेरे बग़ल में बैठे थे।' 28 मई से 28 जून तक 17 जाट के सैनिकों ने भारी आयुध को पिंपल कॉम्प्लेक्स के सुरक्षित फ़ायरबेस में पहुंचाया। उन्होंने उस महीने का उपयोग उन्नत रेकी अभियानों और गोला-बारूद भंडारण के लिए किया।

यही निश्चित रूप से वो अवधि है जिसके कारण पिंपल कॉम्प्लेक्स, और आगे चलकर, द्रास सैक्टर में शीघ्र जीत हासिल हुई।

फ्रंट और रिजर्व्ड कंपनियों के प्रत्येक सैनिक को वास्तविक हमले से पहले फ़ायरबेस का दौरा करना था। उन्हें अपने ठिकानों पर अच्छी तरह से नज़र डालनी थी। 'साथ ही,' सूबेदार मान सिंह कहते हैं, 'सभी को गोला-बारूद और उपकरण ले जाने के लिए कहा गया ताकि हम कमान के आदेश से बहुत पहले ही अपने बेस स्थापित कर लें।'

अनुज ने उस महीने के दौरान कई रेकी अभियानों में भाग लिया। उनके अभियान उन ठिकानों की पहचान करने में अहम थे जिन्होंने भारतीय सेना को हमले में अधिकतम सामरिक लाभ दिया। सर्वेक्षण और आपूर्ति अभियानों में अनुज ने अपने ट्रेनिंग और शिक्षा के हर पहलू का—अपने स्कूली दिनों से लेकर खेरउ में बिताए अपने समय तक—उपयोग किया। 'मैंने उन कुछ दिनों में उन्हें एक गंभीर अधिकारी से एक कुशल रणनीतिकार के रूप में विकसित होते देखा था। उनकी आंखें हर चीज़ की बारीकी को खोजती थीं। उनकी नज़र हमारे दूरबीन कैमरों की रेंज से भी पार तक फैली हुई थी। वो चौकी तक चढ़ने में लगातार और तेज़ होते जा रहे थे,' कर्नल रामपाल कहते हैं। उन्होंने आगे कहा कि उन्होंने संयुक्त लक्ष्य के लिए अनुज की मानसिक और शारीरिक शक्ति का अनुकरण करने की कोशिश की।

उधर, पाकिस्तानी सेना की तोपख़ाना इकाइयों के टाइगर हिल पर गोलाबारी करने ने सोनमर्ग से घूमरी और ज़ोजी ला जाने वाली सड़कों पर यातायात को प्रभावित करना शुरू कर दिया था। ये राष्ट्रीय राजमार्ग 1ए के प्रमुख छोर हैं जो उन्हें भारतीय सेना के जम्मू के बेस कैंपों से जोड़ता है। इस व्यवधान के कारण राशन

सप्लाई प्रभावित होने लगी। कई-कई दिन तक सैनिकों तक खाने का सामान नहीं पहुंचता था। 17 जाट के जवानों ने इस स्थिति को हंसी में उड़ाना सीख लिया था। गोला-बारूद के डिब्बे ले जाते समय वो मज़ाक़ में कहते, 'शुक्र है कि गोला-बारूद की कोई कमी नहीं है। हम तो भोजन की कमी के साथ जी लेंगे लेकिन दुश्मन को भूखा नहीं रहना चाहिए।'

खाने की कमी को पूरा करने के लिए सैनिक रेडी-टू-ईट भोजन का सहारा लेते थे। फ्रेश सप्लाई का मतलब था भोजन के लिए पूरी, सब्ज़ी और सूखे मेवे। सूबेदार विनोद कुमार का कहना है कि जब भी नई सप्लाई शिविरों में पहुंचती तो वो पुराने भंडार का निपटान कर देते थे। 'हमारे कैंप स्थल के नीचे एक बड़ी चट्टान थी, जहां मैं बासी खाना फेंक देता था,' वो याद करते हैं।

अपने गश्त अभियान के तीसरे सप्ताह में दूध, चीनी, चाय, कॉफ़ी और बिस्कुट को छोड़कर 17 जाट की इकाइयों का राशन ख़त्म होने के क़रीब था। अनुज अपना खाना सबके साथ साझा करते थे। वो केवल दूध पीते और अपने काम में लग जाते। टाइगर हिल और तोलोलिंग में भारतीय बलों द्वारा आगे बढ़ने के जवाब में भारी गोलाबारी होने के कारण सप्लाई आने का दृश्य अनिश्चित सा दिख रहा था।

एक दिन कैप्टन अनुज ने सूबेदार कुमार से पूछा कि क्या वो उन्हें कुछ खाने को दे सकते हैं। 'उन्होंने कहा कि उन्हें भूख लगी है। मैंने मना कर दिया और दूध के लगभग ख़ाली डिब्बे को हिलाकर दिखा दिया कि मेरे पास क्या है।'

बाद में उन्हें लगा कि उन्होंने जो रोटियां फेंकी थीं, उन्हें खाया जा सकता है। सूबेदार कुमार बताते हैं, 'मैंने अनुज सर से कहा कि मैं उनके लिए खाने को कुछ ला दूंगा, लेकिन अंधेरा होने के बाद।' उन्होंने अपना वादा पूरा किया। वो पहाड़ी से नीचे गए और उन्हें वो रोटियां मिल गईं। उनके कैंप में वापस आने के बाद, अनुज, सूबेदार और पलटन के एक अन्य सिपाही ने चूल्हा जलाया, सख़्त रोटियों को मसला और चीनी और दूध में उन्हें मिलाकर लगभग सात-आठ लड्डू बना लिए। भूख की समस्या का हल निकालने से ख़ुश होकर तीनों ने चाव से वो लड्डू खाए।

एक और बार, अनुज और उनकी टीम सप्लाई को ऊपर ले जाने के इंतज़ार में युद्ध-सामग्री एनसीओ के बाहर खड़ी थी। जब मेजर जंघू ने पूछा, 'और अनुज, आज क्या लेकर जा रहे हो?' तो अधीर हो रहे अनुज ने बहुत देर इंतज़ार कराने की शिकायत की।

मेजर रितेश शर्मा ने चुटकी ली, 'अनुज तो साहब है जवानों का; ये तो मिसाइल लेकर जाएगा।' और संयोग से, अनुज ने उस दिन एक मिसाइल लॉन्चर यूनिट और गोला-बारूद का एक राउंड ही ऊपर पहुंचाया।

'अनुज वहीं थे जहां वो होना चाहते थे। वो युद्ध को जी रहे थे और हर गुज़रते दिन के साथ वो ख़ुद को तैयार कर रहे थे। मुझे लगता है कि अगर हमें और देरी हो जाती, तो वो पूरे पिंपल कॉम्प्लेक्स और द्रास सैक्टर को अपने दम पर संभालने की ताक़त और दृढ़ता हासिल कर लेते,' उनके कमांडिंग ऑफ़िसर उमेश बावा कहते हैं।

अगले कुछ दिनों में, यूनिट ने सैनिकों का मनोबल बढ़ाने और अफ़सरों के काम की सराहना करने के लिए वॉरटाइम प्रमोशन दिए। कर्नल बावा ने हर हवलदार को नायब सूबेदार और हर नायब सूबेदार को सूबेदार बना दिया। उन्होंने कहा कि उनके लिए उनमें से हर कोई एक अफसर है और वे ख़ुद को अफसर मानना शुरू कर सकते हैं। उन्हें उनसे उसी ट्रेनिंग, उसी प्रदर्शन और उसी वीरता की ज़रूरत होगी जो भारतीय सेना के एक अफसर में होती है। सैकंड इन कमांड लेफ़्टिनेंट कर्नल शर्मा ने लेफ़्टिनेंट और कप्तानों को प्रमोशन दिया। एक ऑफिसर ने उन्हें अनुज का ध्यान दिलाया। उनके प्रमोशन का निर्णय पलक झपकते ले लिया गया। 'हां, जल्दी करो, मुझे स्टार लाकर दो!' लेफ़्टिनेंट कर्नल शर्मा ने उस अधिकारी से कहा।

इस तरह लेफ़्टिनेंट अनुज नैय्यर 23 जून 1999 को कर्नल यू.एस. बावा, लेफ़्टिनेंट कर्नल अनिल शर्मा, मेजर मदन, मेजर डी.एस. पूनिया, मेजर रितेश शर्मा, मेजर पदम जंघू और कुछ अन्य साथियों की उपस्थिति में कैप्टन अनुज नैय्यर बन गए। युवा अधिकारी तुरंत अपने माता-पिता को फ़ोन पर सूचित करना चाहते थे लेकिन युद्धकालीन संचार प्रतिबंधों ने इसकी परमिशन नहीं दी।

अनुज के कंधों पर अब ज़्यादा बड़ी ज़िम्मेदारी थी। वो एक प्रमुख प्लाटून कमांडर और एक कैप्टन भी थे। उन्होंने अपने वरिष्ठों से वादा किया कि वो उन्हें निराश नहीं करेंगे। उनका केवल एक ही उद्देश्य था: पिंपल कॉम्प्लेक्स पर वापस क़ब्ज़ा करना। उन्होंने लेफ़्टिनेंट कर्नल शर्मा के पास जाकर उनसे पूछा, 'सर, 7 जुलाई आपका जन्मदिन है?' सैकंड इन कमांड को उन्हें युद्ध के बीच जन्मदिन के बारे में बात करते देखकर अच्छा लगा। जवाब में उन्होंने हामी भरते हुए सिर हिलाया। अनुज ने दूर पिंपल 2 की ओर इशारा किया और कहा, 'आप वो पहाड़ी देख रहे हैं, सर? वो इस साल आपके लिए मेरा गिफ़्ट होगा।'

अपने वादे को निभाते हुए अनुज ने उस पहाड़ी पर क़ब्ज़ा कर ही लिया जो वो उन्हें उपहार में देना चाहते थे। 'मैंने एक अच्छा सिपाही तो खोया ही, अनुज की मौत वाले दिन मैंने एक दोस्त और बेटे जैसी शख़्सियत को भी खो दिया। उस दिन हमारी कई जानें गईं, लेकिन मैं उनके निधन से बहुत दुखी था,' लेफ़्टिनेंट कर्नल शर्मा कहते हैं। तब से उन्होंने अपना जन्मदिन मनाना बंद कर दिया है।

अनुज ने कारगिल में सिर्फ़ एक लड़ाई जीतने से ज़्यादा कुछ किया था। उन्होंने अपनी करुणा, मानवता, टीम भावना और हंसी-मज़ाक़ के ज़रिए कई लोगों के जीवन

पर अपनी अमिट छाप छोड़ी। उनमें एक फ़ौजी का सर्वश्रेष्ठ संभव रूप था। अनुज जाट बटालियन थे और हर जाट वो थे।

पिंपल कॉम्प्लेक्स में जीत राष्ट्र को उनका तोहफ़ा था। महाभारत के वीर और त्रासदीपूर्ण युद्ध नायक अभिमन्यु की तरह अनुज ने बंकरों की भूलभुलैया के बीच से गुज़रते हुए अपनी यूनिट का नेतृत्व किया और युद्ध में सफलता हासिल की।

'3 गिरे, 1 बचा'

तोलोलिंग वापस जीत लिया गया था, और टाइगर हिल भी। लेफ़्टिनेंट कर्नल विश्वनाथन, मेजर राजेश अधिकारी, कैप्टन मनोज कुमार पांडे, ग्रेनेडियर योगेंद्र सिंह यादव की कहानियां अब पूरी कश्मीर घाटी और जोश से भरे सैनिकों के दिलों में गूंज रही थीं। तीन जुलाई को कर्नल बावा को आक्रमण करने का आदेश मिला। उस दिन टाइगर हिल और जुबर टॉप दोनों को वापस हासिल किया गया था। टाइगर हिल को पिंपल कॉम्प्लेक्स पर भारतीय पक्ष के किसी भी हमले को कुचलने का सामरिक लाभ था। इसलिए पिंपल्स पर हमले से पहले वहां पहुंचना ज़रूरी था।

17 जाट के लिए हमले की रणनीति पहले से तैयार थी। हमले को दो चरणों में अंजाम दिया जाना था, और अनुज की टीम को दोनों में ही महत्वपूर्ण भूमिका निभानी थी। पहले चरण में, मेजर रामपाल और लेफ़्टिनेंट शमशेर सिंह के नेतृत्व में डेल्टा कंपनी को व्हेलबैक पर हमला करना था, जो पिंपल कॉम्प्लेक्स के रास्ते में दुश्मन की पहली चौकी थी। इसके साथ ही मेजर आर.के. सिंह और कैप्टन वेणुगोपाल के नेतृत्व में अल्फ़ा कंपनी को पिंपल 1 चोटी को निशाना बनाना था।

इससे पहले की एक घटना में पिंपल कॉम्प्लेक्स के फ़ायरबेस और पिंपल 1 के बीच कहीं, पाकिस्तानी सैनिकों की फ़ायरिंग का जवाब देते हुए मेजर जंघू को मोर्टार के गोले का एक छर्रा लग गया था। इसके कारण उन्हें बेस की चिकित्सा सुविधा में भेजना पड़ा। अनुज चार्ली कंपनी के सैकंड इन कमांड थे, और मेजर रितेश शर्मा को रिज़र्व बल के रूप में चार्ली के जवानों का नेतृत्व सौंपा गया था। अनुज और उनके जवान मेजर रामपाल का साथ दे रहे थे, जबकि मेजर आर.के. सिंह पिंपल 1 के लिए लड़ रहे थे।

योजना के अनुसार, पिंपल 1 और व्हेलबैक पर दोनों अग्रणी कंपनियों ने पांच जुलाई के तड़के अधिकार कर लिया था। मेजर आर.के. सिंह ने तीन जुलाई की रात

को दोहरा हमला शुरू किया था। इससे पहले कि दुश्मन जवाबी हमला कर पाता, मेजर सिंह और उनके लोगों ने दो घुसपैठियों को मार दिया और रात के अंधेरे में पिंपल 1 पर अधिकार कर लिया। अगली रात, लगभग 2100 बजे, कर्नल बावा को एक सिचुएशन रिपोर्ट मिली कि थंब क्लिफ़ पर क़ब्ज़ा कर लिया गया है। अल्फा कंपनी पिंपल 1 तक पहुंचने के लिए रात भर चलती रही। अगली सुबह 0200 बजे तक मेजर सिंह और उनके जवान पिंपल 1 पर थे।

कैप्टन वेणुगोपाल और सूबेदार ओम प्रकाश ने दुश्मन के भागने के रास्ते को संकरा करने के लिए अलग-अलग हमला प्लाटूनें लीं और पिंपल 1 के दोनों ओर से हमला बोल दिया। पांच जुलाई को 0500 बजे तक मेजर आर.के. सिंह ने पिंपल 1 पर अपनी पोजीशन सुरक्षित कर ली और अधिकांश घुसपैठियों को मार गिराया था। उनमें से कुछ तेज़ी से भाग निकले और पिंपल 2 पर वापस पहुंच गए। पिंपल 1 और व्हेलबैक पर औचक हमले और दुश्मन की चौकियों के पूरे सफ़ाये ने बटालियन को पिंपल 2 पर हमले में सरप्राइज एलिमेंट लाने का मौक़ा दे दिया था। पिंपल 2 पर सीधा हमला होने तक दुश्मन को अहसास ही नहीं हुआ कि पिंपल 1 हाथ से निकल गया है। अल्फ़ा कंपनी ने रिकॉर्ड में दर्ज किया कि मेजर जंघू और कैप्टन अनुज नैय्यर के नेतृत्व में चार्ली कंपनी द्वारा स्थापित फ़ायरबेस पिंपल 1 पर हमले में बेहद महत्वपूर्ण साबित हुआ था। फ़ायरबेस पर मोर्टार शैलिंग चौकियों को कैलिब्रेट करने में उनकी सटीकता ने अल्फ़ा कंपनी द्वारा हमले का नेतृत्व किए जाने के समय घातक निशाने लेने में मदद की।

व्हेलबैक पर मेजर रामपाल को काफ़ी मुश्किलों का सामना करना पड़ा। पांच जुलाई की सुबह तक डेल्टा और अल्फ़ा कंपनियों के जवानों ने जवाबी हमलों के लिए अपने-अपने मोर्चे संभाल लिए थे। व्हेलबैक पर जवाबी हमले की पहली लहर के नतीजे में मेजर रामपाल को युद्ध-सामग्री की भारी हानि हुई। सात सैनिकों के घायल होने से उनकी टीम भी कमज़ोर पड़ गई थी। व्हेलबैक को भारी गोलाबारी के बाद जीत लिया गया और इसमें पिंपल 1 के औचक हमले की तुलना में अधिक समय लगा। चूंकि व्हेलबैक सभी तरफ़ से खुला था, इसलिए इसको सुबह जवाबी हमलों का सामना करना पड़ा था। 'मेजर रामपाल मुझे लगातार आपातकालीन संदेश भेज रहे थे, और गोला-बारूद भेजे जाने का अनुरोध कर रहे थे,' ब्रिगेडियर बावा कहते हैं। 'जब मुझे वो संदेश मिले तो अनुज मेरे साथ थे, और मैं उन्हें मदद भेजने में हो रही देरी से परेशान होते देख रहा था।' अनुज और मेजर रामपाल बटालियन में भाइयों की तरह थे। इसलिए उनका उस आदमी की सुरक्षा के बारे में चिंतित होना स्वाभाविक था जिसका वो बेहद सम्मान करते थे।

अनुज आदेश मिलने से पहले ही हमले के लिए अपने बैग पैक करने लगे थे। ब्रिगेड कमांड और आलाकमान को रिपोर्ट करने के बाद ब्रिगेडियर बावा शस्त्र संतरी की ओर गए और उन्होंने देखा कि अनुज युद्ध के लिए अपना 'पैक 08' (एक फ़ुल-सर्विस मार्चिंग ऑर्डर, या एफ़एसएमओ) तैयार कर रहे थे।

ब्रिगेडियर बावा आगे कहते हैं, 'वहां एक सामान्य इंसास-एसएलआर (मुख्य हथियार), एक 9-मिमी स्वचालित स्टैंडर्ड इश्यूड पिस्तौल (गौण हथियार), एमआरई राशन और साइडआर्म व मुख्य राइफ़ल दोनों के लिए कुछ मैगज़ीनें थीं। लेकिन फिर मैंने कुछ और देखा—अनुज ने जीपी-25 यू.बी.जी.एल. (अंडर बैरल ग्रेनेड लॉन्चर) साफ़ करना शुरू कर दीं और एक को अपने बैग में ऊपर रख लिया। इसके बाद उन्होंने स्टैंडर्ड 36-मिमी के ग्रेनेड गिनने शुरू किए। उन्हें किसी तरह अंदाज़ा हो गया था कि तैयारी शुरू करने का समय आ गया है। उन्हें यह अहसास होने में शायद कुछ देर लगी कि मैं वहां खड़ा उन्हें देख रहा हूं। उन्होंने बस मेरी तरफ़ देखा और बचे हुए हथगोलों और गोलियों के डिब्बों की ओर इशारा करते हुए कहा, ''आया सर, बस थोड़ा सा और।'''

उसी समय, नई दिल्ली में एक और बैग तैयार किया जा रहा था। मानी अपने सैनिक बेटे के लिए मिठाई, ऊनी कपड़े, म्यूजिक सीडी और एक पवित्र धागा पैक कर रही थीं। 'अब अनुज तो अनुज ही ठहरा, सो उसने स्थिति की गंभीरता को परिवार से छिपाए रखने की कोशिश की थी। अपने पिता को लिखे अपने आख़री पत्र में अनुज ने प्रो. नैय्यर के प्रति यह कहते हुए सहानुभूति जताई थी कि, ''मुझे पता है कि मुझे सेना में शामिल होने देने के लिए आपको मानी की तगड़ी लताड़ें मिल रही होंगी।'' कारगिल में उसकी सटीक स्थिति के बारे में हमें मेजर रितेश शर्मा से ही पता चला था,' वो कहती हैं। मेजर शर्मा, जो पिंपल कॉम्प्लेक्स पर हमले के लिए कारगिल बुलाए जाने से पहले दिल्ली में ही थे, ने पूछा था कि क्या नैय्यर दंपती अपने बेटे के लिए कुछ भेजना चाहेंगे। वो आख़री अवसर था जब मानी ने अपने बेटे अनुज के लिए कोई बैग पैक किया था।

टिम्मी ने नैय्यर आवास पर सामान के बैग में ढेर सारी चॉकलेटें भर दी थीं, जबकि उधर कैंप में अनुज ने अपने बैग में और बुलेट्स भर लीं। टिम्मी और अनुज के बीच फ़ोन पर आख़री बातचीत दो जुलाई को हुई थी। अनुज ने उन्हें बताया था कि शायद एक महत्वपूर्ण मिशन हो सकता है और उन्हें अच्छा प्रदर्शन करने का एक और मौक़ा मिल सकता है। उन्होंने टिम्मी को हनीमून डेस्टिनेशन के बारे में सोचने के लिए कहकर कॉल समाप्त की थी। ऐसा लगता था कि अनुज शादी की तैयारी भी कर रहे थे, लेकिन विद्रोहियों को उनकी सही जगह पर भेजने के बाद ही – 'उनके सूराख़ों में नहीं बल्कि सीधे नरक में।'

जब नैय्यर परिवार और टिम्मी ने बैग पैक कर लिया, तो कोई यह नहीं कह सकता था कि वो बैग सेना के एक कैप्टन के लिए है। सॉफ़्ट टॉयज़ से लेकर चॉकलेट, ग्रीटिंग काड्‌र्स से लेकर अचार तक, द्रास जैसे संघर्ष क्षेत्र के लिए यह शायद सबसे अनोखा पैकेट था।

जो बैग अनुज ने पैक किया था, वो पिंपल कॉम्प्लेक्स पर हमले के अंत तक उनके पास रहा, तब तक भी जब उन्होंने अपनी अंतिम सांस ली। और दिल्ली से भेजा गया बैग चौबीस घंटे देरी से, आठ जुलाई 1999 को अपने गंतव्य पर पहुंचा। अनुज तब तक जा चुके थे।

उधर मोर्चे पर, मेजर रामपाल अभी भी व्हेलबैक पोस्ट को बचाने के लिए और अधिक गोले-बारूद का अनुरोध कर रहे थे। पिंपल 2 पर क़ब्ज़ा किया जाना अभी बाक़ी था और पॉइंट 4875 अभी भी दुश्मन के क़ब्ज़े में था।

सावधानीपूर्वक विचार करने के बाद, कर्नल बावा ने मेजर रामपाल की सहायता के लिए कैप्टन नैय्यर और मेजर रितेश शर्मा को भेजने की योजना बनाई। अनुज को अधिकतम गोला-बारूद ले जाने और व्हेलबैक का मोर्चा सुरक्षित किए जाने तक डेल्टा कंपनी को सहायता प्रदान करने का निर्देश दिया गया था। उस दिन मैदान में जाने से पहले अनुज को एक आख़री अहसास हुआ—कि वो केवल एक कर्तव्यपरायण, देशभक्त सैनिक ही नहीं हैं, बल्कि अपने साथियों के रक्षक भी हैं। अपने फ़ौजी भाइयों के आह्वान पर अनुज की लड़ाई को कुछ समय पहले शुरू करने का फ़ैसला किया गया था। जो एकमात्र काम बचा था वो था जवानों को यह बताना कि उन्हें क्या करना है। कर्नल बावा ने गुरु गोविंद सिंह द्वारा रचे सत्रहवीं शताब्दी के शबद के साथ अपने जवानों को संबोधित करना शुरू किया: '*देह शिवा बर मोहे इहै।*'

देह शिवा बर मोहे इहै,
शुभ करमन ते कबहुं न टरूं
न डरों अरि सो जब जाइ लरूं
निश्चै कर अपुनी जीत करूं
अरू सिख हों आपने ही मन कौ
इह लालच गुण तउ उचरों
जब आव की अउध निदान बनै
अति ही रन मैं तब जूझ मरों

जैसे ही अनुज ने अपने कमांडर को बोलते सुना, तो वो जान गए कि वो अब उस अंतिम पग में हैं जो कई लोगों की नियति को बदलने वाला है। बाद में उस

शाम अनुज 17 जाट के कमांड टेंट में गए और उन्होंने कर्नल बावा को कुछ चीज़ें सौंपीं। उन्होंने कर्नल बावा की मेज़ पर एक घड़ी और एक लैदर वॉलेट रखा और कहा, 'सर, अगर मैं वापस न आऊं, तो कृपया ये मेरे परिवार को वापस भिजवा दें।' फिर थोड़ी ख़ामोशी के बाद, उन्होंने अपने कमांडिंग ऑफ़िसर से कहा कि वो कुछ भी ऐसा नहीं ले जाना चाहते जो उन्हें युद्ध के मैदान में आवश्यक कार्रवाई करने से रोके, 'भले ही इसका मतलब मुझे अपने जीवन का बलिदान देना हो।'

फिर वो 2 आईसी (2IC) लेफ़्टिनेंट कर्नल शर्मा की ओर मुड़े, जो टेंट के एक कोने से उन्हें देख रहे थे, और कहा, 'सर, प्लीज़ कर्नल बावा को मेरी सगाई की अंगूठी सुरक्षित रखने में मदद करना। अगर मैंने उसे फ़ील्ड में खो दिया तो मेरी मंगेतर मुझे बख़्शेगी नहीं। अगर मैं सुरक्षित वापस आ गया तो ये चीजें आपसे ले लूंगा।' सीओ ने मूड को हल्का करने की कोशिश करते हुए कहा, 'ऐसा क्यों कह रहे हो, अनुज? तुम वापस आओगे, वहां ऐसा कुछ नहीं है जिसे तुम संभाल नहीं सकते। तुम चोटी को जीतोगे, तुम सुरक्षित वापस आओगे, हम सब जश्न मनाएंगे और दीपक (मेजर रामपाल) ने वादा किया है कि वो तुम्हारी शादी में डांस करेंगे। मैं तुम्हें शुभकामनाएं देता हूं।'

कैप्टन अनुज नैय्यर पांच जुलाई की शाम पिंपल कॉम्प्लेक्स के फ़ायरबेस से निकले थे। वो यूनिट के प्रमुख प्लाटून कमांडर थे। जाट बटालियन की चार्ली कंपनी की प्लाटून 7, 8 और 9 को सुदृढ़ीकरण के रूप में संगठित किया गया था। एक प्लाटून को पहले व्हेलबैक पहुंचना था और अन्य दो को पिंपल 2 पर बाद के हमलों में साथ देना था। चार्ली कंपनी डेल्टा कंपनी के साथ जुड़ने के लिए 2130 बजे तक पहुंच गई थी। तब तक मेजर रामपाल और उनकी यूनिट युद्ध-सामग्री के अपने आख़री डिब्बों तक पहुंच चुके थे। वो पहले ही एक पाकिस्तानी जवाबी हमले को नाकाम करके व्हेलबैक पर वापस क़ब्ज़ा कर चुके थे।

अनुज ने डेल्टा कंपनी के बलों में नई जान फूंक दी और जवाबी हमले में भाग लेते हुए दुश्मन के हमले की दूसरी लहर को सफलतापूर्वक रोक दिया। कैप्टन अनुज और मेजर रामपाल ने मिलकर दोनों ओर से हो रही दुश्मन की जवाबी फ़ायरिंग का सामना किया जबकि मेजर रितेश शर्मा ने उन्हें कवर दिया। अगली सुबह तक दूसरी लहर ख़त्म हो चुकी थी, लेकिन एक और लहर बढ़ रही थी। अनुज और शर्मा ने इस हमले की तीव्रता को कम करने के लिए यूएमजी और एमएमजी की स्थिति बदल दी जबकि अनुज ने लॉन्चरों को कैलिब्रेट करने के लिए फ़ायरबेस को कॉल किया। अंतिम कैलिब्रेशन्स ने आने वाले जवाबी हमलों पर डेल्टा कंपनी को टैंकों से भारी गोलाबारी करने में मदद की। सही जगहों पर गिरने वाले गोलों ने अंतिम लहर को तोड़ दिया।

सूबेदार मान सिंह का कहना है कि मेजर दीपक रामपाल और कैप्टन अनुज नैय्यर ने सुनिश्चित किया कि छह जुलाई के अंत तक व्हेलबैक को पूरी तरह से सुरक्षित कर लिया जाए। 'हम दिन के उजाले में जवाबी कार्रवाई कर रहे थे। अनुज साहब नेतृत्व करने के साथ-साथ पीछे छूट गए सैनिकों को भी कवर देते थे। और लगभग ग्यारह से तेरह घंटे तक चली लगातार गोलाबारी के दौरान कोई और जवाबी हमला नहीं हुआ। इसके बाद हमने अपने मूल कार्य की ओर ध्यान देने का फ़ैसला किया।'

प्लाटून कमांडर के रूप में, कैप्टन नैय्यर ने बचा हुआ आवश्यक गोला-बारूद मेजर रामपाल को दे दिया और कंपनी को पिंपल 2 की ओर ले गए। कंपनी ने छह जुलाई को 2000 बजे पिंपल 2 की ओर बढ़ना शुरू किया और अगले दिन 0230 बजे तक चोटी की संतरी चौकी पर पहुंच गई। सूबेदार विनोद कुमार कहते हैं, 'पिंपल कॉम्प्लेक्स पर चढ़ना अपने आप में एक लड़ाई थी। हर पचास मीटर चढ़ने पर हम पच्चीस मीटर पीछे खिसक जाते थे। यह रेत की तरह हमें नीचे खींच लेती थी, लेकिन कैप्टन अनुज बार-बार यूनिट की रणहुंकार "जाट बलवान, जय भगवान" भरते रहे। हम चौकी की ओर बढ़ते रहे और फिर हमें हमले में देरी करने के निर्देश प्राप्त हुए क्योंकि पिंपल 2 पर हमारा काम पूरा होने से पहले दिन निकल आना था।'

जब वो नए निर्देशों की प्रतीक्षा कर रहे थे, तो अनुज ने प्लाटून के हरेक सदस्य की जांच की कि सबके पास अंतिम चढ़ाई के लिए पर्याप्त गोला-बारूद और भोजन है। 'सभी अधूरे कामों को पूरा करने का अनुज साहब का अनूठा सा स्वभाव था। उनकी हमले की योजनाएं सबसे कारगर थीं, उनकी गश्ती इकाइयां रसद को लेकर पूरी सतर्कता बरतती थीं। उनकी इसी आदत के कारण हमारे पास पिंपल 2 का मुक़ाबला करने के लिए पर्याप्त गोला-बारूद था,' सूबेदार विनोद कुमार कहते हैं।

प्लाटून व्हेलबैक से बमुश्किल सौ मीटर दूर ही गई होगी कि अनुज को अहसास हुआ कि शायद मेजर रामपाल के पास अचानक हमले का जवाब देने के लिए आवश्यक संख्या में लंबी दूरी के हथियार नहीं हैं। ये जानते हुए भी कि भोर के समय वापसी का सफ़र आसान नहीं होगा, अनुज यू.बी.एल. ग्रेनेड, एम.एम.जी. मैगज़ीन और यू.एम.जी. के डिब्बे मेजर रामपाल के बेस पर ले गए और फिर अपनी कंपनी में वापस आ गए।

बंकरों की ओर चढ़ाई के आधे रास्ते में पहुंचने पर चार्ली कंपनी को भारी तोपख़ाने, गोलाबारी, ऑटो-फ़ायरिंग और मोर्टार गोलाबारी का सामना करना पड़ा। दुश्मन ने कंपनी की गतिविधि को जान लिया था, और उसने संभवत: पिंपल 1 में अपने सहयोगियों से संपर्क स्थापित करने की कोशिश की होगी। तब तक वो चोटी मेजर आर.के. सिंह के नियंत्रण में आ चुकी थी। पिंपल 1 के साथ संपर्क स्थापित

करने में विफलता ने शायद उन्हें इस हद तक हताश कर दिया कि उन्होंने पिंपल 2 पर गोलाबारी तेज़ कर दी। इस हमले के दौरान मेजर शर्मा को एक आर.पी.जी. (रॉकेट-प्रोपैल्ड ग्रेनेड) के छर्रे से चोट आ गई। इस चोट के कारण उनका पैर कुछ काम करने की हालत में नहीं रहा। चार्ली कंपनी के पांच और लोगों को भी गंभीर चोटें आईं। सैकंड इन कमांड के रूप में कैप्टन अनुज नैय्यर ने सैनिकों को इकट्ठा किया और पिंपल 2 पर दुश्मन की रक्षा की पहली पंक्ति पर जवाबी हमला जारी रखते हुए आड़ ले ली। सूबेदार दर्शन, जो प्लाटून 7 के प्रभारी थे, भी दुश्मन की गोलाबारी के कारण कुछ कर पाने की स्थिति में नहीं रह गए थे। अनुज ने कर्नल बावा को स्थिति से अवगत कराया और सुझाव दिया कि मेजर शर्मा को स्ट्रेचर से नीचे ले जाया जाए। लेकिन मेजर ने अनुज और बाक़ी लोगों से आगे बढ़ने का आग्रह किया।

मेजर शर्मा की हालत को देखते हुए अनुज को पिंपल 2 पर हमले का नेतृत्व करने की पूरी ज़िम्मेदारी दे दी गई। सीओ कर्नल बावा ने उन्हें चार्ली कंपनी का कंपनी कमांडर बना दिया। ये वास्तव में बहुत भारी काम था, लेकिन अनुज पीछे नहीं हटे। कंपनी पहले ही नेतृत्व खो चुकी थी, कंपनी कमांडर को पीछे छोड़ना पड़ा था और कंपनी और उसके जवानों का नेतृत्व करने की ज़िम्मेदारी अब अनुज पर थी।

जब चार्ली कंपनी पिंपल 2 संतरी चौकी पर पहुंची, तो अनुज ने फ़ैसला किया कि सबसे अच्छा उपाय गुप्त मोड में रहना होगा। उनके साथ एनसीओ हवलदार कुमार, हवलदार हरिओम, हवलदार भगवान सिंह और सिपाही सुरेंद्र सिंह थे। वो यह सुनिश्चित करना चाहते थे कि हमलावर दल में हर कोई यथासंभव सुरक्षित रहे और यथासंभव लंबे समय तक सुरक्षित रहे। इसलिए, वो रेंगते हुए चौकियों तक गए और दुश्मन की गोलीबारी की रेंज के पचास मीटर के दायरे में पहुंच गए। उन्होंने जान जोखिम में डालकर दुश्मन के ठिकानों की पुष्टि की और अपनी संगीन से उन्हें हमेशा के लिए ख़ामोश कर दिया। कंपनी ने आगे बढ़ना जारी रखा और जब वे पिंपल 2 पर पहली रक्षा पंक्ति के पर्याप्त क़रीब पहुंच गए, तो छिपे हुए पाकिस्तानी सैनिकों ने उन पर भारी गोलाबारी शुरू कर दी।

जल्द ही यह जगह क़रीबी लड़ाई के अखाड़े में बदल गई, जिसमें घुसपैठिए हर दिशा से गोलीबारी कर रहे थे। ब्रिगेडियर बावा के अनुसार, 'जो चीज़ अनुज के बहुत काम आई, वो थी वो तालमेल जो उन्होंने सैनिकों के साथ बनाया था। वो युद्ध में उस तरह से किसी का भी अनुसरण नहीं करते जैसे उन्होंने अनुज का किया।'

कैप्टन नैय्यर ने फ़ायरबेस मदद का आदेश दिया और अपने जवानों को दुश्मन की रक्षा पंक्तियों पर वार करने के लिए भी निर्देशित किया। जब दुश्मन अपने रक्षा मोर्चों से अपने बंकरों में भागा, तो उन्होंने सुनिश्चित किया कि यूनिट और प्लाटूनों

को स्थिति से अवगत कराया जाए। अब समय आ गया था कि वो उस हमले को अंजाम दें जिसे कारगिल युद्ध के सबसे घातक हमलों में से एक के रूप में जाना गया।

द्रास का टाइगर गीदड़ों को बख़्शने के मूड में नहीं था। वो उनकी गर्दनों को अपने जबड़ों से मरोड़ डालने के लिए तैयार था। यह क्षेत्र के लिए एक भयंकर लड़ाई थी। अनुज ने अगले कुछ घंटों में वो किया जिसे करने में बटालियनों को कई दिन लग जाते। पिंपल 2 पर बने उन चार बंकरों में मौजूद लोगों ने महसूस किया होगा कि उन्होंने ग़लत हिंदुस्तानी के साथ पंगा ले लिया है।

जब अनुज ने अपने रॉकेट लॉन्चर से पहले बंकर पर हमला किया, तो वो समझ गए कि ये महज़ बंकर नहीं हैं। वो चट्टानों में तराशे गए क़िले थे। प्रत्येक बंकर एक 'सेक्शन द्वारा संरक्षित चौकी' का हिस्सा था, जिसका अर्थ है कि हर बंकर में मौजूद स्वतंत्र तोप उपकरण किसी भी हमले को तोड़ने में सक्षम थे।

सूबेदार विनोद कुमार बताते हैं, 'ये वही थे जिन्हें अब संगर कहा जाता है—एक गुंबद के आकार की संरचना जिसे खोखली की गई इतनी बड़ी चट्टानों से बनाया गया था जिनमें लगभग पंद्रह आदमी रह सकते थे। अंधेरे में इन बंकरों के कमज़ोर पक्षों की पहचान करना असंभव था।'

ऐसे में कैप्टन नैय्यर ने फ़ैसला किया कि सीधे हमले के लिए प्रभावी फ़ायरिंग रेंज को ज़्यादा से ज़्यादा बढ़ाने का सबसे अच्छा तरीक़ा प्राकृतिक कवर के पीछे से शूट-एंड-स्कूट मूवमेंट (झुककर और जल्दी-जल्दी जगह बदलते हुए) के साथ निरंतर हमला होगा। कई अटकलें लगाई जा सकती हैं कि पिंपल 2 को किस तरह चुपचाप और बिना कोई जान गंवाए जीता जा सकता था। लेकिन ये सब अटकलें ही हैं। वास्तव में जो हुआ वो किसी दास्तान से कम नहीं है। सिपाही सुरेंद्र, जो प्लाटून की स्काउट पोज़ीशन पर थे, ने दुश्मन से अपनी निकटता का फ़ायदा उठाया। वो पहले बंकर के एचएमजी के काफ़ी क़रीब पहुंच गए। उन्होंने अपने हाथों से एचएमजी की बैरल को बाहर खींच लिया और अपने साथियों को निरंतर फ़ायरिंग से कुछ राहत प्रदान कर दी।

सिपाही भारतीय क्षेत्र का एक इंच भी बाहरी लोगों के हवाले करने के मूड में नहीं थे। वो ख़ुद ही बंकर पर क़ब्ज़ा कर लेते लेकिन एक घुसपैठिए द्वारा फेंके गए ग्रेनेड से उनकी मौत हो गई। ग़ुस्से में भरकर कैप्टन अनुज और हवलदार हरि ओम ने उस बंकर में मौजूद दुश्मनों को मारने के लिए हमला बोल दिया। क़रीबी मुक़ाबले में, उन्होंने इंसास-एसएलआर (INSAS-SLR) के सिरे पर जुड़ी संगीन का उपयोग करते हुए एम.एम.जी. ठिकानों पर दो घुसपैठियों पर क़ाबू पा लिया और उन्हें मार डाला।

अपने मोर्चों के लिए ख़तरा महसूस करते हुए अन्य तीन बंकरों पर मौजूद दुश्मनों ने हमले तेज़ कर दिए। सूबेदार मान सिंह याद करते हैं, 'हम पर गिरने वाला

हर गोला ऐसा महसूस होता था जैसे वो हमारे अंदर से होता हुआ निकला है। पचास मीटर की चढ़ाई भी मील भर महसूस हो रही थी। अनुज सर ने दो जवानों को निर्देश दिया कि वो दूसरे बंकर पर दुश्मन के दोनों ओर से मोर्चा संभालें, जबकि उन्होंने ख़ुद हमले का नेतृत्व किया। वो हवलदार हरि ओम के साथ आगे बढ़े, जबकि हवलदार कुमार और नायक ऋषिपाल ने दुश्मन के बंकरों के अंदर हथगोले फेंके। विस्फोट ने कंपनी को दूसरे बंकर पर भरपूर हमला करने के लिए पर्याप्त कवर दे दिया। चार्ली कंपनी ने आमने-सामने की लड़ाई में तीन और विरोधियों को मारकर इस पर क़ब्ज़ा कर लिया। बंकर में बाक़ी मोर्चों को सुरक्षित करने के बाद ही प्लाटून को हवलदार कुमार और नायक ऋषिपाल की मौत का पता चला।

पिंपल 1 पर जो ताबड़तोड़ गोलाबारी नहीं हुई थी, वो अब हक़ीक़त में बदल रही थी। जीत की ओर ले जाने वाली यह आमने-सामने की लड़ाई अनुज के युद्ध-पूर्व स्वरूप के लगभग अनुरूप थी। अपने पिता को लिखे एक ख़त में उन्होंने कहा था कि वे कई हथियारों और आमने-सामने की लड़ाई के लिए पूरी तरह तैयार हैं। 'इससे मैं वो सैनिक बनने के क़रीब आ गया हूं जो मैं बनना चाहता हूं और जैसे सैनिक के रूप में मैं अपनी पहचान बनाना चाहता हूं,' उन्होंने लिखा था।

सूबेदार विनोद कुमार के अनुसार, दूसरे बंकर पर हमले के दौरान अनुज ने एक बार भी कवर लेने या बैठने से इंकार कर दिया। 'ऐसा नहीं है कि वो लापरवाह हो रहे थे; वो मौक़े पर रणनीति बनाते थे, बेहतर निर्णय लेते थे और कभी-कभी मुझे लगता है कि अगर वो ऐसा नहीं करते, तो हम शायद मर चुके होते।'

अनुज उस दिन एक अलग ही अवस्था में थे। सूबेदार मान सिंह को उनका यह कहना याद है कि 'मैं बहुत लंबा जियूंगा, पाकिस्तान में ऐसी कोई गोली नहीं है जो आज मुझे नुकसान पहुंचा सके।' उनकी छलांगें और उछालें किसी युवा शेर जैसी हो रही थीं। जल्द ही, वो पिंपल 2 के तीसरे बंकर पर हमले में अपनी पूरी ताक़त झोंकने वाले थे।

तीसरे बंकर ने अनुज को मानसिक और शारीरिक दोनों तरह से परखा। जैसे ही चार्ली कंपनी ने तीसरे बंकर की ओर बढ़ना शुरू किया, गोलाबारी तेज़ हो गई। सूबेदार विनोद कुमार बताते हैं, 'हम दूसरे बंकर को 0348 बजे तक जीत चुके थे और सुबह की रोशनी दिखना शुरू होने लगी थी। और तभी पॉइंट 4875 पर छिपे हुए स्नाइपर ने हमारे आदमियों को निशाना बनाना शुरू कर दिया। पूरे पंद्रह मिनट तक, हमारे पास उसके ख़िलाफ़ कोई प्राकृतिक आड़ नहीं थी। तोपख़ाने, ऑटोमेटिक फ़ायरिंग और स्नाइपर फ़ायरिंग द्वारा किए जा रहे लगातार हमलों में चार्ली कंपनी ने तीन और जवानों को खो दिया और दो सैनिक बुरी तरह घायल हो गए थे।'

उस समय मरने वाले लोगों में से एक रेडियो ऑपरेटर था, जिसे मोर्टार के गोले का छर्रा लग गया था। अनुज उसके बेजान शरीर को एक सुरक्षित कोने में ले गए और उन्होंने रेडियो सेट को अपनी पीठ पर लाद लिया। उन्हें इस बात से कोई फ़र्क़ नहीं पड़ा कि रेडियो सेट का वज़न लगभग बीस किलो था।

अन्य सैनिक बिना कुछ बोले कैप्टन नैय्यर के पीछे चल दिए। उन्होंने उगते सूरज की प्राकृतिक प्रतिकूलता के बावजूद तीसरे बंकर पर हमला करने का फ़ैसला किया। स्नाइपर की फ़ायरिंग से सुरक्षित रहने का यही एकमात्र तरीक़ा था।

वो अभी उस जगह से ज़रा सा हटे ही थे जहां रेडियो ऑपरेटर की मौत हुई थी कि पास की चोटियों से घुसपैठियों ने पिंपल 2 पर तोपख़ाने की गोलाबारी शुरू कर दी थी ताकि वहां फंसे अपने लोगों को कवर दे सकें। अगले दो से तीन मिनट में, एनएलआई फ़ायरबेस और तोपख़ाना यूनिट दोनों से हो रही लगातार गोलाबारी की बौछार 17 जाट बटालियन के जवानों पर पड़ने लगी। तब तक ऑपरेशन की ख़ामोशी भंग हो चुकी थी। और इस प्रकार युद्धघोष होने शुरू हो गए: जाट बलवान, जय भगवान!

हवलदार हरि ओम ने यह पुष्टि करने के लिए अपने कैप्टन को टोका कि क्या वो हमले के लिए ही आगे बढ़ रहे हैं। लेकिन अनुज के मामले में संदेह की कोई गुंजाइश ही नहीं थी। सूबेदार विनोद कुमार कहते हैं, 'जब शेर को अपना शिकार दिखाई दे रहा हो, तो वो कैसे रुक सकता था!' सूबेदार मान सिंह याद करते हैं कि दुश्मन ने भारतीय सैनिकों पर ख़ाली गोलों से लेकर पत्थरों तक हर वो चीज़ फेंकना शुरू कर दी थी जो उनके हाथ लग रही थी। 'इतनी ऊंचाई पर दस ग्राम का कंकर भी हम पर पचास मील प्रति घंटे की रफ़्तार से टकरा सकता था, लेकिन हम आगे बढ़ते गए। अनुज साहब सामने से टीम का नेतृत्व कर रहे थे। जब हम तीसरे बंकर के लिए फ़ायरिंग की लोकेशन पर पहुंचे, तो मेजर पूनिया अनुज साहब से ऑपरेशन की स्थिति के बारे में बात करना चाहते थे,' सूबेदार कहते हैं।

जब वो मेजर पूनिया के साथ कॉल पर थे, तभी एक मोर्टार का गोला प्लाटून के मोर्चे से कुछ ही इंच की दूरी पर गिरा। तभी तीसरे बंकर से घातक फ़ायरिंग शुरू हो गई। दुश्मन को पता था कि अनुज की टीम क़रीब ही है। दोनों तरफ़ से लगातार फ़ायरिंग व्यर्थ साबित हो रही थी। कोई भी एक इंच भी आगे नहीं बढ़ पा रहा था और दिन का उजाला भारतीय सैनिकों की आड़ को उघाड़ रहा था।

तेज़ी से निर्णय लेते हुए, एक जवान ने रॉकेट लॉन्चर से बंकर पर सीधा निशाना लेने की कोशिश की। लेकिन बंकर की जटिल बनावट और दूरी के कारण सटीक निशाना लगा पाना बहुत मुश्किल था। एक असफल प्रयास के बाद कैप्टन नैय्यर ने

हथियार लिया और एक और निशाना लिया जो एक छोटी सी झिरी से होता हुआ गया और उसने लक्ष्य को गंभीर क्षति पहुंचाई।

कंपनी कीचड़ और धुएं के बीच तीसरे बंकर की तरफ़ रेंगती रही। और तभी नायब सूबेदार वीरेंद्र सिंह की एसएलआर जाम हो गई। अनुज ने यह देखा और बिना देर किए सिंह की ओर अपनी एके-47 उछाल दी। 'वो जानते थे कि मेरी अपेक्षा उनके हाथों में एके-47 कहीं बेहतर हमला करने वाला हथियार होगा। फिर भी, उन्होंने पलक झपकते मुझे अपना हथियार दे दिया,' सैनिक याद करते हुए कहते हैं। अनुज के पास बंदूक़ के गुणों को आंकने का समय नहीं था; यह अपने साथी जवानों की क़ाबिलियत पर भरोसा करने का समय था।

अनुज अपने फ़ैसलों, निर्देशों और रणहुंकारों के ज़रिए टीम का साथ देते रहे। उधर, जिस पाकिस्तानी स्नाइपर को भारतीय अग्रिम सैनिक एक और चोटी की लड़ाई में चूक गए थे, वो लड़ने में व्यस्त भारतीय सैनिकों पर गोलियां बरसा रहा था। कुछ ही मिनट बाद, हवलदार कुमार इसी स्नाइपर की गोलियों का शिकार बन गए। तब कैप्टन नैय्यर ने दुश्मन के प्रति संगठित दृष्टिकोण को छोड़ देने का फ़ैसला कर लिया। इत्तेफ़ाक़ से, पॉइंट 4875 पर ऑपरेशन के बाद, 2 नागा की मॉपिंग अप दल की कार्रवाई में इस स्नाइपर को मार गिराया गया। अपने हमले को जारी रखते हुए इस बंकर पर एमएमजी चौकी को चुप कराने के लिए अनुज यूनिट के आगे रेंग गए और चुपके से ठीक उसके नीचे पहुंच गए। फिर अपने नंगे हाथों से उन्होंने दुश्मन की एमएमजी के बैरल को पकड़ लिया और उसे बाहर खींचकर चौकी को हमेशा के लिए बेअसर कर दिया।

एक एम.एम.जी. चौकी को नष्ट करने के बाद, अनुज ने एक-दो हथगोले फेंकने की कोशिश की, जो व्यर्थ रहा। सेंगर बहुत मज़बूत था। अनुज एक और सिपाही के साथ आगे बढ़े और उन्होंने एक हथगोला बंकर के ठीक अंदर फेंक दिया। यह बंकर का अंत साबित हुआ। अब अनुज और अंतिम जीत के बीच बस पिंपल 2 का आख़री बंकर था।

चौथे बंकर के आदमियों ने अपनी दहलीज़ पर एक युवा सिपाही को देखकर शायद अपनी जीभ काट ली होगी। अनुज को अंतिम बंकर की ओर दौड़ता देख सूबेदार मान सिंह को युवा अधिकारी की भावी शादी का ख़्याल आ गया। 'वो इतनी तेज़ी से और बेख़ौफ़ी से आगे बढ़ रहे थे कि ऐसा लगता था जैसे उनकी शादी अगले ही दिन होने वाली है,' वो सूखी सी हंसी के साथ कहते हैं। लेकिन अनुज को एक डैडलाइन पूरी करनी थी: उन्हें 0500 बजे तक पिंपल 2 को अपने वरिष्ठों को सौंपना था।

'अनुज सर ने बचे हुए सैनिकों को इकट्ठा किया और उन्हें आख़री बंकर पर हमला करने के लिए प्रेरित किया। हमें अपने देश की सेवा के लिए याद किया जाएगा और हमें ऐसे लोगों के तौर पर याद किया जाएगा जिन्होंने पाकिस्तानियों के दिलों में ख़ौफ़ पैदा कर दिया था। तो, अनुज सर ने हमसे कहा कि उन्हें यक़ीन है कि हममें से हर कोई उन बंकरों में गर्व से भारत के झंडे को फहराता खड़ा होगा।' इस प्रेरणास्पद भाषण के बाद जाट अपनी रेजिमेंट के युद्धनाद के साथ एक झुंड के रूप में उठ खड़े हुए।

एक छोटी सी लेकिन प्रेरित यूनिट के साथ, अनुज ने चौथे बंकर की ओर टीमों का नेतृत्व किया। कर्नल बावा के निर्देशों के तहत, उन्हें किसी भी बिंदु पर बार-बार ख़ुफ़िया जानकारी के लिए मिशन को बाधित नहीं करना था और केवल किसी आपातस्थिति, मूल्यांकन, मदद या सुझाव के लिए ही संपर्क करना था। चौथे बंकर पर, भारतीय फ़ायरबेस से गोलाबारी बंद हो गई थी। अनुज ने ग्रेनेड और रॉकेट लॉन्चरों के साथ लक्षित फ़ायरिंग और समय-समय पर गोलाबारी के सामान्य तरीक़े से शुरुआत की। लेकिन इससे बंकर को खरोंच तक नहीं आई।

अनुज ने फ़ैसला किया कि उन्हें एक सफलता की ज़रूरत है और उन्होंने सीधे दुश्मन के बंकर की ख़ामियों पर हमला किया। उन्होंने बंकर में लाइव ग्रेनेड फेंकने की कोशिश की। ऐसा लग रहा था मानो वो अकादमी में वापस पहुंच गए हों जहां ज़िंदगी एक प्रतिस्पर्धा थी और हार एक ऐसी चीज़ थी जिसे वो बर्दाश्त नहीं कर सकते थे। हर वो चीज़ महत्वपूर्ण थी जो दुश्मन की बढ़त को थोड़ा भी कम कर सकती हो। उन्होंने उलट-ग्रेनेड भी फेंके लेकिन कोई भी बंकर के अंदर नहीं पहुंच सका। ख़ामी महज़ बंदूक़ के बैरल के साइज़ की थी, इससे ज़्यादा कुछ नहीं।

इसके बाद अनुज ने सिपाही वीरेंद्र कुमार की मदद से अपना आख़री रॉकेट लॉन्च किया। लेकिन रॉकेट ढांचे पर टप्पा खाकर उछल गया। यह लगभग ऐसा ही था जैसे सेंगर क्षति निरोधक हो।

दुश्मन और अनुज के बीच लगातार तकरार भी चल रही थी। उन्होंने अपने जवानों से दुश्मन की दो संचार लाइनों को काटने के लिए कहा, ताकि दुश्मन की मदद के लिए किसी भी कॉल और दूसरी ओर से तोपख़ाने की गोलाबारी की संभावना को रोका जा सके।

रिपोर्टिंग का समय क़रीब आता जा रहा था और कोशिशों का कोई फ़ायदा नहीं हो रहा था। कुछ जवानों ने सुझाव दिया कि अनुज बैकअप बुलाएं और तब तक वो मोर्चे को संभाले रहेंगे। अनुज जानते थे कि दिन के उजाले में अपने मोर्चों पर रहना उन्हें न सिर्फ़ पिंपल 2 की दुश्मन यूनिटों के बल्कि एक अन्य चोटी पर

मौजूद दुश्मन स्नाइपर के निशाने पर ला देगा। वो जानते थे कि सफलता के लिए उन्हें गुप्त और जोखिम भरी चढ़ाई पर निर्भर रहना होगा।

लेकिन इससे पहले कि वो यह शुरू करते, वो एक पल को एक चट्टान की साइड में रुक गए। उन्हें शायद अपने पिता की याद आ गई थी जिन्होंने आईएमए हॉल में युद्ध-नायकों और पुरस्कार विजेताओं के नाम पढ़कर कहा था, 'यार, अनुज, इसमें एक भी नैय्यर नहीं है?' उन्हें शायद एक बार फिर अपने परिवार को देखने का मन हुआ होगा। मगर जब उन्होंने अपना बटुआ निकालने के लिए अपनी जेब में हाथ डाला, तो उन्हें याद आया कि उन्होंने उसे कर्नल बावा के पास छोड़ दिया था। फिर उन्होंने एक सिगरेट निकालकर जलाई। सिगरेट का एक लंबा कश लेते हुए वो मुस्कुराए। मानी को नहीं पता था कि वो सिगरेट पीते हैं और वो भी शायद एक दिन में उससे ज़्यादा बार जितना वो स्वीकार कर सकती थीं। सूबेदार सुभाष सिंह, जो उनके पास ही थे, कहते हैं, 'मैंने उन्हें शून्य में कहीं देखते हुए मुस्कुराते देखा, जैसे वो किसी गहरी सोच में हों। वो अपनी सोच से बाहर निकले और वो जानते थे कि अब अंतिम हमले का समय है। उन्होंने फ़ैसला किया कि अगर उन्हें इस लड़ाई को ख़त्म करना है तो अपनी सुरक्षा को छोड़ना होगा। वो अब पहले से ज़्यादा भयंकर हो गए थे। आड़ लेने और मूल शूट-एंड-स्कूट योजना का विकल्प अब नहीं बचा था। वो अपने जवानों और दुश्मन के बीच एक अकेली रक्षा पंक्ति के रूप में खड़े हो गए। वो गोलियों और हथगोलों की बौछार के बीच एक शेर की तरह खड़े थे।

सूबेदार सुभाष ने उस जोखिम को महसूस किया जो युद्ध का अंत सुनिश्चित करने के लिए उनके कमांडर उठा रहे थे। उन्होंने उनसे अपनी सुरक्षा के लिए आड़ लेने का आग्रह किया। कैप्टन अनुज ने तुरंत जवाब दिया, 'सुभाष, ये देख मेरा हाथ, ये लाइफ़लाइन देख। डैड कहते हैं कि ये बहुत लंबी है। मुझे कुछ नहीं हो सकता है।'

फिर भी, सूबेदार सुभाष ने यह सुनिश्चित करने के लिए अपने कैप्टन का हाथ खींच लिया कि वो दुश्मन की फ़ायरिंग से आड़ लें। अनुज ने इस लम्हे का फ़ायदा अपनी टीम की स्थिति का पुनर्मूल्यांकन करने के लिए उठाया। उनका रेडियो सेट बजा, दूसरी तरफ़ कर्नल बावा थे। अनुज थोड़ा सीधे हुए और उन्होंने अपने कमांडिंग ऑफ़िसर को आख़री बंकर पर हमले के बारे में बताया और यह कि उनके पास गोला-बारूद बहुत कम बचा है। लेकिन उन्होंने एक बार भी अतिरिक्त मदद नहीं मांगी।

ब्रिगेडियर बावा को उन्हें यह बताना याद है कि मदद का कोई विकल्प नहीं है। अनुज ने जवाब दिया, 'सर, तीन गए, एक बचा है। आप चिंता मत कीजिए, सर, मैं बस कुछ ही देर में आपके लिए उस चोटी को फ़तेह कर लूंगा। मैं ख़ुद...' और लाइन डैड हो गई।

उस समय 0520 हो रहे थे। ब्रिगेडियर बावा यह जानने के लिए अनुज को कॉल करते रहे कि कहीं लाइन में कोई व्यवधान तो नहीं आ गया। उन्होंने ज़ोरदार शोर सुना लेकिन दूसरे छोर से कोई प्रतिक्रिया नहीं मिली। वो स्थिति की रिपोर्ट मांगते रहे, लेकिन कोई जवाब नहीं मिला। उधर लगभग 16,000 फ़ुट की ऊंचाई पर, द्रास की चोटियों में सूबेदार सुभाष और अन्य लोगों को विश्वास नहीं हो रहा था कि क्या हो गया। 'हमें अपनी ओर एक आरपीजी का आना याद है। हमें विस्फोट याद है। एक पल को हमें लगा कि हमने अपनी जान गंवा दी हैं,' हमले में बच गए हवलदार बताते हैं। जब जवान विस्फोट से उबरे, तो उन्हें अहसास हुआ कि उनके कमांडर ने उनकी जान बचा ली है।

रॉकेट से चलने वाला एक ग्रेनेड सीधे उनकी गर्दन में जा घुसा था और उनकी छाती और धड़ को बेधता चला गया था—जिसने जीवन को तो समाप्त कर दिया था लेकिन नौजवान कैप्टन के जज़्बे को नहीं। सैनिक अभी भी मानते हैं कि अनुज ने उस आरपीजी का सामना करके पंद्रह जवानों की जान बचा ली थी। अपने बलिदान से लड़ाई के रुख़ को मोड़ने में बस एक पल लगा। वो अपने जवानों को जीते जी प्रेरित करते रहे थे, और अपनी मृत्यु से वो उन्हें और भी अधिक प्रेरित कर रहे थे।

यह देखकर, हवलदार हरि ओम ख़ुद को रोक नहीं पाए। वो क्रोध में भरकर दुश्मन पर टूट पड़े और बेजान होकर अपने कैप्टन की बग़ल में गिरने से पहले उन्होंने उनमें से दो को मार गिराया था।

नौजवान ऑफ़िसर ने अभिमन्यु की तरह युद्ध के मैदान में प्रवेश किया था, जो चक्रव्यूह से कम नहीं था। ब्रिगेडियर बावा अनुज को याद करते हुए भावभीनी प्रशंसा करते हैं, 'उन्होंने उससे कहीं बेहतर प्रदर्शन किया जिसकी हम किसी से भी उम्मीद कर सकते थे। वो एक सच्चे जाट और भारतीय की तरह लड़े। मुझे एक ऐसे ऑफ़िसर और देश के रत्न से सेवा पाने पर गर्व महसूस होता है।'

कैप्टन अनुज नैय्यर का जीवन रूपांतरण से भरा था, जनकपुरी की गलियों से लेकर आईएमए के चेटवुड हॉल के गलियारों तक, और नौशेरा कंपनी के बंक बेड से लेकर जाट रेजिमेंट के ओहदों तक, सिद्धांत और सम्मान, दोस्तियों और परिवार, महत्वाकांक्षा और वफ़ादारी, नियम और देशभक्ति, जोश और लचीलेपन, इज़्ज़त और बलिदान का जीवन—और इसने उन्हें शहीदों की अमर लौ, अमर जवान ज्योति तक पहुंचा दिया।

लेकिन युद्ध नहीं रुका। जब तक सैनिक संभल पाते, दुश्मन ने चार्ली कंपनी पर भरपूर हमला शुरू कर दिया था। सूबेदार मान सिंह कहते हैं, 'जब हमने फ़र्ज़ की राह में दूसरों को मरते देखा था तो हम घबराए नहीं; वो अच्छे, इज़्ज़तदार लोग थे। लेकिन अपने लीडर को अपनी आंखों के सामने मृत पड़ा देखकर हम ग़ुस्से से भर

गए थे। उम्र में हमसे कहीं छोटे अफ़सर ने हमें साहस का अर्थ दिखाया था और दुश्मन अभी भी फ़ायदा उठाने की कोशिश कर रहा था।'

17 जाट के साथ फ़ारवर्ड ऑब्ज़र्वेशन ऑफ़िसर के रूप में तैनात एक तोपख़ाना अधिकारी कैप्टन शशि भूषण घिल्डियाल ने कैप्टन नैय्यर की जगह कमान संभाली और दुश्मन की ओर कूच किया।

'क्रोध और बदले की भावना ऐसी थी कि हम दुश्मन के लिए उतने ही अमानवीय हो सकते थे जितने वो हमारे और हमारे कैप्टन के लिए रहे थे। चार्ली कंपनी के बचे हुए दस या बारह सदस्यों ने घातक हमला जारी रखा। लेकिन कोई भी चीज़ न तो कैप्टन अनुज नैय्यर को वापस ला सकती थी न ही हमारे और किसी साथी को जिन्हें हमने खोया था,' सूबेदार मान सिंह याद करते हैं।

चार्ली कंपनी के साथ संपर्क करने के निरंतर प्रयासों के बावजूद ब्रावो कंपनी के जवान चौथे बंकर और पॉइंट 4875 से हो रही भारी गोलीबारी के बीच आ नहीं पाए। और अधिक जानें गंवाने को रोकने के लिए चार्ली कंपनी को अंधेरा होने तक कोई अन्य हमला न करने का निर्देश दिया गया। जब 2000 बजे तोपख़ाना एक बार फिर पिंपल कॉम्प्लेक्स की सहायता करने की स्थिति में आया, तो कैप्टन घिल्डियाल ने बचे हुए घुसपैठियों पर तोपख़ाने और मोर्टार से हमला बोल दिया। उन्हें अपने हमले के मोर्चों को छोड़कर पिंपल 2 के सेंगरों में शरण लेनी पड़ी। उस रात बाद में, उन्हें बाहर निकालने के लिए पिंपल 1, व्हेलबैक और बटालियन फ़ायरबेस से एक संयुक्त हमला शुरू किया गया। ये हमला बिना किसी ख़ास नतीजे के पूरी रात जारी रहा। सेंगरों की बनावट और उनकी भौगोलिक स्थिति उन्हें किसी भी प्रक्षेप्य से बचाती रही।

आठ जुलाई 1999 को तड़के, दुश्मन ने तोपख़ाने, मोर्टार और लगातार गोलीबारी से बच निकलने के बारे में सोचा, तो अल्फा कंपनी के मेजर आर.के. सिंह ने उन्हें देख लिया और पॉइंट 4875 की सुरक्षा में वापस पहुंच पाने से पहले चार में से दो आदमियों को गोली मार दी। उसके बाद, मेजर रामपाल के नेतृत्व में डेल्टा कंपनी और अल्फ़ा कंपनी के जवान पिंपल कॉम्प्लेक्स से बाक़ी घुसपैठियों को खोजने और उन्हें मारने में कामयाब रहे।

देश को बचाने के लिए 17 जाट के जवानों ने अपना योगदान दिया था। नाम, नमक, निशान—कैप्टन अनुज नैय्यर और उनके जवानों ने एक सैनिक के जीवन के इन तीन उसूलों को जिया था। यूनिट को पिंपल 1, व्हेलबैक और ख़तरनाक पिंपल 2 पर उनके ऑपरेशन के लिए, जिसने बाद में महत्वपूर्ण चोटियों पर सफलतापूर्वक अधिकार करने का मार्ग प्रशस्त किया, 41 वीरता पुरस्कारों से नवाज़ा गया। कैप्टन अनुज नैय्यर को मरणोपरांत महावीर चक्र से सम्मानित किया गया, जो जाट रेजिमेंट के इतिहास में दर्ज सर्वोच्च वीरता पुरस्कारों में से एक है।

8 जुलाई को 0718 बजे, भारतीय सशस्त्र बलों, 79 इन्फ़ैंट्री ब्रिगेड और 17 जाट बटालियन द्वारा पिंपल कॉम्प्लेक्स पर भारतीय राष्ट्रीय ध्वज फहराया गया। कैप्टन अनुज नैय्यर भले ही उस सुबह वहां न रहे हों, लेकिन वो उन विजयी सैनिकों में मौजूद थे, जो उनके शौर्य को जी रहे थे।

'दीवारों पर सफ़ेद और दीवारों से सफ़ेद'

कैप्टन अनुज नैय्यर ने अपने जवानों को पिंपल कॉम्प्लेक्स के अंतिम बिंदु तक ले जाने और पिंपल 2 की प्रमुख पहाड़ी वापस दिलवाकर एक महान सेवा की थी। पिंपल 2 की जीत ने टाइगर हिल को उसके पश्चिमी छोरों की ओर से आए ख़तरों से छुटकारा दिलाया था। इसी ने एनएच1ए पर घुमरी से ज़ोजी ला के ट्रैफ़िक को फिर से शुरू करने में मदद की, जिससे ट्रक सैन्य ठिकानों पर गोला-बारूद और राशन की समय पर आपूर्ति करने लगे। उसी दिन एक और लड़ाई पॉइंट 4875 पर लड़ी गई थी, जिसे अब बत्रा टॉप के नाम से जाना जाता है। लगभग 1300 बजे, जब पॉइंट 4875 की अंतिम मशीन गन चौकियों पर एक भयंकर जवाबी हमला किया जा रहा था, तो पिंपल 2 पर और नतीजतन पिंपल कॉम्प्लेक्स पर जीत ने सुनिश्चित किया कि कैप्टन विक्रम बत्रा की एके-47 के क्रोध का निशाना बने पाकिस्तानियों तक कोई मदद न पहुंच सके। अगले सप्ताह के अंत तक, पूरे द्रास क्षेत्र को दुश्मन ताक़तों से मुक्त करा लिया गया था।

जब कर्नल बावा को अनुज की कोई ख़बर और चार्ली कंपनी की लोकेशन पता नहीं चल रही थी, तो सात जुलाई को 0543 बजे, उन्होंने पिंपल 1 पर मेजर पूनिया से संपर्क किया, जिन्हें अनुज से संपर्क करने और कमांडिंग ऑफ़िसर को अपडेट करने के लिए कहा गया।

जब मेजर पूनिया ने पिंपल 2 पर चार्ली कंपनी से संपर्क स्थापित किया, तो उन्हें अनुज और उनके जवानों की बहादुरी का पता चला। उन्होंने पाया कि बचे हुए लोग सदमे की हालत में है, और इस इंतज़ार में हैं कि कोई उन्हें झटका देकर वापस वास्तविकता में ला सके। उन्होंने रेडियो के ज़रिए सीओ बावा को कॉल किया और कहा, 'आई एम सॉरी, सर, लेकिन अनुज नहीं रहे...'

जब कमांडिंग ऑफ़िसर के पास यह कॉल आई, तो सैकंड इन कमांड लेफ़्टिनेंट कर्नल शर्मा उनके साथ थे। उन्हें समझ ही नहीं आ रहा था कि इस ख़बर पर कैसे प्रतिक्रिया दें: 'मैं कुछ मिनट को चुप रह गया जबकि वो (मेजर पूनिया) बता रहे थे

कि कैसे अनुज अपने जवानों को जीत की ओर ले गए थे। उसके बाद, मुझे नहीं पता कि वो क्या बोल रहे थे... मैं उस सबसे कमउम्र ऑफ़िसर को खो देने के ग़म से घिर गया था जिसे मैंने मोर्चे पर भेजा था। अपने सैनिकों को खोने से मेरी जीत में खटास आ गई थी लेकिन अनुज की मौत को तो मैं स्वीकार ही नहीं कर पा रहा था। यही वो चोटी थी जिसे वो मेरे बर्थडे पर मुझे गिफ़्ट करने वाले थे। उन्होंने अपना वादा पूरा तो किया लेकिन व्यक्तिगत रूप से नहीं।'

जब मेजर पूनिया ने पिंपल 2 की घटनाओं की सूचना दी, तब बटालियन के एजुटैंट मेजर मदन भी कमांड टेंट में थे। कॉल के बाद तीनों अधिकारी चुपचाप खड़े एक-दूसरे को घूरते रहे। अब समय अनुज के परिवार को ख़बर देने का था। कर्नल बावा ने अनुज के माता-पिता को सूचित करने के अप्रिय काम को करने से मना कर दिया। उन्होंने कहा कि नैय्यर परिवार से नज़दीकी की वजह से वो अपनी भावनाओं को नियंत्रित नहीं कर पाएंगे। अंत में, लेफ़्टिनेंट कर्नल शर्मा ने कॉल किया।

शर्मा याद करते हैं, 'मुझे अपने दुख को दबाना था और यह सुनिश्चित करना था कि उनके परिवार को यह ख़बर पूरे सम्मानजनक तरीक़े से पहुंचाई जाए। उनके परिवार को यह यक़ीन दिलाना था कि बहादुर कैप्टन ने देश के लिए जो किया था, उसे सोचकर भी कई लोग तो कांप उठेंगे। मेरे ज़मीर का एक हिस्सा इस ख़्याल से परेशान था कि हम अनुज के प्रति अपना कर्तव्य निभाने में विफल रहे जबकि उन्होंने अपना हर फ़र्ज़ पूरी तरह निभाया। मारे गए सैनिक के परिवार को 'ख़बर' देते समय सही शब्दों का चयन करना हमेशा कठिन होता है।'

उन दिनों नैय्यर परिवार केवल टीवी न्यूज़ चैनल देखता था और अनुज की सुरक्षा के लिए प्रार्थना करता था। टिम्मी कभी-कभी मानी और प्रो. नैय्यर के साथ ही रुक जाती थीं।

मानी याद करती हैं कि उनके पति अनुज के ख़त बार-बार पढ़ते थे। '29 जून को लिखे अपने आख़री ख़त में अनुज ने अपने पिता से कहा था कि उस कार के लिए पैसे की चिंता न करें, जिसे उन्होंने एक साथ ख़रीदने की योजना बनाई थी। प्रो. नैय्यर ने मुझे वह ख़त कोई दस बार दिखाया होगा। उन्हें इस ख़्याल पर गर्व महसूस होता था कि उन्होंने एक ऐसे बेटे की परवरिश की है जो देश और परिवार दोनों के प्रति अपने कर्तव्यों को जानता था,' वो कहती हैं।

फिर अनुज के पिता उसी महीने भेजे ख़त पत्र पढ़ते थे, जिनमें से किसी में भी युद्ध क्षेत्र में उनकी तैनाती के बारे में बात नहीं की गई थी। 'प्रशस्ति पत्रों के बिना हम कभी नहीं जान पाते कि मेरे बेटे के साथ वास्तव में क्या हुआ था। मैं जानती हूं यह सच नहीं है, लेकिन आपके बेटे के बलिदान की ख़बर आपको इसी तरह से हिलाती है,' मानी कहती हैं।

लेफ़्टिनेंट शर्मा की कॉल वाली सुबह के विषय पर वापस जाते हुए मानी याद करती हैं कि उस दिन सख़्त गर्मी थी। प्रो. नैय्यर चाय की चुस्कियां ले रहे थे और वो गर्मी की शिकायत कर रही थीं। 'वो किसी भी सामान्य बुधवार जैसी सुबह थी, सिवाय इसके कि हमारा बेटा युद्ध क्षेत्र में था जहां दो शत्रु देश पहाड़ों की ऊंचाइयों पर युद्ध लड़ रहे थे,' अनुज की मां कहती हैं।

मानी ने हाल ही में अपने पति से अनुज की कार के लोन के लिए आवेदन करने को कहा था।

प्रो. नैय्यर ने कहा था, 'करूंगा। मैं बस इस बात का इंतज़ार कर रहा हूं कि वो मुझे अपनी पसंद का रंग बता दे।'

मानी ने घर में चारों तरफ़ नज़र डालकर अपने पालतू कुत्ते नॉटी को ढूंढ़ा, जो रोज़ाना सुबह चाय पर उनके साथ होता था। 'नॉटी कहां है?' उन्होंने पूछा।

नॉटी कहीं नहीं मिला। वो सोफ़े के पीछे भी नहीं मिला जहां वो अपनी पीठ को खुजाना पसंद करता था। मानी ने प्रोफ़ेसर से उस आवासीय परिसर के अंदर कुत्ते को तलाश करने के लिए कहा जहां वो रहते थे। उन्हें इसे लेकर एक बुरा अहसास हो रहा था। उन्होंने कुत्ता परिवार में सबको सुरक्षित रखने के लिए पाला था—उसका ग़ायब होना निश्चित रूप से एक अपशकुन था। नॉटी आख़िरकार पास के ही एक पार्क में मिल गया। कुत्ता मिलने के बाद नैय्यर दंपती अपने रोज़मर्रा के कामों में लग गए और काम पर जाने की तैयारी करने लगे।

सुबह करीब 9.15 पर फ़ोन की घंटी बजी। मानी कॉल रिसीव करने ही वाली थीं लेकिन प्रोफ़ेसर ने उनसे पहले ही फ़ोन उठा लिया। 'कभी-कभी मैं सोचती हूं कि अगर अनुज ने उन्हें पिंपल कॉम्प्लेक्स में बड़े ऑपरेशन के बारे में बताया था, तो प्रो. नैय्यर को पता होगा कि जिस दिन अनुज को चोटी पर क़ब्ज़ा करना था, उस दिन इतने सवेरे किसी फ़ोन कॉल का आना या तो अच्छा होगा या फिर बहुत, बहुत बुरा होगा,' मानी कहती हैं।

फ़ोन के दूसरे छोर पर लेफ़्टिनेंट कर्नल शर्मा ने अनुज के पिता की आवाज़ सुनने तक अपनी सांस रोक रखी थी। 'मैं भगवान से प्रार्थना कर रहा था कि लाइन पर अनुज के पिता हों। मेरे अंदर उनकी मां या भाई को ख़बर देने की हिम्मत नहीं थी। सेना आपको इसकी ट्रेनिंग नहीं देती है। यह धारणा जो कि सेना के साहस का आधार है—कि हम अजेय हैं, कि हम अपराजित हैं—ये हमें इस विचार से अनजान बना देती है कि हम नश्वर हैं। मैं तैयार नहीं था लेकिन प्रो. नैय्यर की आवाज़ ने मुझे हिम्मत दी। अनुज के पिता ने गरिमा और सम्मान के साथ बात की।'

लेफ़्टिनेंट कर्नल शर्मा ने अपना परिचय दिया, तो प्रो. नैय्यर ने वही सवाल पूछा जिसका ख़तरा था: 'क्या ये अनुज के बारे में है?'

लेफ़्टिनेंट कर्नल शर्मा ने जवाब दिया, 'यस, सर। मुझे आपको यह बताते हुए खेद है कि आज सुबह 0530 बजे देश के लिए एक महान सेवा करते हुए हमने अनुज को खो दिया।'

पूरी तरह सन्नाटा छा गया। और फिर एक धीमी सी सुबकी। 'क्या वो लड़ते हुए मरा?' अनुज के पिता ने पूछा था।

और लेफ़्टिनेंट कर्नल शर्मा तुरंत जान गए कि अनुज को अपने सारे आदर्श अपने पिता से मिले थे। इस दुख की घड़ी में भी प्रो. नैय्यर अपने बेटे के राष्ट्र के प्रति कर्तव्य को लेकर चिंतित थे।

'जी, बिल्कुल, वो लड़ते हुए मरे। अमर प्रशंसा के योग्य एक शानदार लड़ाई लड़ते हुए,' लेफ़्टिनेंट कर्नल ने कहा।

फिर उन्होंने प्रोफ़ेसर नैय्यर को पूरा विवरण दिया कि कैसे अनुज ने लगभग पंद्रह लोगों की जान बचाई, नौ घुसपैठियों को मार डाला और उस चोटी पर जीत हासिल की जो भारतीय सेना की विजय का प्रतीक होगी। लेफ़्टिनेंट कर्नल शर्मा कहते हैं, 'ऐसे मौक़े पर जब मुझे उन्हें सांत्वना देनी चाहिए थी, उन्हें तकनीकी विवरण देना अस्वाभाविक सा था लेकिन मुझे यह बताने के लिए मजबूर होना पड़ा कि हम उनके बेटे की देखभाल करने में क्यों विफल रहे और वो क्यों मारा गया जबकि हम जीवित थे।'

अपने पति के बग़ल में खड़ी मानी ने उन्हें सुन्न होते देखा। 'वो बिल्कुल स्थिर थे। स्तब्ध और निश्चल। मैं उनकी आंखों में ग़ुस्सा और उनके चेहरे पर थकान देख रही थी। वो दुखी थे लेकिन उससे भी ज़्यादा वो ग़ुस्सा थे।'

प्रो. नैय्यर ने रिसीवर नीचे रख दिया, करण और मानी सांस रोके उन्हें देख रहे थे। यह करण के लिए एक सामान्य दिन था और वो अपने दोस्तों के साथ फ़िल्म देखने जाने की योजना बना रहे थे। लेकिन इस फ़ोन कॉल ने सब कुछ बदल दिया।

'मैंने फ़ोन उठा लिया। हालांकि फ़ोन करने वाले की आवाज़ मुश्किल से ही सुनाई दे रही थी, लेकिन कुछ शब्द मुझे समझ आ गए। ''ऑपरेशन,'' ''अस्पताल,'' ''कार्रवाई में मारे गए...'' मेरे लिए इतना ही काफ़ी था। मैं भी एक पल को जम सा गया और मैंने बस रिसीवर नीचे रख दिया। मुझे दी जा रही किसी भी जानकारी को मैं समझ नहीं पाया। मैंने अपनी ज़िंदगी के एकमात्र सहारे को खो दिया था,' करण कहते हैं।

अगले कुछ घंटे मानी रिश्तेदारों को ख़बर देती रहीं कि अनुज कारगिल में कार्रवाई के दौरान लापता हैं। असली ख़बर उनमें से कई के लिए कठिन होती जो परिवार के साथ होने के लिए यात्रा कर रहे थे।

अनुज के बड़े चाचा, आशीष, टिम्मी और उनके माता-पिता, अनुज की मौसियां, उनके दोस्त और सेना के कुछ अधिकारी घर पर जमा हो गए। मानी बुरी तरह रो रही थीं और टिम्मी उन्हें शांत करने की कोशिश करती रहीं। लेकिन हर किसी को सबसे ज़्यादा चिता प्रो. नैय्यर की थी। उन्होंने न तो एक आंसू बहाया था और न ही एक शब्द बोला था।

प्रो. नैय्यर को घर के सूने कोनों में देखा जा सकता था। उनका अलगाव केवल अपनी भावनाओं को छिपाने के लिए नहीं था। वो कमज़ोर दिखना और किसी ऐसे व्यक्ति का ध्यान आकर्षित करना नहीं चाहते थे जो नैय्यर परिवार को नहीं जानता था।

प्रेस को दिए एक बयान के बाद जो अनुज की 'घर वापसी' के बारे में जानने को उत्सुक थी, और जिसने पिता को ग़ुस्से से सुलगा दिया, प्रो. नैय्यर ने एक दीवार पर मुक्का दे मारा।

करण दौड़कर अपने पिता के पास गए। उनके ग़ुस्से को क़ाबू में करने के लिए करण और मानी दोनों को लगना पड़ा। बाद में पूछे जाने पर उन्होंने स्वीकार किया कि वो पाकिस्तानी सेना प्रमुख परवेज़ मुशर्रफ़ द्वारा तथ्यों को शर्मनाक ढंग से दरकिनार करने और भारतीय सैनिकों की दुर्दशा से नाराज़ थे।

इस क्रोध ने चाहे उन्हें कितनी भी चोट पहुंचाई हो, लेकिन इसने परिवार को उस पल की घृणा और क्रोध से मुक्त कर दिया। एक मिनट बाद, प्रोफ़ेसर हाथ पर रूमाल बांधे पानी पिलाने में पड़ोस के बच्चों की मदद कर रहे थे।

बग़ल के कमरे में, मानी और परिवार के क़रीबी लोग एक दूसरे को सांत्वना दे रहे थे। करण आईएमए में एक बॉक्सिंग रिंग के सामने अपनी और अपने भाई की एक तस्वीर को पकड़े हुए एक कोने में बैठे थे। उस पल वो बस यही चाहते थे कि उनका भाई मानी की बात न सुनने के लिए उन्हें डांटे, उन्हें ज़्यादा एक्सरसाइज करने के लिए प्रोत्साहित करे, या उनके साथ बाइक साझा करने से मना कर दे।

अनुज की शशि मौसी को अपने लाड़ले भानजे से उसकी शहादत से ठीक एक सप्ताह पहले हुई अपनी आख़री बातचीत याद है: 'वो ख़ूब बोल रहा था और उसने मुझे बताया कि वो एक बड़े मिशन पर जा रहा है।' वो उनके बारे में चिंतित थीं लेकिन वो निडर लग रहे थे। उन्होंने कहा था, 'यह कोई कठिन मिशन नहीं होने वाला है। बस जाना और आना है!'

अपनी शशि मौसी से उनकी आख़री विनती यह थी कि वो उनकी मां का ख़्याल रखें और उन्हें चिंता न करने को कहें।

बड़ी संख्या में लोगों के जमा होने के बावजूद घर में सन्नाटा था जो कभी-कभार किसी के सिसकने या किसी टीवी न्यूज़ चैनल की आवाज़ से टूटता था।

अचानक प्रो. नैय्यर तेज़ी से ड्रॉइंग रूम में आ गए जहां सब लोग बैठे हुए थे।

बेशक वो दुखी थे, लेकिन उनमें न जाने कहां से एक ताक़त सी आ गई थी, जिसकी उस समय सभी को ज़रूरत थी। उन्होंने रौबीली आवाज़ में घोषणा की: 'प्लीज़ रोना बंद कीजिए, मैं नहीं चाहता कि कोई मेरे बहादुर बेटे की स्मृति को ख़राब करे।'

सब चुप हो गए; प्रो. नैय्यर ग़ुस्से से भरे हुए थे। अनुज कहते थे, 'पॉपिन कुछ भी कर सकते हैं। बहुत से काम ऐसे हैं जिनमें मैं झिझक जाता हूं लेकिन पॉपिन नहीं झिझकते।' और उनके पिता ने यही किया। उनके सख़्त लेकिन वाजिब रवैये ने करण को अनुज की याद दिला दी। तब तक, समाचार चैनलों ने घोषणा करनी शुरू कर दी कि कैप्टन अनुज नैय्यर को उनकी यूनिट द्वारा युद्ध के दौरान वीरतापूर्ण कार्यों के लिए भारत के सर्वोच्च वीरता पुरस्कार परम वीर चक्र के लिए नामांकित किया जा रहा है। अपने अनुशंसा पत्र में अनुज के कमांडिंग ऑफ़िसर ने लिखा कि उन्होंने 'अनुकरणीय साहस और दृढ़ संकल्प के साथ अपने कर्तव्य की पुकार से बढ़कर काम किया और रेजिमेंट और भारतीय सेना की सर्वोच्च परंपराओं में सर्वोच्च बलिदान दिया। कैप्टन अनुज नैय्यर को परमवीर चक्र (मरणोपरांत) दिए जाने के लिए पुरज़ोर सिफ़ारिश की जाती है।'

प्रो. नैय्यर ने अपनी सीट पर पहलू बदला और टेलीविज़न बंद कर दिया।

मानी कहती हैं, 'हमें प्रशंसा या पदक नहीं चाहिए था। हमें जो चाहिए था वो था हमारा बेटा। मुझे सबसे पहले तो उन दोषियों के लिए सज़ा चाहिए थी जिन्होंने आतंकवादियों को सीमा पार करने दी थी। मैं चाहती थी कि कोई मेरे बेटे को वापस ला दे। जब आपको पता चलता है कि आपका प्यार, जिसे आपने अपनी ज़िंदगी का एक बड़ा हिस्सा दिया था, हमेशा के लिए चला गया है, तो कोई भी तर्क काम नहीं करता। मुझे अभी भी शांति नहीं मिली है, और न कभी मिलेगी,' कहते हुए मानी फूट पड़ती हैं।

अगले कुछ दिनों में, विभिन्न सरकारी अधिकारी, सेना के अधिकारी और नेता परिवार से मिलने आए। जब भी कोई नेता आता, तो उनकी सुरक्षा टीम ख़तरों के लिए पूरे आवासीय परिसर में तलाशी करती। 'मुझे इस पर बहुत ग़ुस्सा आता था,' मानी कहती हैं, 'एक शहीद के घर आने से पहले वहां तलाशी करवाने की उनकी

धृष्टता, अपनी ज़िंदगी को उन सैनिकों से ज़्यादा महत्व देना जिन्हें उन्होंने आंशिक जानकारी के साथ पहाड़ियों पर भेज दिया था। उनके जीवन का मूल्य अधिक था, लेकिन उनकी सुरक्षा सुनिश्चित करने वालों का जीवन चला जाए तो कोई बात नहीं थी।' प्रो. नैय्यर इन स्थितियों में अधिक नियंत्रण में रहते थे। 'उनके दौरों से मेरा साफ़ इंकार स्पष्ट था, लेकिन उन्होंने इसे संभाले रखा।'

अनुज के दिल्ली एयर बेस पहुंचने से एक रात पहले, करण और मानी एक साथ बैठे लगातार आ रहे लोगों को देख रहे थे। जब सेना के कुछ अधिकारी प्रो. नैय्यर से मिलने आए, तो मां और बेटे ने अकेले में बात करने का एक पल चुरा लिया।

करण ने तब अपनी मां से कहा, 'मानी, यह जो कुछ भी बचा है अब आप ही संभाल सकते हो। मैं जानता हूं। अनुज की ख़ातिर, अब आपको मज़बूत बनना पड़ेगा। अनुज भाई के लिए, पॉपिन के लिए और बाक़ी सबके लिए।'

मानी कहती हैं, 'करण ने मुझे यह महसूस कराने में मदद की कि अब मुझे इस परिवार के लिए एक भविष्य बनाना है। जब भी मैं महा वीर शहीद कैप्टन अनुज नैय्यर की नेम प्लेट के पास खड़ी होती हूं, तो उसके शब्द अभी भी मेरे कानों में गूंजते हैं। अब मेरा एक ही कर्तव्य था—अनुज की जीवित स्मृति में इस परिवार को एक रखना।'

10 जुलाई को, हिंडन एयर बेस से लाए जाने के बाद, अनुज को प्रो. नैय्यर ने दिल्ली छावनी में प्राप्त किया। अनुज के चाचा और टिम्मी के पिता शिनाख़्त के लिए गए।

जो लोग परिवार के साथ होने के लिए आए थे—सेना के अधिकारी, दोस्त, परिवार, पड़ोसी—उनमें कुछ असंवेदनशील स्वर भी थे। कुछ लोग इसलिए नहीं आए थे कि एक पिता के शोक में शामिल हो सकें, या एक रोती हुई मां को तसल्ली दें। उन्हें बस युद्ध के मैदान का प्रत्यक्ष विवरण चाहिए था। वो शोक मनाने वालों के भेस में ख़बरें खोदने वाले थे, और वो इस तरह के सवाल पूछ रहे थे कि, क्या उन्होंने चोटी पर क़ब्ज़ा कर लिया था? क्या वो लड़ते हुए मरे? क्या कोई और उपलब्ध नहीं था? क्या उन्होंने अपनी चौकी गंवा दी थी? लेकिन परिवार उन लोगों का आभारी था जिन्होंने इस कठिन समय से निकलने में उनकी मदद की।

विधान सभा के एक सदस्य शोक संवेदना व्यक्त करने के लिए परिवार के पास आए।

हर फ़ोन करने वाले का एक ही सवाल था: 'बॉडी कब आएगी?' उनका सवाल भी अलग नहीं था।

'मैं विनती करती थी कि अनुज को ''बॉडी'' न कहा जाए। वो उसे कैप्टन, अनुज या कुछ और कह सकते थे, लेकिन उसके वजूद को महज़ एक शरीर में बदल देना अस्वीकार्य था,' उनकी मां उस समय को याद करते हुए कहती हैं। प्रो. जगदीश मुखी सही सवाल पूछने वाले पहले लोगों में से थे: 'आपके बेटे को कब वापस लाया जा रहा है?' वो श्मशान में आए और उन्होंने कैप्टन अनुज नैय्यर की चिता पर फूल चढ़ाए।

परिवार से मिलते समय सोनिया गांधी का व्यवहार भी शालीन था। लेकिन कोई भी मानी के आसान से सवालों का जवाब नहीं दे पा रहा था: 'हमारे बच्चों को यह युद्ध क्यों करना पड़ा? सीमा पर गश्त पर निगरानी क्यों नहीं थी? पाकिस्तानी सेना को भारतीय क्षेत्रों में इतने अंदर तक क्यों घुसने दिया गया?'

अगले दिन, अनुज के पार्थिव शरीर को भारतीय राष्ट्रीय ध्वज से लिपटे एक ताबूत में सेंट्रल पार्क, बीई ब्लॉक, जनकपुरी के बीच में रखा गया। नैय्यर परिवार के घर और उनके आवासीय परिसर में 7 से 10 जुलाई तक लोगों का रेला लगा रहा। 11 जुलाई को, बहादुर सैनिक को श्रद्धांजलि देने के लिए सैकड़ों की संख्या में लोगों के निकल आने से मुहल्ले की सड़कें जाम हो गईं ।

कैप्टन अनुज नैय्यर पर पुष्पांजलि अर्पण उसी पार्क में हुआ। मानी अनुज के ताबूत पर अपना सिर रखकर बैठ गईं, लेकिन प्रो. नैय्यर बिना आंसू बहाए, बिना किसी से बात किए और बिना अपने दुख का कोई भाव दिखाए बहादुर बने रहे। करण कहते हैं, 'अनुज भाई के साथ अपने आख़िरी फ़ोन कॉल में पॉपिन ने उन्हें तीन सुझाव दिए थे, जो शायद, युद्ध में उनके धर्मादेश बन गए थे: दुश्मन को पीठ मत दिखाना, पकड़े मत जाना, और जीतना और वापस आना।'

जब अनुज को उनकी अंतिम यात्रा पर ले जाने के लिए फूलों से सजा सेना का टाट्रा ट्रक आया, तो भीड़ ने 'अनुज नैय्यर अमर रहे' के नारे लगाए। प्रो. नैय्यर, करण, आशीष और उनके चाचा ने अनुज के ताबूत को उस ट्रक में रखा ताकि लोग देख सकें। जनकपुरी से बरार स्क्वेयर क्रेमेटोरियम के लगभग आठ किलोमीटर तक शहीद अनुज नैय्यर की अंतिम यात्रा में जिसमें विश्वविद्यालय के छात्र, सेना अधिकारी, वरिष्ठ नागरिक और आम लोग शामिल हुए थे; एक क्षण भी ऐसा नहीं था जब नारे बंद हुए हों। भीड़ में 17 जाट के कुछ सैनिक और अधिकारी भी थे और वो अपनी रेजिमेंट की रणहुंकार लगा रहे थे: 'जाट बलवान, जय भगवान।' जब रणहुंकार को पूरा करने के लिए थोड़ी सी आवाज़ें ही उठीं, तो प्रो. नैय्यर ने उसमें अपनी आवाज़ मिला दी और कुछ ही देर में अन्य लोग भी उसमें शामिल हो गए। यही वो आदर्श वाक्य था जिसके द्वारा कैप्टन अनुज नैय्यर ने महानता हासिल

की थी, यही वो आदर्श वाक्य था जिसके लिए उन्होंने अपने जीवन के अंतिम दिन समर्पित कर दिए थे।

कैप्टन अनुज नैय्यर महज़ ऐसे सैनिक नहीं थे जो युद्ध के मैदान पर मारे गए थे। वो भारतीय लोगों का प्रतीक थे। अनुज केवल तेईस वर्ष के थे; क़ाफ़िले में कई पुरुषों और महिलाओं, सैनिकों और अधिकारियों के बेटे उनसे बड़े थे, जबकि कुछ उनकी ही उम्र के थे। जब तक सेना का ट्रक श्मशान घाट पर पहुंचा, तब तक उसके पीछे हज़ारों की भीड़ जमा हो चुकी थी।

भारतीय सेना द्वारा अंतिम संस्कार पूरे सैन्य सम्मान के साथ सैनिकों के एक समूह द्वारा बजाए गए 'लास्ट पोस्ट' बिगुल कॉल और कैप्टन अनुज नैय्यर के लिए गार्ड ऑफ़ ऑनर के साथ शुरू हुआ। करण ने चिता को अग्नि दी। बरार स्क्वेयर श्मशान घाट में दिवंगत कैप्टन का अंतिम संस्कार करने से पहले, करण यह सुनिश्चित करना चाहते थे कि उनके भाई जीवित नहीं तो कम से कम पूरे शरीर के साथ वापस आए हों। उन्होंने अनुज के हाथ-पैरों को एक छोर से दूसरे छोर तक छूकर महसूस किया।

जब नैय्यर परिवार ने अनुज की अस्थियां एकत्र कीं, तो यह स्पष्ट हो गया कि उनका अस्तित्व एक विलक्षणता में सिमट गया है। अनुज के परिवार की आकांक्षाएं, दिनचर्याएं और विचार भले ही भिन्न रहे हों, लेकिन अब उनका जीवन अनुज की छवि और उनके सम्मान के इर्द-गिर्द घूमने वाला था।

मानी कहती हैं, 'एक पल को हम भूल ही गए थे कि उसके बलिदान का मोल उसके परिवार को हुई क्षति से अलग है। मां-बाप के लिए इसे महसूस करना कठिन है। अनुज ने अपना जीवन उस अवधारणा के लिए क़ुर्बान किया था जो उसे लगता था कि हम सबसे बड़ी है, उसकी अपनी ज़िंदगी से भी बड़ी है। वो वहां इस उम्मीद के साथ गया था कि हम उसके फ़ैसलों, उसकी प्रेरणा और उसके बलिदान को समझेंगे और स्वीकार करेंगे।'

दाह संस्कार के चौथे दिन बीई ब्लॉक सेंट्रल पार्क में एक प्रार्थना सभा का आयोजन किया गया। टेंट लगाए गए और पानी की व्यवस्था की गई। जुलाई की चिलचिलाती गर्मी में, भीड़ में से स्वयंसेवक आगंतुकों के निरंतर प्रवाह को संभाल रहे थे। जबकि अनुज के माता-पिता शोक में थे, यह सहृदय नागरिकों का एक आत्म-सेवी समागम था, जो हर संभव रूप में उनकी सेवा करके उनके साथ शोक मना रहे थे।

माता-पिता को यह नहीं पता था कि टेंट किसने लगाया था या पानी, बैरिकेड, जनरेटर और पंखों की व्यवस्था किसने की थी। प्रार्थना सभा के बाद प्रो. नैय्यर इन सेवाओं के भुगतान के लिए स्थानीय दुकानों पर गए, लेकिन हर चीज़ का पहले ही भुगतान किया जा चुका था। अंतिम संस्कार के दसवें दिन अनुज की अस्थियां हरिद्वार

में गंगा में विसर्जित की गईं; पुजारियों ने संस्कार के लिए पैसे लेने से इंकार कर दिया। उन्होंने कहा कि प्राचीन काल में योद्धाओं को सर्वोच्च सम्मान दिया जाता था। उनका अंतिम संस्कार उच्च पुरोहितों द्वारा किया जाता था। कारगिल में अपने प्राण न्यौछावर करने वाले योद्धा को भी सर्वोच्च सम्मान देना उनके लिए सम्मान की बात थी। 'उन्होंने भगवद् गीता का हवाला देते हुए यह भी कहा कि अनुज जैसी आत्माएं बिना किसी पंडित के स्वर्ग जाती हैं,' मानी हल्की सी मुस्कान के साथ याद करती हैं।

बाद में, पत्रकार इंटरव्यू लेने नैय्यर परिवार से मिलने आने लगे और शोकसंतप्त परिवार को सांत्वना देने के लिए नेता आने लगे। प्रो. नैय्यर और मानी इस नुकसान से इतने बिखर गए थे कि दोनों ने ख़ुद को अपने घर में क़ैद कर लिया। करण वापस इंजीनियरिंग परीक्षा की तैयारी में लग गए। प्रो. नैय्यर कभी-कभी अपने घर की दीवारों से बचने के लिए बाहर निकल जाते थे जो अनुज की हंसी से गूंजती थीं। वो टहलते हुए पार्क के पास से निकलते, अनुज के स्कूल जाते और घंटों बाद घर लौटते थे। वो अनुज की मां के पास भी बैठते जो अभी भी अनुज के नन्हे शिशु क़दमों को घर में हर कहीं महसूस कर सकती थीं। उनके दुख हालांकि अनुज के लिए उनके प्यार से जुड़े थे, लेकिन भिन्न थे। एक ने एक यार, एक विश्वासपात्र, एक जिगरी दोस्त को खोया था जबकि दूसरी ने अपने एक हिस्से को, अपने वजूद के मायने को ही खो दिया था।

कुछ दिन बाद अनुज के माता-पिता को महा वीर चक्र के लिए स्वीकृति-पत्र मिला। उनके द्वारा की गई सेवा के लिए भारतीय सरकार का कोई भी पुरस्कार या सैन्य सम्मान छोटा ही था।

परिवार के पास बहुत सी चिट्ठियां आईं, जिनमें से अधिकांश में संवेदना व्यक्त की गई थी जबकि कुछ में अनुज के जीवन की प्रशंसा की गई थी। उनमें से कुछ ने ऐसी कहानियां भी साझा कीं जिनके बारे में नैय्यर परिवार के लोग नहीं जानते थे और वो अनुज के दोस्तों और सहकर्मियों के प्यार की बरसात से अभिभूत हो गए। 17 जाट के सूबेदार वीरेंदर सिंह उस लीडर को याद करते हैं, 'जिसने हमें वो सब कुछ दिया जिससे उस रात जीत सुनिश्चित हुई। उन्होंने अपनी राइफ़ल दी, वो हमारी सुरक्षा सुनिश्चित करने के लिए हमसे आगे चले, उन्होंने अग्रिम पंक्ति में लड़ाई लड़ी, उन ज़िम्मेदारियों को संभाला जो उन्हें सौंपी भी नहीं गई थीं लेकिन जो केवल एक महान ऑफ़िसर के योग्य थीं। अपनी आख़री सांस के साथ उन्होंने हमें अपनी जान और चोटी दे दी।'

11 अप्रैल 2000 को, प्रो. एस.के. नैय्यर ने अपने बेटे कैप्टन अनुज नैय्यर की ओर से महा वीर चक्र प्राप्त किया। मानी और करण उनके साथ राष्ट्रपति भवन गए थे जहां अन्य युद्ध नायकों के परिवार भी मौजूद थे। 'अमानवीय और अनावश्यक

युद्ध में अपने बच्चे को खोने वाले परिवारों को देखना एक अभिभूत कर देने वाला अनुभव था। मेरा बेटा अनुज और कई अन्य युवक उस दिन वो सम्मान प्राप्त करने के लिए ख़ुद उस हॉल में हो सकते थे जिसके वो सही हक़दार थे। मैं जितने समय वहां रही, कुछ बोल नहीं सकी। वहां तीसरी पीढ़ी के सैनिकों और दूसरी पीढ़ी के युद्ध नायकों की मांएं थीं। विधवाएं थीं, कुछ तो बीस-पच्चीस साल की ही थीं। दीवारों से ज़्यादा सफ़ेदी दीवारों के बाहर थी।'

युद्ध नायकों ग्रेनेडियर योगेंद्र सिंह यादव (18 ग्रेनेडियर्स), कैप्टन मनोज कुमार पांडे (1/11 गोरखा राइफ़ल्स), कैप्टन विक्रम बत्रा (13 जम्मू एंड कश्मीर राइफ़ल्स) और राइफ़लमैन संजय कुमार (13 जम्मू एंड कश्मीर राइफल्स) को परमवीर चक्र पुरस्कारों से सम्मानित किए जाने के बाद अनुज के पिता को मंच पर बुलाया गया। वो हॉल के केंद्र तक गए और उनके बेटे के लिए युद्ध प्रशस्ति पत्र पढ़ा गया।

इसके बाद प्रो. नैय्यर को राष्ट्रपति के.आर. नारायणन के पास जाकर पदक प्राप्त करना था। यह सुनकर कि उनके बेटे ने कैसे अपनी जान दी थी, वो ठिठक से गए। उनके बेटे का दिव्य रुपांतरण हुआ था—वो अब एक कहानी, एक किंवदंती था। और अपने पिता के लिए, एक स्मृति। राष्ट्रीय रक्षा अकादमी में भारतीय युद्धों में शहीदों के सम्मान बोर्ड पर मौजूद उन बहादुर नामों में अब एक नैय्यर भी था।

जब प्रो. नैय्यर मंच पर पहुंचे और राष्ट्रपति ने उन्हें पदक दिया, तो उन्होंने उस भार को महसूस किया जो अनुज उनके लिए छोड़ गए थे। उन्हें वो पदक अपने हाथ में भारी लग रहा था, लेकिन वो उसे उठा सकते थे क्योंकि उन्हें अपने बेटे के कर्म से शक्ति मिल गई थी। अब से, उन्हें कारगिल युद्ध के हीरो और महा वीर चक्र हासिल करने वाले शहीद कैप्टन अनुज नैय्यर के पिता के रूप में जाना जाएगा।

5

दूसरी जंग

अनुज के बाद अगले पंद्रह साल तक, परिवार ने उनकी यादों को बंद करने का फ़ैसला किया हुआ था। मानी और पॉपिन ने उनकी किताबें, फ़ाइलें, सर्टिफिकेट्स, फ़ोटो, मेडल्स और प्रतीक चिह्न अलमारी और फ़ोल्डरों में बड़े सलीक़े से रख दिए थे। उनकी किसी भी चीज़ के सामने पड़ने पर उनकी अनुपस्थिति की याद आ जाना बहुत दर्दनाक था। इस किताब की पहली बार कल्पना किए जाने पर ही परिवार ने उनकी सारी चीज़ों को खोला।

अनुज के माता-पिता और भाई घर की चारदीवारी के अंदर एक शांत, एकाकी जीवन बिता रहे थे। प्रो. नैय्यर ने उस कंसल्टिंग फ़र्म में जाना बंद कर दिया था जिसका उद्घाटन अनुज ने उनके साथ किया था। कश्मीर घाटी में तैनाती के दौरान युवा ऑफिसर ने अपने पिता को नई चीज़ें आज़माने को प्रोत्साहित किया था। कंसल्टिंग फ़र्म (CGT) एक ऐसा ही उद्यम था। मानी की भूख ख़त्म हो गई थी और वो घंटों ख़ामोश अकेले बैठी रहती थीं। उन्होंने फ़ोन कॉल उठाना या आने वालों का स्वागत करना बंद कर दिया था। कभी-कभी नैय्यर परिवार शाम को पार्क में टहलने के लिए निकल जाता था।

मानी पार्क की बेंचों या अपनी लाइब्रेरी के ऑफ़िस में ख़ामोश बैठकर घंटों बिता देती थीं। वो अस्थायी सजीवता की स्थिति में थीं, और अनुज के साथ बीते अपने समय की यादों में खोई रहती थीं। पड़ोसी, आसपास खड़े लोग और लाइब्रेरी में उनके सहयोगी अक्सर उन्हें ख़्यालों में खोए देखते और उनसे बात करते। और उन्हें तसल्ली देने की कोशिश में वो अनुज के ही बारे में बात करने

लगते। ऐसे अवसरों पर प्रो. नैय्यर, करण और उनके रिश्तेदार उनका सहारा बनते और उनके दर्द को दूर करने की कोशिश करते।

मानी अक्सर सोच में पड़ जाती थीं कि अनुज ने ख़ाली पेट अपने आख़री मिशन को कैसे अंजाम दिया होगा। वो चोटियों पर जाने से पहले कुछ खाना चाहते थे, और उनके पास बस कुछ बिस्कुट और फ्रोज़न पूरियां थीं। अनुज का भरपेट खाना खाए बिना चले जाना एक ऐसी चीज़ थी, जिसे उनकी मां स्वीकार नहीं कर पाती थीं। तब से, वो हमेशा इस बात का पूरा ध्यान रखती हैं कि नैय्यर आवास पर कोई भी आए, तो उसे अच्छी तरह से खाना खिलाए बिना न जाने दिया जाए।

अपना ध्यान भटकाने के लिए मानी के पास काम था और करण के पास कॉलेज, लेकिन पॉपिन अभी भी ख़ुद को व्यस्त रखने के तरीक़े खोजने की कोशिश में लगे हुए थे। उन्होंने कंसल्टेंसी ऑफिस जाना बिल्कुल बंद कर दिया था, इसलिए मानी ने फ़ैसला किया कि अब दखल देने का समय आ गया है। उन्होंने जानबूझकर कंप्यूटर उनके ऑफ़िस में रखवा दिया। उन्हें लगने लगा था कि पॉपिन को एक बदलाव की ज़रूरत है। उन्हीं दिनों में प्रो. नैय्यर ने इंटरनेशनल फाइनेंशियल मैनेजमेंट पर कुछ किताबें लिखीं, और उन सभी को अपने बेटे को समर्पित किया। उन्होंने इस दौरान अनुज के लिए कुछ कविताएं भी लिखीं।

नैय्यर परिवार के पास शोक संदेशों और फ़ोन कॉल्स की बाढ़ सी आई रहती थी। मानी ने विशेष रूप से सेना के अफ़सरों और मीडिया के फ़ोन सुनना बंद कर दिया था। अनुज की मृत्यु के कुछ ही समय बाद, एक सुबह उनके फ़ोन की घंटी बजी। उन्होंने फ़ोन अपने पति को दे दिया। 'कॉल करने वाले से बात करते हुए उनकी आवाज़ में एक अजीब सी उदासी थी,' वो याद करती हैं। कुछ देर ख़ामोश रहने के बाद, स्पष्ट रूप से भावुक दिख रहे पिता ने कहा कि वह बैग जो परिवार ने अनुज के लिए पैक किया था वो सैन्य बेस पर पहुंचा था और यूनिट निर्देश का इंतज़ार कर रही थी कि पार्सल का क्या किया जाए। प्रो. नैय्यर ने निर्देश दिया कि मानी ने अपने सैनिक बेटे के लिए जो मिठाई और अचार बनाए थे, वो उसके उन साथियों में बांट दिए जाएं जो अभी भी कश्मीर में तैनात हैं। परिवार जानता था कि अनुज को अपनी प्लाटून को उन चीज़ों का स्वाद लेते देखकर ख़ुशी होती।

आने वाले दिनों में दो सैनिक अनुज का संदूक़ परिवार को सौंप गए। अनुज का ज़्यादातर सामान सीधे युद्ध के मोर्चे पर दुश्मन के साथ हुए उनके टकराव के चिह्नों के साथ आया था। इसमें उनके मिट्टी से सने बूट, वर्दी, वॉलेट और उनकी

सगाई की अंगूठी थी जिसे ब्रिगेडियर बावा ने सुरक्षित रखा हुआ था। 'हमें वो निशानियां मिल रही थीं जिनके ज़रिए हमें उसे हमेशा याद रखना था।' संदूक़ में अनुज के वो ख़त भी थे, जो उन्होंने पोस्ट नहीं किये थे साथ ही कुछ डायरीज, नोटबुक्स, पानी की बोतल और किताबों जैसी निजी चीज़ें भी शामिल थीं। 'मैं अनुज को उस दरवाज़े के पास बैठा देख सकती थी, जहां फ़ौजियों ने संदूक़ रखा था। लेकिन एक मां या बाप उस व्यक्ति से क्या कहे जो उसके मृत बच्चे का सामान लेकर उसके पास आया है?' मां हसरत के साथ पूछती हैं।

मानी अपने विचारों में गुम हो गई थीं, इसलिए उनके पीछे खड़े प्रोफ़ेसर ने सेना के जवानों को अंदर आने के लिए कहा। जब वो अंदर आए, तो मानी को लगा जैसे अनुज उनके पास लौट आए हैं। उन्हें घर में अनुज की मौजूदगी का अहसास होने लगा, जैसे उनकी ज़िंदगी ने एक सर्कल पूरा कर लिया हो। अनुज वहीं वापस लौट आए थे जहां से इस सबकी शुरुआत हुई थी। सेना के अफ़सर से एनडीए कैडेट और फिर वापस अपने बचपन के दिनों में जब वो पैरों में नज़रिए पहने घर में घूमते थे।

प्रो. नैय्यर के लिए यह उनके सबसे बुरे सपने का दिन था। एक बार जब अनुज महू से मिड-टर्म छुट्टी पर घर आए थे और उनका बैग दिल्ली वापस लाना था क्योंकि वो पीलिया के इलाज के लिए रुक गए थे, तो प्रोफ़ेसर बिना फ़ौजी के फ़ौजी का बैग घर लाने में हिचकिचा रहे थे। वो जानते थे कि फ़ौजियों के परिवारों के लिए इसका क्या मतलब होता है। और उनके साथ वही हो गया था। उनके बेटे का संदूक़ उनके बेटे के बिना लौटा था और वो इस बारे में कुछ नहीं कर सकते थे।

आने वाले दिनों में, नैय्यर परिवार को दिल्ली के आर्मी बेस अस्पताल में स्वास्थ्यलाभ ले रहे सैनिकों की संगति में तसल्ली मिली। वो उन्हें देखने जाते और उनके लिए मिठाइयां और उपहार ले जाते। मानी ने फिर से लाइब्रेरी में काम शुरू कर दिया। मानी, पॉपिन और करण ने अनुज का शोक मनाने और उसको खोने के दुख से निपटने के अपने-अपने तरीक़े खोज लिए थे। शाम को तीनों घर में एक-दूसरे के घाव भरने के लिए साथ आ जाते। उनमें से कोई भी अनुज की यादों के साथ घर पर अकेले नहीं रहना चाहता था—इसलिए उन्होंने अपने-अपने टाइम टेबल उसी के अनुसार एडजस्ट कर लिए थे। शायद इसी चीज़ ने उन्हें संभाले रखा।

मानी कारगिल से बचाकर लाए गए सैनिकों से मिलने के लिए समय निकालती थीं। उनमें से कुछ उनके बेटे की यूनिट से ही थे। अगले दो वर्ष तक

वो अनुज से मिलने और उनके साथ काम करने वाले सैनिकों की प्रशंसा के शब्दों और कहानियों में सुकून पाती रहीं। अन्य शोकाकुल परिवारों की ख़ामोशी भी किसी वीरता पुरस्कार या मुआवज़े से ज़्यादा सुकून देने वाली होती थी।

नैय्यर परिवार से मिलने वालों में अनुज के क़रीबी दोस्त कर्नल परेश गुप्ता भी शामिल थे। 'मैं उस समय देहरादून में तैनात था और मेरी कंपनी कारगिल में तैनाती के लिए निर्देशों का इंतज़ार कर रही थी। एक दिन मुझे अनुज को महावीर चक्र के लिए नॉमिनेट किए जाने की ख़बर मिली,' वो कहते हैं।

उन्होंने इस ख़बर पर बात करने के लिए टिम्मी को कॉल करने का फ़ैसला किया। 'लेकिन जैसे ही मैंने उनकी आवाज़ सुनी, मुझे समझ आ गया कि मैं उन्हें सांत्वना देने के लिए कुछ नहीं कह सकता। मैं कुछ देर हकलाता रहा और फिर मैं फूट पड़ा। उन्होंने मुझे सांत्वना दी,' कर्नल गुप्ता उनके साहस की तुलना अनुज द्वारा दिखाए गए साहस से करते हैं।

नवंबर 1999 में, कर्नल गुप्ता अपनी अगली पोस्टिंग से पहले एक लैंग्वेज कोर्स के लिए दिल्ली आए। टिम्मी के सुझाव पर वो अनुज के माता-पिता से मिलने गए। यह उनकी पहली मुलाक़ात नहीं थी। नैय्यर दंपती अपने बेटे के अकादमी के दिनों में उनसे कई बार मिले थे। 'मैं प्रो. नैय्यर से जो कुछ कहना चाहता था, वो मेरे होठों पर आया ही नहीं। मैं बस उनके सामने चुपचाप खड़ा रहा,' कर्नल गुप्ता कहते हैं। कुछ पल की ख़ामोशी के बाद, वो आख़िरकार किसी तरह इतना बुदबुदा सके, 'अंकल, मुझे सही शब्द नहीं मिल रहे हैं... मुझे अफ़सोस है।'

'तुम्हें कुछ कहने की ज़रूरत नहीं है। बस मेरे पास बैठ जाओ,' प्रोफ़ेसर ने जवाब दिया। 'तुम यहां हो, तो ऐसा लग रहा है कि अनुज यहां है,' उन्होंने आगे कहा।

उस मुलाक़ात के बाद, कर्नल गुप्ता ने नैय्यर दंपती से ज़्यादा से ज़्यादा, विशेष रूप से शनिवारों को, मिलने का नियम बना लिया। वो परिवार के साथ खाना खाते, प्रो. नैय्यर के साथ बिज़नेस पर बातचीत करते और यहां तक कि उनके साथ पड़ोस के पार्क में टहलने भी जाते। कभी-कभी टिम्मी भी उनके साथ होती थीं।

कर्नल गुप्ता कहते हैं कि उन दिनों मानी बहुत ज़्यादा नहीं बोलती थीं। वो या तो एक कोने में ख़ामोश बैठी रहतीं या फिर अपने रोज़मर्रा के कामों में लगी रहतीं। करण के दर्द का अंदाज़ा कम लग पाता था। अपनी मां के दुख, और

ज़िंदगी को वापस पटरी पर लाने की अपने पिता की साहसी कोशिशों के बीच, उनके पास अपने नुकसान के बारे में सोचने का समय नहीं था। उनकी ज़िंदगी पर भी भारी चोट पड़ी थी। वो सबसे ज़्यादा अपने पिता को लेकर परेशान थे जो उन्हें या किसी को भी अपने दुख के बारे में ज़्यादा कुछ नहीं बताते थे। यह प्रोफ़ेसर का तरीक़ा था ताकि करण अपने कैरियर पर फ़ोकस बनाए रखें। लेकिन वो अपने पिता के केवल सपनों को नहीं उनके दर्द को भी बांटना चाहते थे।

मार्च 2000 में, नैय्यर परिवार को गृह मंत्रालय से एक चिट्ठी मिली। उसमें लिखा था कि शहीद सैनिकों के माता-पिता को 'मुआवज़ा' दिया जा रहा है। कारगिल युद्ध के वीरों के परिवारों को राष्ट्र की सेवा के बदले में एक फ़िलिंग स्टेशन आवंटित किया जा रहा था।

मानी का कहना है कि वो चिट्ठी एक सदमे की तरह थी। 'प्रो. नैय्यर, करण और टिम्मी की मदद से मैंने सामान्य जीवन में वापस आना शुरू ही किया था। और वो अचानक एक ऐसी चीज़ लेकर आ गए जिसने मुझे मेरे शांत मन में कोहराम मचा दिया,' वो कहती हैं। प्रो. नैय्यर भी इस योजना पर सरकार के रुख़ से नाख़ुश थे। अनुज जा चुके थे और इस क्षति की भरपाई नक़द या वस्तु के रूप में कोई चीज़ नहीं कर सकती थी।

वैसे भी, परिवार को ऐसी कोई चीज़ नहीं चाहिए थी जिसे वो संभालने या चलाने को तैयार नहीं थे। लेकिन वो उस फ़िलिंग स्टेशन को बेचना भी नहीं चाहते थे जो सरकार उन्हें दे रही थी।

परिवार ने उस चिट्ठी को नज़रअंदाज़ करने का फ़ैसला किया और अपनी रोजमर्रा की लाइफ में व्यस्त हो गए। मानी लाइब्रेरी वापस आ गई थीं, करण ने अपनी पढ़ाई फिर से शुरू कर दी और पॉपिन अनुज के लिए कविताएं लिखने और अपनी कंसल्टिंग फ़र्म को संभालने लगे। बचपन में अनुज को अपने पिता का पड़ोस में आवारा कुत्तों को खाना खिलाना बहुत पसंद था। इसलिए उन्होंने यह काम फिर से शुरू कर दिया।

गुरुद्वारा बंगला साहिब ने महा वीर शहीद कैप्टन अनुज नैय्यर के बलिदान के सम्मान में उन्हें एक तलवार भेंट की और उनके लिए प्रार्थना सभा आयोजित की। प्रो. नैय्यर ने गुरुद्वारा बोर्ड से तलवार प्राप्त की। तलवार को हाथ में लेते ही वो जान गए कि उसमें कुछ दिव्य है। गुरु ग्रंथ साहिब के शाही तख़्त के सामने सरोवर के पास खड़े होकर उन्होंने तलवार को उठाया। जब उन्होंने ख़ामोशी के साथ अपने बेटे को प्रणाम करने के लिए अपनी आंखें बंद कीं, तो पृष्ठभूमि में ये नारे और भी ज़ोर से गूंजने लगे: 'अमर रहे... अमर रहे... अनुज नैय्यर अमर रहे।'

तलवार अभी भी उनके घर में कार्निस पर उनके पिता के बग़ल में रखी है।

प्रो. नैय्यर अनुज की शारीरिक अनुपस्थिति से टूट जाने के बजाय उन्हें जीवित रखने में विश्वास रखते थे। वो अक्सर दीवार पर लगी अपने बेटे की तस्वीरों से बातें करते थे। 'मैं जानता हूं कि अनुज किसी और से ज़्यादा अपने पिता के क़रीब थे। अकादमी में वो फ़ोन पर या तो उनसे बातें करते रहते या फिर अपनी मंगेतर से। कई बार वो टेलीफ़ोन लाइन को घंटों ब्लॉक किए रहते थे,' कर्नल परेश हंसते हुए कहते हैं।

जब टिम्मी के पिता नैय्यर आवास पर आए, तो फ़िलिंग स्टेशन का मुद्दा एक बार फिर उठा। 'आप ऐसे सम्मान को क्यों छोड़ देना चाहते हैं?' उन्होंने पूछा, माता-पिता चुप रहे। हालांकि टिम्मी के पिता ने नैय्यर दंपती को समझाने की कोशिश तो की, लेकिन उन्हें पता था कि वो लोग जानते हैं कि अनुज के बाद ज़िंदगी जीने के लिए उन्हें किस चीज़ की ज़रूरत है और किस चीज़ की नहीं है।

प्रो. नैय्यर ने कहा, 'मेरे परिवार को इसकी ज़रूरत सिर्फ़ इसलिए नहीं है कि हम सैनिकों की जान के बदले भुगतान में विश्वास नहीं करते,' प्रो. नैय्यर ने कहा। 'कई युद्ध नायकों और अधिकारियों के परिवार हैं जिन्हें हमसे ज़्यादा इसकी ज़रूरत हो सकती है,' उन्होंने समझाया।

टिम्मी के पिता ने जवाब दिया, 'मैं बस इतना स्पष्ट करना चाहता हूं कि ये फ़िलिंग स्टेशन आपको नहीं दिया जा रहा है। बल्कि अनुज के अंतिम बलिदान के लिए उसे दिया जा रहा है। आप तो बस उसकी संपत्ति के केयरटेकर्स होंगे।'

यह सोच प्रो. नैय्यर को प्रभावित कर गई। वो इस प्रस्ताव को स्वीकार कर सकते थे क्योंकि यह अनुज की संपत्ति होने वाली थी, जिसके वो महज़ केयरटेकर थे। फ़ैसला ले लिया गया। अब कारगिल हाइट्स फ़िलिंग स्टेशन कैप्टन अनुज नैय्यर, महावीर चक्र की विरासत में एक नया अध्याय बनने जा रहा था।

काले बादलों के बीच धूप

अनुज की मौत ने प्रो. नैय्यर के साथ वो कर दिया था जो उम्र नहीं कर पाई थी। इस क्षति ने उन्हें धीमा कर दिया। वो कम खाते, लोगों से बात करने से बचते और अपना दुख किसी के साथ नहीं बांटते थे। 'मैं नहीं जानता था कि दुख डरावना हो सकता है,' करण कहते हैं, 'लेकिन उनका था।'

फ़िलिंग स्टेशन ने उस पिता को वापस ला दिया था जिसे करण देखना चाहते थे। प्रो. नैय्यर को ज़िंदगी में एक मक़सद मिल गया था। यह अनुज को वापस लाने जैसा था—उन्हें फिर से जन्म देने और पालने जैसा था।

जो चीज़ दुख को तकलीफ़देह अवसाद में बदलने से रोकती है, वो है दिनचर्या। इसलिए नैय्यर परिवार रोज़मर्रा के कामों में व्यस्त हो गया और एक निर्धारित रुटीन का पालन करने लगा। प्रो. नैय्यर सवेरे जल्दी घर से निकल जाते। मानी सुबह 10 बजे लाइब्रेरी के लिए निकल जातीं। करण जामिया हमदर्द यूनिवर्सिटी से स्नातक की पढ़ाई कर रहे थे, वो तब तक कॉलेज में रुके रहते जब तक उनके माता-पिता के घर लौटने का समय नहीं हो जाता।

प्रो. नैय्यर फ़िलिंग स्टेशन पर एक सजग मैनेजर थे। उन्हें जल्दी पहुंचना, परिसर की सफ़ाई करना और ग्राहकों के साथ बातचीत करना पसंद था। इंडियन ऑयल के अधिकारी अक्सर एक घटना को याद करते हैं कि एक बार प्रो. नैय्यर ने एक ग्राहक द्वारा स्टेशन परिसर में थूकने के बाद जाने की कोशिश करने पर उससे फ़र्श साफ़ करवाया था। उन्होंने पानी की एक बाल्टी मंगवाई और कहा, 'यह आपके सैनिक का फ़िलिंग स्टेशन है और इसका इस तरह अपमान नहीं किया जा सकता।'

उन दिनों, कम ही फ़िलिंग स्टेशन में पीने का पानी उपलब्ध होता था। मानी याद करती हैं कि अनुज ने उन्हें बताया था कि सैनिकों को लंबे समय तक बिना पानी के रहने का प्रशिक्षण दिया जाता है, लेकिन उन्हें इस बात से दुख होता था कि भारतीय सड़कों पर ऐसे स्थान बहुत कम हैं जहां रेहड़ी वालों और रिक्शा वालों को पीने का साफ़ पानी मिल सके। प्रो. नैय्यर ने स्टेशन पर एक कमर्शियल वॉटर कूलर लगवाया जिसके बाद कई स्थानीय लोगों को अपने कैन और बोतलें लिए हर रोज़ क़तार में खड़े देखना आम बात हो गई थी।

फ़िलिंग स्टेशन को चालू हुए लगभग एक साल हो गया था, लेकिन सरकारी अधिकारियों द्वारा उत्पीड़न और लगातार टकराव जारी था। और तब प्रो. नैय्यर ने सोचना शुरू कर दिया कि रिश्वत और लालफ़ीताशाही की निरंतर मांगों के ख़िलाफ़ इस 'युद्ध' को जीतने के लिए असाधारण उपायों की आवश्यकता पड़ेगी।

26 जुलाई 2001 को प्रो. नैय्यर को प्रधानमंत्री अटल बिहारी वाजपेयी और गृहमंत्री एल.के. आडवाणी द्वारा कारगिल में भारत की जीत की दूसरी वर्षगांठ मनाने के लिए दिल्ली के अशोक होटल में आमंत्रित किया गया था।

प्रो. नैय्यर ने शीर्ष कैबिनेट मंत्रियों से मिलकर बात करने और फ़िलिंग स्टेशन चलाने के अपने कष्टकारी अनुभव को साझा करने की ख़ातिर कार्यक्रम

में भाग लेने का निर्णय लिया। भाषणों और चर्चाओं के जारी रहने पर, अनुज के पिता सहानुभूति के प्रदर्शन से उदास महसूस करने लगे।

कारगिल के शहीदों का बलिदान युद्धविराम के साथ ख़त्म नहीं हुआ था। उनके परिवार हर रोज़ मुसीबतें झेल रहे थे। आवंटित फ़िलिंग स्टेशन पर कब्ज़ा करने के लिए गुंडे-बदमाश बूढ़े परिजनों को धमका रहे थे। विधवाएं अभी भी अपनी पेंशन के इंतज़ार में थीं। लेकिन नेता और बाबू राष्ट्रीय सुरक्षा के नाम पर देश द्वारा गंवाई गई जानों का मज़ाक़ बनाना जारी रखे हुए थे।

प्रो. नैय्यर का ख़ून खौल रहा था। प्रधानमंत्री के भाषण के बाद जो तालियां बजीं वो उनके दिल को छेद रही थीं। वो जानते थे कि वाजपेयी का ध्यान अपनी ओर खींचने के लिए उन्हें तेज़ी से कुछ करना होगा, भले ही इसके लिए उन्हें अपनी सुरक्षा को जोखिम में डालना पड़े। जब प्रधानमंत्री दर्शकों के बीच से जा रहे थे, तो प्रो. नैय्यर अपनी सीट से खड़े हो गए। उन्होंने कारगिल के सभी वीरों के परिवारों के बेहतर भविष्य की दिशा में एक निर्णायक क़दम उठा लिया।

नतीजा नाटकीय रहा। प्रो. नैय्यर को कमांडोज़ ने पकड़ लिया और हथियारों के लिए उनकी तलाशी ली, जबकि एक टीवी समाचार चैनल का रिपोर्टर साउंड बाइट के लिए उनकी ओर दौड़ा। आख़िर उन्होंने दो हृष्ट-पुष्ट गार्डों को धक्का दिया था ताकि उनकी बात वाजपेयी के कानों तक पहुंच सके। उन्होंने उग्र लहजे में प्रधानमंत्री को संबोधित किया: 'यह विजय दिवस जो आज आप मना रहे हैं, यह मेरे बेटे की जान की क़ीमत पर आया है। एक युद्ध मैं भी लड़ रहा हूं। जिस दिन मैं आपकी नौकरशाही के ख़िलाफ़ लड़ाई जीतूंगा, उस दिन मैं भी एक विजय दिवस मनाना चाहूंगा।'

वाजपेयी को तो हंगामे से दूर ले जाया गया, लेकिन गृहमंत्री पीड़ित पिता की बात सुनने के लिए रुक गए। उन्होंने तुरंत कमांडोज़ को पीछे हट जाने का आदेश दिया और प्रो. नैय्यर को आगे आने को कहा। उन्होंने एक गिलास पानी पेश किया और उनसे कहा कि वो अपनी शिकायतें बताएं। अगले कुछ मिनटों में प्रो. नैय्यर ने आडवाणी को बताया कि उनका परिवार किस मुसीबत से गुज़रा है। उन्होंने मंत्री से कहा कि वो नहीं चाहते कि कोई मां-बाप इस सदमे से गुज़रे।

आने वाले हफ़्तों में, गृह मंत्रालय के सीधे हस्तक्षेप के बाद फ़िलिंग स्टेशन को सरकार द्वारा अनुमोदित बिजली कनेक्शन मिल गया। गृहमंत्री के साथ बातचीत के नतीजे में उन सभी के आचरण की भी जांच हुई, जिन्होंने नैय्यर परिवार को परेशान किया था और खुले तौर पर रिश्वत मांगी थी।

परिवार भी उतनी ही बहादुरी से लड़ा था जितनी बहादुरी से वो सैनिक जिसे 1999 में उन्होंने कारगिल भेजा था । पहाड़ों में जीत के दो साल बाद, परिवार ने अपनी जंग भी जीत ली थी।

द्रास के टाइगर की विरासत

कैप्टन अनुज नैय्यर को कई तरह से याद किया जाता है। पिछले इक्कीस सालों में उनके मूल्यों का प्रतीकात्मक और भौतिक दोनों ही रूपों से स्मरण किया गया है। वर्ष 2000 में जनकपुरी में उनके उस घर की ओर जाने वाली सड़क, जहां अनुज पले-बढ़े थे, का नाम बदलकर शहीद कैप्टन अनुज नैय्यर मार्ग कर दिया गया। वही सड़क अब उस स्कूल की ओर जाती है जिसका नाम उनके सम्मान में शहीद कैप्टन अनुज नैय्यर सर्वोदय बाल विद्यालय रखा गया है। उनकी मां हर साल प्रत्येक कक्षा के टॉपर्स को स्कोलरशिप देती हैं।

आर्मी पब्लिक स्कूल, धौला कुआं ने भी उनकी याद को ज़िंदा रखा है। स्कूल की वार्षिक ट्रॉफ़ियां, जो पढ़ाई, खेलों और पाठ्येतर गतिविधियों में श्रेष्ठ प्रदर्शन करने वालों को दी जाती हैं, कैप्टन अनुज नैय्यर के नाम पर हैं। स्कूल में एक हीरोज़ गैलरी भी है जिसमें कारगिल 1999 में शहीद हुए सैनिकों की यादगारें हैं: कैप्टन अनुज नैय्यर, महावीर चक्र (1992), 17 जाट; कैप्टन संजीव दहिया (1991), 5 राजपूत; लेफ़्टिनेंट विजयंत थापर, वीर चक्र (1993), 2 राजस्थान राइफ़ल्स; लेफ़्टिनेंट अमित वर्मा (1993), 9 महार; मेजर विवेक गुप्ता, महावीर चक्र (1987), 2 राजस्थान राइफ़ल्स; कैप्टन आदित्य मिश्रा (1991), लद्दाख़ स्काउट्स।

स्कूल की शहीदों की गैलरी में उनके नाम का स्मारक बना दिया गया, और साउथ कैंपस, दिल्ली विश्वविद्यालय के रीडिंग हॉल का नाम उनके नाम पर रखा गया। दिल्ली विश्वविद्यालय ने आने वाले वर्षों में कैप्टन अनुज नैय्यर को श्रद्धांजलि देना जारी रखा है। इंफ़ॉर्मेटिक्स एंड कम्युनिकेशन की स्नातकोत्तर डिग्री में सर्वश्रेष्ठ प्रदर्शन करने वाले छात्रों को हर साल कैप्टन अनुज नैय्यर मेमोरियल गोल्ड मेडल दिया जाता है।

2003 में, कारगिल युद्ध और शहीद सैनिकों की कहानियों को सामने लाने के लिए जे.पी. दत्ता द्वारा निर्देशित एलओसी कारगिल नामक एक बॉलीवुड फ़िल्म रिलीज़ की गई। फ़िल्म में कैप्टन अनुज नैय्यर का किरदार सैफ़ अली ख़ान ने

निभाया था। उसी वर्ष बाद में, अश्विनी चौधरी ने एक हिंदी फिल्म धूप बनाई, जो फ़िलिंग स्टेशन को ठीक से चलाए रखने के लिए नैय्यर परिवार के संघर्ष पर आधारित थी। फ़िल्म में कैप्टन के पिता की भूमिका ओम पुरी ने निभाई थी।

पैदल सैनिकों ने युद्ध के बारे में अपने विवरणों द्वारा कैप्टन अनुज नैय्यर को फिल्म निर्माताओं, पत्रकारों और नागरिकों के लिए जीवित बनाए रखा। 17 जाट के सिपाही तेजबीर सिंह ने अपने नवजात बेटे का नाम अनुज के नाम पर रखा, जिनके साथ उन्होंने कारगिल में टोही मुहिमों में भाग लिया था। 1999 में अपने जन्मदिन पर अनुज को खोने के बाद ब्रिगेडियर अनिल शर्मा के लिए उनका जन्मदिन एक विषादपूर्ण अवसर बन गया।

नागरिकों ने भी कैप्टन अनुज नैय्यर की कहानी को नई पीढ़ियों के लिए जीवित रखने में कोई कसर नहीं छोड़ी।

उनके जीवन और बाद के जीवन ने उनके परिवार और प्रियजनों को कई ख़ूबसूरत रिश्ते दिए हैं। छात्रों, बाइकिंग समूहों, पत्रकारों, कलाकारों, फिल्म-निर्माताओं, सेना के उम्मीदवारों, नागरिक समूहों और व्यक्तिगत रूप से लोगों ने अनुज की यादों में बार-बार नए आयाम जोड़े हैं।

एक नैतिक बाइकिंग संस्कृति को विकसित करने और भारतीय सशस्त्र बलों और शहीद सैनिकों को श्रद्धांजलि देने के मिशन के तहत बाइकर्स के एक समूह, राष्ट्रीय राइडर्स की अनुज के जीवन को मुख्यधारा के संज्ञान में लाने में महत्वपूर्ण भूमिका रही है।

ब्रेव मार्टर फ़ाउंडेशन और इसके अध्यक्ष सैयद अलग़ाज़ी; देश फ़ाउंडेशन और इसके संस्थापक अनसूया मित्रा और अद्रिजा सेन के साथ ही विकास मन्हास और बैसाखी; और विवेकानंद सोसाइटी ऑफ़ ऑस्ट्रेलिया के सदस्यों ने विभिन्न स्मारक समारोहों, साक्षात्कारों और कार्यक्रमों के समन्वय में उल्लेखनीय भूमिका निभाई है।

सोशल मीडिया पर हज़ारों फॉलोअर जो अपने समय का योगदान देते रहते हैं, अनुज और उनके जैसे अन्य सैनिकों के बारे में बात करते हैं और दूसरे लोगों को उनकी कहानी पढ़ने के लिए प्रोत्साहित करते हैं, इस देश के गुमनाम हीरो हैं।

वही असली कारण हैं कि अमर सैनिक की लौ नहीं बुझती है।

एक पिता की अपने बेटे के लिए कविताः

मेरे बेटे, द्रास के टाइगर,
रहते हो तुम हमारे दिल में,
तुम्हारी मुस्कान हमेशा की तरह ताज़ा है।

तुम्हारी वीरता और दृढ़ संकल्प की गाथा
हमेशा याद रखी जाएगी
जाटों के दिलों और सेना के इतिहास में।

तुम प्रेरणा की किरण हो।
तुमने हमें सिखाया कि कैसे प्यार करें और
कैसे याद करें।

याद रखेंगे हम जो तुमने हमें दिया,
याद रखेंगे हम नुकसान को,
उन वर्षों को जो साथ बिताने थे और
उन वर्षों को जो तुम्हारा भाई चूक गया।

याद रखेंगे हम
गहरे दुख और गर्व को, और
उस इतिहास को जो तुमने बनाया है
आने वाली पीढ़ियों के लिए।

उपसंहार

2018 तक, कैप्टन अनुज नैय्यर की यादें उनके परिवार के सुरक्षित घेरे में थीं। उनकी मां ने उनके सामान को बांधकर रख दिया था और लगभग बीस वर्ष तक वो उन चीज़ों को देखने से भी इंकार करती रही थीं। उनके बक्से केवल तब खोले गए जब हिम्मत सिंह शेखावत और शिवादित्य मोदी उनके परिवार से मिलने पहुंचे। वो राष्ट्रीय राइडर्स नाम के एक समूह से थे; यह एक बाइकिंग समूह था जो 2018 की गर्मियों में कारगिल युद्ध के नायकों की यादों को खोज रहा था। तब तक वो कैप्टन सौरभ कालिया, कैप्टन विक्रम बत्रा, मेजर सुधीर वालिया, कैप्टन विजयंत थापर और कई अन्यों के परिवारों से मिल चुके थे। अनुज की कहानी प्रेरणादायक थी और हिम्मत, जो नैय्यर परिवार की विनम्रता से बेहद प्रभावित हुए थे, इसे दुनिया के सामने लाना चाहते थे। 'मैं उनके बारे में और जानना चाहता था। मैं सिर्फ़ उनकी चिट्ठियों तक ही सीमित नहीं रहना चाहता था,' हिम्मत कहते हैं।

हिम्मत और शिवादित्य ने करण से संपर्क स्थापित किया, जिन्होंने ख़ुद भी तब तक अनुज की यादों को अपने तक ही सीमित रखा था।

हिम्मत की हिम्मत ने मानी को पुरानी बातों को याद करने और अनुज के जीवन को फिर से जीने के लिए मना लिया। मानी वो सब कुछ जानती थीं जो अनुज थे और वो सब कुछ जो बन सकते थे; लेकिन यह बाक़ी दुनिया को भी जानना चाहिए था। घर का एक-एक कोना अनुज के बारे में एक अलग ही कहानी बयान करता था। ख़ामोश आंसुओं भरी अंतहीन रातों, अनुज के दोस्तों, सहपाठियों

और कारगिल में साथी योद्धाओं के साथ मुलाक़ातों से भरे दिनों, और प्रो. नैय्यर के अनुभवों को सुनने के बाद उन्होंने अनुज की ज़िंदगी को बुन ही लिया।

अनुज के बचपन के दोस्तों, स्कूल के सहपाठियों और परिवार के क़रीबी सदस्यों के साथ मुलाक़ातों के नतीजे में उनके निजी जीवन की कहानियां सामने आईं। सेना के उनके सहपाठियों ने एनडीए, आईएमए और वाईओ में अपने दिनों की कहानियां ख़ुशी-ख़ुशी साझा कीं। परिवार से दूर उनके पेशे और जीवन की महत्वपूर्ण जानकारियों के लिए 17 जाट के अधिकारियों और जवानों से भी इंटरव्यू लिए गए।

लेकिन कहीं कुछ अधूरा सा था; अभी भी अनुज और उनकी कहानी के बीच कहीं कोई गैप था। जमा की गई जानकारी उनके जीवन को समझने के लिए काफ़ी नहीं थी।

नैय्यर परिवार के उन लोगों के सामने अब एक जीवनीकार की दिलचस्पी थी, जिन्होंने तब तक अनुज के निजी सामान को देखने के बारे में नहीं सोचा था। मानी और करण जानते थे कि अगर प्रो. नैय्यर मौजूद होते तो बात भिन्न होती। जिस तरह वो अनुज को समझते थे, वो लोग नहीं समझते थे।

सेना के कुछ अधिकारियों के साथ बातचीत के बाद, हिम्मत और अन्य लोगों ने द्रास और मुशकोह के पहाड़ों में अनुज के छोटे लेकिन घटनापूर्ण जीवन को समझने का फ़ैसला किया, जहां वो पत्थर के बिस्तरों पर सोए थे, प्राकृतिक झरनों से पानी पिया था, साथी योद्धाओं के साथ तंबू लगाए थे और पिंपल कॉम्प्लेक्स पर हमले का नेतृत्व किया था।

अगला क़दम उस यूनिट को खोजना था जिसका वो युद्ध से पहले और युद्ध के दौरान हिस्सा रहे थे। पता चला कि उस यूनिट को उन चोटियों के नज़दीक तैनात किया गया था जहां अनुज ने 1999 में उन्हें छोड़ा था। तो संपर्क स्थापित किए गए, परमिशन ली गईं और यात्राओं का प्रबंध किया गया। विकास मन्हास (एक देशभक्त जिन्होंने शहीद सैनिकों के परिवारों की सेवा के लिए अपना जीवन समर्पित कर दिया है) और राहुल पठानिया के साथ करण, हिम्मत और शिवादित्य पीर पंजाल के मैदानों के रास्ते उड़ी से कारगिल युद्ध स्मारक और अंत में पिंपल कॉम्प्लेक्स के लिए एक प्रकार की तीर्थ यात्रा पर रवाना हो गए।

ये दौरा 14-15 अगस्त 2018 के लिए तय किया गया था। इलाक़े में उग्रवादी तनाव की चर्चाओं के बावजूद इस समूह ने 17 जाट, चार्ली कंपनी और अन्य यूनिटों के अनुज के साथियों से मिलने का फ़ैसला किया।

अनुज के आईएमए के दोस्त कर्नल परेश गुप्ता उस समय जम्मू और कश्मीर लाइट इन्फ़ैंट्री के प्रशिक्षण अधिकारी के रूप में श्रीनगर में तैनात थे। करण कहते हैं, 'कर्नल गुप्ता की बदौलत हमें पता चला कि अभी तो हम सशस्त्र बलों में अनुज भाई के समय की सतह को भी बमुश्किल ही खुरच पाए थे।' एक सैनिक के रूप में, एक अधिकारी के रूप में और एक व्यक्ति के रूप में उनकी अधिकांश कहानी की उत्पत्ति एनडीए और आईएमए में बीते उनके वर्षों में थी। कर्नल गुप्ता ने न केवल अकादमी में अपने दिनों की घटनाओं को जीवंत किया, बल्कि उन्होंने कोर्स के उन साथियों और अधिकारियों को ढूंढ़ने में भी इस समूह की मदद की जो अनुज की कहानी में आए गैप को भर सकते थे।

'द्रास के टाइगर' की खोज ने समूह को 17 जाट बटालियन के उड़ी बेस कैंप तक पहुंचा दिया।

17 जाट के जवानों के साथ मुलाक़ातों से सामने आया कि कैप्टन अनुज नैय्यर और अन्य बहादुर जवानों द्वारा युद्ध कैसे लड़ा और जीता गया था। सिपाही, लांस नायक और नायक—जो तरक़्क़ी पाकर नायब सूबेदार और सूबेदार बन चुके थे—ने दिल खोलकर कारगिल की पहाड़ी चोटियों में बहादुर कैप्टन के कारनामों को याद किया।

उत्साह, रोमांच और चुनौती के क्षणों को याद करते हुए उनकी आवाज़ें तेज़ हो जाती थीं। असफलताओं, निराशा और मौत को याद करते हुए वो दबी हुई आवाज़ों में बात करते थे।

सूबेदार मान सिंह, मनोज कुमार, विनोद कुमार और कारगिल के लगभग पंद्रह अन्य पूर्व सैनिक एक कमरे में बैठे अनुज को याद कर रहे थे। ये भारी मन से कहानी सुनाने से ज़्यादा एक उत्सव जैसा था।

साक्षात्कारों के बाद, करण, हिम्मत और शिवादित्य ने कारगिल युद्ध स्मारक की अपनी यात्रा जारी रखी। वहां मृत सैनिकों के स्मारक पत्थरों के बीच चलते हुए करण ने वो टी-शर्ट पहनी थी जो कभी उनके भाई की थी। अंत में, अनुज के जीवन के अंतिम टुकड़ों की खोज के लिए यह ग्रुप पिंपल कॉम्प्लेक्स के लिए रवाना हो गया।

वो नाला, वो पहाड़ी कुंडा जहां चार्ली कंपनी ने पिंपल कॉम्प्लेक्स पर हमला करने से पहले इंतज़ार किया था, उनका पहला पड़ाव था। पांच नागरिकों के साथ चढ़ाई में सामान्य से ज़्यादा समय लगा। ठंड बढ़ती जा रही थी, लेकिन टीलों से झांकती धूप से पहाड़ी ढलानों में कुछ हद तक गर्माहट आ गई थी।

करण शांत थे। वो यात्रा जो उनके भाई को दुनिया से रूबरू कराने वाली थी, अब उसकी सही मायने में शुरुआत हो चुकी थी। अब समय आ गया था कि वो और उनकी मां यादों से भरे उस संदूक़ को हवा दें और अनुज को अतीत की क़ैद से आज़ाद कराएं। उधर हिम्मत यह देखकर ख़ुश थे कि उनका अपने भाई के साथ मिलन हो रहा था।

दिल्ली में, मानी ने किताब के पहले पन्नों के लिए शब्दों को जुटाना शुरू कर दिया था। यह उनके लिए उन यादों की गलियों का एक भावनात्मक सफ़र था जिनसे वो उन्नीस साल से बचती आ रही थीं। वो जानती थीं कि अनुज कौन थे। उन्होंने उन्हें आकार दिया था। लेकिन वो यह नहीं जानती थीं कि वो ख़ुद से कितने विकसित हो गए थे। इस कहानी को सामने लाने का काम करण, हिम्मत और शिवादित्य ने किया।

देर रात की बैठकों, युद्ध की डायरियों के अध्ययन, मेजर, कर्नल, ब्रिगेडियर और जनरलों के साथ साक्षात्कारों, ग्राउंड ज़ीरो पर चर्चाओं, और कारगिल हाइट्स फ़िलिंग स्टेशन के प्रकरण ने मिलकर एक ऐसी किताब तैयार कर दी जो निश्चित रूप से अनुज के जीवन के योग्य थी।

अनुज का देशप्रेम ही उनकी आस्था थी। इस विचार में उनकी आस्था कि वे एक एकीकृत राष्ट्र के निवासी थे, इस विचार में उनकी आस्था कि राष्ट्र उनका सम्मान करता है, इस विचार में उनकी आस्था कि वो इसकी रक्षा कर सकते हैं। वो हमेशा इसकी अखंडता को बनाए रखना चाहते थे। उनके विचारों के पीछे यह विश्वास था कि इस देश में कुछ ऐसा है जो लड़ने लायक़ है।

यह कहानी अपने राष्ट्र के प्रति एक लड़के के जुनून को सामने लाने के लिए लिखी गई थी। यह कहानी कैप्टन अनुज नैय्यर, महावीर चक्र—द्रास के टाइगर—की है।

परिशिष्ट - घर भेजे पत्र

पत्र 1

करण, इतने मज़बूत और सख़्त बनो कि लोग तुम्हें परेशान करने से पहले दो बार सोचें। तुम्हारे आत्मविश्वास और तुम्हारे मज़बूत शरीर को देखकर ही लोग तुमसे दूर रहें। मज़बूत शरीर बॉडी बिल्डर्स या मॉडलों के नहीं होते, मर्दों के होते हैं।

पत्र 2

पेज 1

माई डियर मानी,

ये पत्र आपको जन्मदिन की बहुत-बहुत शुभकामनाएं देने के लिए है। मुझे जब भी ज़रूरत पड़ी है, आपने हमेशा मेरा मार्गदर्शन किया है (यह और बात है कि मैंने कभी उसका पालन नहीं किया!)। मैं जो झूठ बोलता था, उन पर विश्वास करने के लिए आपको बुद्धू बनाना मेरे लिए एक इम्तेहान हुआ करता था। 90% बार आप मेरा झूठ पकड़ लेती थीं, लेकिन 10% में मैं बच निकलता था। मैंने आपको अपने स्कूल के बारे में जो घटनाएं बताई हैं, वो उनमें से सिर्फ़ 1% हैं। जब मैंने एनडीए जॉइन किया, तो मुझे एकमात्र अफसोस बस यह था कि आप इसके पक्ष में नहीं थीं। लेकिन मुझे विश्वास था कि मैं अपनी योग्यता—अपनी क़ीमत—साबित कर सकता हूं। और मैं इसी में लगा हुआ हूं। मैं चाहता हूं कि भविष्य में मैं और मेरी पत्नी बिल्कुल आपके और डैड की तरह बनें। मुझे सिर्फ़

आप जैसी महिला ही क़ाबू कर सकती है। सबने हार मानकर हाथ उठा दिए लेकिन आप फिर भी डटी रहीं। मुझे आपसे प्यार है।

आपका बेटा,

अनुज।

पेज 2

डियर मानी,

आप मेरे लिए सब कुछ हैं।

''मॉम, ये दिन है याद करने का

आपकी बताई काम की बातों को

और उन चीज़ों की परवाह करने का जो आपने कीं

और आपके प्यार के लिए धन्यवाद देने का

जो हर याद को ख़ास बना देता है।''

जन्मदिन की शुभकामनाएं।

मैं आपकी वजह से हूं, मेरा कैरियर आपकी वजह से है, मेरी ज़िंदगी आपकी वजह से है और हमारे परिवार में इतना जुड़ाव आपके चुंबकत्व के कारण है।

आई लव यू।

मेरा सारा प्यार,

अनुज

पत्र 3

अपनी ज़िंदगी का आनंद लीजिए क्योंकि मैं अपनी ज़िंदगी का आनंद ले रहा हूं। चिंता मत कीजिए, मैं वाक़ई अपनी ज़िंदगी का आनंद ले रहा हूं। ज़िंदगी आसान हो गई है और मैं 5 से 6 घंटे की नींद ले रहा हूं। इतनी नींद अच्छी ख़ासी है। मैं

अपनी पढ़ाई में सुधार करने की कोशिश कर रहा हूं। और पिछले सत्र की तरह, मैं इस बार भी करके दिखाऊंगा। अच्छा, अभी जाना है।

जल्दी लिखना, वरना...

लव,

अनुज

पत्र 4

मानी

कुछ खाने का सामान भेजिए। करण का ख़्याल रखना। पॉपिन का ख़्याल रखना।

डैड

किताब को पूरा कीजिए। अपने लेक्चर्स और बिज़नेस में प्रगति करें। करण और मानी का ख़्याल रखना। मानी से लड़ने की हिम्मत भी मत करना। मेरी चिंता मत कीजिए। यह जीवन बिल्कुल भी मुश्किल नहीं है।

करण

दौड़ते रहो। अपने मस्तिष्क को शरीर पर नियंत्रण करने दो।

किसी भी रास्ते पर कभी हार मत मानना। जब कभी रास्ते पर हो तो टहलना मत। नई रेसिपीज़ सीखो। ख़ुश रहो। ख़ुद को महत्व दो। बुलेट चलाना सीखो। नई गर्लफ्रेंड बनाओ।

आप सभी के लिए एक उद्धरण:

"सेना को जॉइन करें,

नई जगहों पर जाएं,

नए लोगों से मिलें...

और उन्हें अपना बना लें।''

एक सैनिक कभी घुटने नहीं टेकता, अपनी बंदूक़ के सिवाय।
अपने ज़िंदा रहते तो नहीं।

सिर्फ़ आप तीनों के लिए प्यार।
अनुज बेटा + भैया

पत्र 5

मेरी परिभाषा:
करण — मेरा दिल और आत्मा।
डैड - मेरे बेस्ट और सबसे क़रीबी दोस्त।
मानी — मेरी सबकुछ।
मेरा दिल और आत्मा और बेस्ट फ्रेंड मेरी सबकुछ को ख़ुश रखें।

पत्र 6

तुमसे एक बार फिर वही बात कह रहा हूं, मानी और पॉपिन को बहुत परेशान मत करो। वो हमारे लिए कड़ी मेहनत कर रहे हैं। जब तक मैं वापस नहीं आ जाता, तब तक उन्हें आनंद लेने दो। उसके बाद, मैं संभाल लूंगा।

पत्र 7

माई डियर करण।

मुझे तुम्हारे मार्क्स के बारे में पता चला। वो उतने अच्छे नहीं हैं जितने की मैंने उम्मीद की थी। इस तरह के रिजल्ट के साथ तुम नौवीं और उससे ऊपर के लिए मज़बूत बेस नहीं बना पाओगे। प्रवेश परीक्षा पास करने के लिए आईक्यू अच्छा होना चाहिए। अच्छे आईक्यू के लिए तुम्हें छोटी क्लासों में कड़ी मेहनत करनी होगी। अगर तुम अभी कड़ी मेहनत करोगे, तो तुम मज़े करोगे जैसे मैंने किए थे।

अगर तुम अभी मेहनत करो और ग्यारहवीं या बारहवीं में मज़े करो, तब भी तुम मुझसे बेहतर कर पाओगे। मैंने चार कोशिशों में चार परीक्षाएं पास कीं। 100% नतीजा, तुम मुझसे बेहतर हो सकते हो।

अगर तुम मुझसे बेहतर हो सकते हो तो क्यों न अभी बेहतर बन जाओ और कुछ समय बाद मज़े करो। अगर तुम मुझसे बेहतर हो तो इसका मतलब है कि तुम्हें एनडीए से भी बेहतर अवसर मिल सकता है। तो बेहतर होगा कि अभी मेहनत करो।

पत्र 8

डियरेस्ट मॉम, डैड और करण।

या हू!!

मुझे कंजंक्टिवाइटिस हो गया है (थैंक गॉड!!) आप मेरी मस्ती पर चौंक गए होंगे, लेकिन अकादमी में बीमारी का जश्न ऐसे ही मनाया जाता है। यह निश्चित ही एक ख़ुशनुमा बदलाव है। ज़रा सोचिए, दो दिन का बेड रेस्ट। लाजवाब। मैं यक़ीनन लकी हूं!!

पत्र 9

निश्चित रूप से यही वो कई कारण हैं कि मैं हमेशा आप तीनों के बारे में सोचता रहता हूं।

मैं आप तीनों को प्यार करता हूं।

मैं आप तीनों को पूजता हूं।

मैं आप तीनों को मिस करता हूं।

मुझे आप तीनों की परवाह है।

मैं आप तीनों के बारे में सोचता हूं।

मुझे आप तीनों पसंद हैं।

मुझे आप तीनों की चिंता है।

मैं आप तीनों से मिलना चाहता हूं।

मुझे आप तीनों को देखना अच्छा लगेगा।

ध्यान रखना और मैं भी रखूंगा।

मुझे आपसे प्यार है,

अनुज

पत्र 10

पेज 1

डियर मॉम और डैड।

आप लोगों के लिए यह मेरा आज का दूसरा ख़त है। मैंने आज आपसे बात की थी और बात करने पर मुझे पता चला कि पापा ने करण को एक घंटे तक डांटा था। बस एक मामूली सा टेप रिकॉर्डर खोने के लिए।

मुझे खोई/नष्ट हुई चीज़ की क़ीमत की परवाह नहीं है, लेकिन इसे मेरी पहली और आख़री चेतावनी समझ लें। करण को कोई किसी बात के लिए नहीं डांटेगा। कोई भी फ़ालतू चीज़ इतनी क़ीमती नहीं है जितना मेरे भाई का मुस्कुराता हुआ चेहरा है। मुझे अच्छा नहीं लगा जब करण ने मुझे बताया...

पेज 2

...कि डैड ने उसे डांटा था। मेरी ग़ैरमौजूदगी में किसी भी हालत में करण को कोई भी न तो डांटेगा न परेशान करेगा।

यह आख़री मौक़ा होना चाहिए जब मैं अपने सबसे प्यारे, सबसे अच्छे, सबसे मासूम भाई से ऐसी शिकायत सुन रहा हूं जिसे ग़लती करना तक नहीं आती है।

एक घंटा तो बहुत दूर की बात है, करण, मेरे सबसे नटखट भाई को एक मिनट के लिए भी नहीं डांटा जाए, चाहे वो कितनी भी बड़ी ग़लती क्यों न करे।

यहां बाक़ी सब ठीक है। मैं मज़े में हूं और आप तीनों लोगों को बहुत मिस कर रहा हूं। मेरे कन्नू का ख़्याल रखना।

लव यू।

आप सभी को ढेर सारा प्यार।

अनुज

पत्र 11

मैंने शायद अपनी पहली सज़ा के बारे में नहीं बताया। दरअसल, आज सुबह मेरी ड्रिल थी और मेरे ड्रिल बूट का लोहे का तला उखड़ गया था। ड्रिल इंस्ट्रक्टर ने मुझे 2 एंड्योरैंस ट्रेक दिए। हममें से पांच को एक ही सज़ा पाते देखकर मुझे बहुत ख़ुशी हुई। एंड्योरैंस ट्रेक (ई.टी.) में हमें डंगरी, अपना डिफ़ेंस मिलिट्री शो, और उसके ऊपर अपना कमांडो/ट्रैकिंग पाउच (कंधों पर लटकाने वाले छोटे बैग, वज़न बेल्ट के साथ) पहनने होते हैं। इस पूरे उपकरण का वज़न लगभग 18 किलो होता है। इसके बाद हमें क़रीब के पहाड़ी इलाक़े की तक़रीबन 6-7 किलोमीटर की दूरी 35 मिनट में तय करनी होती है। मुझे अपने दोनों ट्रेकों में बहुत मज़ा आया।

मेरा एक और एडवेंचर बीओ (बजरी ऑर्डर) था जिसमें वही पैक बजरी से भरे होते हैं, और वज़न 40 किलो से ऊपर होता है। यह पीठ के लिए बहुत अच्छा होता है!!

अभी के लिए लिखना बंद कर रहा हूं, अगली बार कुछ और हैरतअंगेज़ बातें लिखूंगा!!!

आपसे प्यार करता हूं और आपको बहुत मिस कर रहा हूं, ख़ासकर आजकल।

हमेशा आपका,
अनुज।

पत्र 12

डियरेस्ट डैड,

आप एक पिता के तौर पर मेरी बेस्ट चॉयस हैं। आप बिल्कुल आदर्श हैं। वैसे, आपके मन में एक सवाल ज़रूर आ रहा होगा कि—अनुज इतनी सारी कठिन गतिविधियां क्यों कर रहा है। और अगर यह सवाल आपके मन में नहीं है तो मॉम के मन में तो ज़रूर होगा। तो, इसका उत्तर यह है कि कई कैडेट यहां आते हैं और उन चुनौतियों का सामना किए बिना ही चले जाते हैं जिनका सामना मैंने किया है। मतलब, वो बस एनडीए के अपने दिन किसी तरह से गुज़ारते हैं, लेकिन डैड, मैं आपका बेटा हूं और मैं सिर्फ़ समय गुज़ारने वालों में नहीं हूं। मैं इस अनुभव को जियूंगा। मैं कायर नहीं हूं कि जीवन के इस दौर को बस किसी

तरह घसीटकर बिता दूं। मुझे गर्व और आत्म-संतोष के साथ बाहर आना है और इसके लिए मुझे सबसे चुनौतीपूर्ण कामों को पूरा करना है।

अब मुझे जाना है।

आपकी चिट्ठी मिलते ही आपको लिखूंगा। लव यू

ख़ासतौर से आपका

अनुज नैय्यर

पत्र 13

पेज 1

एक बात और, हमें जब भी कोई चिट्ठी मिलती है, तो जिस फर्स्ट इयर वाले के लिए चिट्ठी आई हो उसे चिट्ठी पाने के लिए 60 पुश अप करने पड़ते हैं (हमारे बीच एक परंपरा है)। इसलिए, यदि आप चाहते हैं कि मैं अपनी बॉडी बनाऊं, तो आप मुझे जितने ज़्यादा से ज़्यादा पत्र लिख सकते हैं लिखिए।

पेज 2

यही आदर्श जीवन है। अगर मैंने कुछ और चुना होता तो यह मेरी ज़िंदगी की सबसे बड़ी और सबसे घातक ग़लती होती।

पत्र 14

मैं शारीरिक रूप से भले ही आप तीनों से 1600 किलोमीटर दूर हूं, लेकिन आप तीनों जान लें कि मैं अभी भी बीई—187 में, आपके दिल में हूं, और आप सभी (मॉम, डैड और मेरा करण) भी हैं। मज़बूत बनिए और मुझे अपनी ताक़त दीजिए।

पत्र 15

डैड,

आप हम तीनों के लिए बहुत महत्वपूर्ण हैं, जल्दी से ठीक हो जाइए।

मॉम,

डैड का ध्यान रखना और करण के कान खींच कर रखो, नहीं तो बिगड़ जाएगा।

करण,

बेटा, मस्ती कर, लेकिन मेरी ग़ैरहाज़िरी में अपनी ज़िम्मेदारियों और अपनी पढ़ाई पर भी ध्यान दे।

मैं तुम सबको प्यार करता हूं।

(बेस्ट फ़ैमिली जो मुझे मिल सकती थी!)

पत्र 16

पेज 1

डियरेस्ट मॉम,

काश मैं आपके और डैड के जन्मदिन पर आपके साथ होता।

आई लव यू।

आप दुनिया की ''बेस्ट'' मॉम हैं।

हम आपको बहुत प्यार करते हैं।

आपके बच्चों की ओर से

अनुज

करण और टिम्मी

पेज 2

आपका दिन शुभ हो और मुझे भी मिस करना!!

आपका बर्थडे गिफ़्ट उस दिन जिस दिन मुझे कमीशन मिल जाएगा (इसलिए, अपनी घड़ी चुन लीजिए)।

मुझे आपसे अच्छी मॉम मिल ही नहीं सकती थी।

अपने बेटे के सेना में जाने को लेकर चिंता करना छोड़ दीजिए। वो इसी के ही लिए बना है।

वो दोनों बदमाश कभी आपकी (असली) क़ीमत नहीं जान पाएंगे क्योंकि वो कभी आपसे दूर नहीं रहे जैसे मैं रहा हूं।

पत्र 17

पृथ्वी को बनाने के बाद ईश्वर ने मनुष्य को बनाया। अपने और इंसान के बीच की खाई को पाटने के लिए उसने मां को बनाया। इसलिए मैं आपसे प्यार करता हूं।

मज़े कीजिए। अगर कोई और मेरी मां होती तो पता नहीं क्या होता। वो अब तक पागलख़ाने पहुंच चुकी होतीं। आप निश्चित रूप से मज़बूत हैं!!

अपने अच्छे काम और हिम्मत को बनाए रखें। एक और सितारा उभरने वाला है।

ढेर सारा प्यार,

आपका प्यारा बेटा अनुज।

पत्र 18

13 जून 1999

डैड, अभी ऐसी स्थिति आना बाक़ी है जिसका सामना आपका बेटा एक नैय्यर की तरह न कर सके!!

कोई डर नहीं... कभी नहीं!!

पत्र 19

22 जून 1999

डियर डैड,

14 जून को आपकी प्रेरणादायक चिट्ठी मिली। चिंता मत कीजिए, अभी तक ऐसा प्रतिद्वंद्वी मेरे सामने नहीं आया है जो मुझसे जीत सकता हो। वो दिन कभी नहीं आ सकता जब मुझे हार माननी पड़े। उस डिक्शनरी में डर था ही नहीं जो आपने डैड के रूप में मुझे दी थी। वैसे, आपकी बात 200% सही है। ज़मीन और हवा कभी कुछ नहीं छिपाते हैं। मैंने हथियारों से, चाकुओं से और नंगे हाथों से भी लड़ने की कला में अपने हुनर को निखारा है। चिंता मत कीजिए क्योंकि आपका बेटा कभी किसी चीज़ से चिंतित नहीं होता। बस आप पांचों (मां, आप, कन्नू, टिम्मी और नॉटी) की चिंता है। अपना ख़्याल रखना और मेरा पक्का वादा है कि हम अगस्त में आपकी 25वीं एनिवर्सरी मनाएंगे।

डैड, मानी का ख़्याल रखना। मुझे पता है कि वो बहुत चिंता करती हैं। मुझे सेना में शामिल होने देने के लिए आपको भी अच्छी फटकार लग रही होगी। चिंता मत कीजिए। आपका बेटा हमेशा आपके पक्ष में है, हालांकि मैं मॉम के ख़िलाफ़ खुलकर आपका पक्ष नहीं ले सकता। भाई वो हमारे परिवार की मुखिया हैं ना!!

मुझे जाना है। अपना ख़्याल रखना और मुस्कुराते रहना, इसकी वजह से मैं हमेशा मुस्कुराता रहता हूं।

लव,

अनुज।

पत्र 20

29 जून 1999

डैड,

आपने मुझे कभी नहीं डरना सिखाया था। और मैं केवल आपकी वजह से निडर बना हूं। आपकी ही वजह से मेरे जवानों को मेरे साहस पर गर्व है। आपकी ही वजह से मेरे जवान मुझ पर अंधविश्वास करते हैं। डैड, मैं जो कुछ हूं वो

इसलिए हूं कि मेरे पास मेरे पिता के रूप में एक दोस्त है। मैं हमेशा आपका सिर ऊंचा रखूंगा और आपको हमेशा मुझ पर गर्व होगा। यह आपके बेटे का वादा है।

लव यू

अनुज

पत्र 21

30 जून 1999

हाइ टाइगर,

तुम्हारी चिट्ठी मिली और तुम्हारे शिमला ट्रिप के बारे में पता चला। बढ़िया है, लगे रहो भाई। मुझे तुम पर गर्व है। तुम लुधियाना के लिए कुछ कर रहे हो? कम ऑन।

लिखावट के लिए सॉरी, यहां लाइट नहीं है। चांदनी में लिख रहा हूं!!

मेरी चिंता मत करो। बस मुझ पर गर्व करो। फिर जब मैं आऊंगा तो मैं तुम्हें सारे अनुभव सुनाऊंगा और फिर तुम अपने भाई के बारे में शेख़ियां बघार सकोगे।

ख़ैर, तुम मस्ती करो और मुस्कुराते रहो। तुम्हें और तुम्हारी भाभी को सबका ख़्याल रखना होगा। मैं तुम दोनों पर भरोसा कर रहा हूं।

कद्दू? सुनो, तुम्हें एक राज़ बताता हूं, वो मुझे भी इसी नाम से बुलाती हैं। तो चिंता मत करो। बड़ा कद्दू और छोटा कद्दू... भाई-भाई! कोई झंझट नहीं।

अब जाना होगा। लव यू।

तुम्हारा भाई,

अनुज भाई।

पत्र 22

''समस्या का समाधान वहां होता है जहां कोई समस्या नहीं होती।''

प्रशस्तियां

मैं अनुज से 1993 की गर्मियों में एनडीए में एको स्क्वैड्रन के गेट पर मिला था। पहली मुलाक़ात अजीब सी थी क्योंकि हम दो अलग-अलग बैकग्राउंड से आए थे, वो एक नागरिक परिवार से थे और मैं एक सैनिक परिवार से। लेकिन हमारे व्यक्तित्वों मे काफ़ी समानता लगती थी। हमें क्या पता था कि हमारी नियतियां अगले चार साल तक आपस में जुड़ी रहेंगी: तीन साल एनडीए में और एक साल आईएमए में। अनुज के साथ मेरी बहुत सी अच्छी यादें जुड़ी हैं, लेकिन कुछ बहुत ख़ास हैं। कुछ चीज़ें जो उस समय महज़ इत्तफ़ाक़ लगती थीं, वो दरअसल उनके चरित्र के विकास में इमारती ब्लॉक थीं। हम खेलों के दोस्त थे। रविवार को जब दूसरे कैडेट पुणे शहर में घूमने निकल जाते थे, तब अनुज और मैं अपने नियम का पालन करते थे। नाश्ते के बाद, हम दो घंटे बिना ब्रेक के वॉलीबॉल खेलते थे, उसके बाद एक हजार क्रंच मारते थे और मार्लबोरो सिगरेट का एक पैकेट पीते थे। अनुज वॉलीबॉल में अच्छे थे, और मेरी ख़ासियत क्रंच थे। लेकिन वो कभी हार नहीं मानते थे और हम पूरी लगन के साथ वरज़िश के लक्ष्य के लिए मुक़ाबला करते थे। मुझे क्या पता था कि वो 'कभी हार मत मानना' के अपने उसूल का पालन कर रहे थे।

आईएमए में, हमारे अंतिम टर्म में वो चोरी से एक बुलेट 500-सीसी मोटरसाइकिल ले आए थे। एक ही कंपनी, नौशेरा, में होने के नाते हमने फिर से रविवार को अपना खेल का नियम जारी रखा, जिसके बाद बीयर का एक दौर चलता, जिसकी अब तक आधिकारिक तौर पर अनुमति मिल चुकी थी। शनिवार

की शामों के लिए हमारी एक अलग योजना थी। देर शाम हम एक लंबी राइड के लिए मोटरसाइकिल पर निकल पड़ते। किसी निश्चित मंज़िल के बारे में सोचे बिना, हम बस एक घंटे तक ड्राइव करते, चाय और सिगरेट के लिए रुकते और अकादमी वापस पहुंच जाते। अनुज अपने ही मन की करने वाले इंसान थे; वो संयम बरतने वालों में से नहीं थे। वैयक्तिकता, जो कि एक बेहतरीन लीडर और सैनिक की पहचान है, शुरू से ही उनके कामों में दिखाई देती थी।

युद्धों और योद्धाओं को समय और घटनाओं के माध्यम से याद किया जाता है। सतीश और मीना नैय्यर के पुत्र कैप्टन अनुज नैय्यर 1999 में ऑपरेशन विजय में कारगिल की बर्फ़ीली चोटियों पर विरोधियों को धता बताते हुए युद्ध के मैदान में सीना तानकर चले। वो एक आक्रामक सिपाही, एक उत्कृष्ट अधिकारी और लीडर, और पक्के मित्र थे। अनुज की जय हो, जो 'अपने पूर्वजों की राख और अपने देवताओं के मंदिरों के लिए' बहादुरी से लड़े।

कर्नल अशोक कुमार ठाकुर

गंभीर फिर भी मस्तमौला, परिपक्व फिर भी बेपरवाह

ज़िंदगी बहुत ख़ास चीज़ है, और यह यादगार पलों से भरी होती है, लेकिन कभी-कभी यह बड़ी कठिन भी हो सकती है। ऐसा ही एक दौर जिसने मेरे जीवन पर गहरा प्रभाव डाला, मेरे प्रिय मित्र कैप्टन अनुज नैय्यर, महावीर चक्र के साथ एनडीए में बीते मेरे दिनों का था। एनडीए पूरे भारत से भाइयों के कई गुटों को एक साथ जोड़ता है। 1993 में, मेरा दिल्ली के एक नौजवान के साथ जुड़ाव बना जो कई विशेषताओं का मिश्रण था—गंभीर फिर भी मस्तमौला, परिपक्व फिर भी बेपरवाह, भावुक फिर भी संतुलित, प्यार और देखभाल करने वाला फिर भी जुझारू—एक ऐसा लड़का जो इतना परफ़ेक्ट कि कोई भी इंसान उससे चिढ़ेगा। हालांकि हमारे स्क्वैड्रन अलग थे, लेकिन कठोर प्रशिक्षण और हमारे जीवन की हलचल ने कैंपस की विभिन्न गतिविधियों के माध्यम से हमें एक दूसरे से बांधे रखा। लेकिन अनुज और मैं सही मायनों में क़रीब आईएमए में ही आए। वो हमेशा ख़ुद को कठोर दिखाते थे लेकिन वो उतने ही नर्म भी थे, और एक ख़ास शख़्स के लिए अपने प्यार को लेकर उन्होंने अपना दिल मेरे सामने खोलकर रख दिया थी। अपनी उम्र के किसी भी अन्य लड़के की तरह, वो उस लड़की के लिए अपने प्यार को एक नए ही स्तर पर ले गए थे। लैंडलाइन पर उससे बात करते हुए उन्हें वक़्त का अहसास ही नहीं रहता था, और लैंडलाइन आधिकारिक उद्देश्यों से मेरे कमरे में था। आउटगोइंग कॉल की सुविधा केवल लोकल नंबरों तक ही

सीमित थी, लेकिन इनकमिंग कॉलों के लिए ऐसा नहीं था, जिसका अनुज लाभ उठाते थे। प्रशिक्षण के बीच जब भी उन्हें ख़ाली समय मिलता, मैं उन्हें फोन से चिपके देखता। मैं सोचता था कि यह भाग्यशाली लड़की कौन है और अनुज ने मुझसे वादा किया था कि वो अपने कमीशन के दिन मुझे उससे मिलवाएंगे। जब करण अकादमी में आए तो मैंने अनुज का भाई का रूप देखा। मैं उस समय चौंक गया जब अनुज ने कहा कि उनका इरादा अपने भाई को एक रात के लिए अपने कमरे में रखने का है। यह नियमों के ख़िलाफ़ था लेकिन अनुशासकों में से एक होने के बावजूद मैंने इस पर आंखें मूंद लीं। इसके परिणाम भयानक हो सकते थे लेकिन हमें तो ख़तरों से निपटने की ही ट्रेनिंग दी जाती थी; तो एक रात का पड़ाव बढ़कर कई और रातों तक हो गया और अनुज ने अपने भाई को बॉक्सिंग और वॉलीबॉल मैचों जैसे अपने सभी पसंदीदा कार्यक्रम दिखाने के लिए बहुत जोखिम उठाया।

अपनी बात पर खरे उतरते हुए, अनुज ने उस दिन मुझे अपनी मंगेतर से मिलवाया जिस दिन उनके कंधों पर स्टार लगाए गए। समय तेज़ी से बीता और हम महू में यंग ऑफ़िसर्स कोर्स के दौरान फिर से मिले और एक ही परिसर में रहे। वो अपने आचरण में परिपक्व हो चुके थे, और एक ऐसे व्यक्ति बन गए थे जिसने अपनी ज़िंदगी की ज़िम्मेदारियों को पूरी तरह संभाल लिया हो। पिछली बार के विपरीत अब हमारी बातचीत पेशेवर तैयारियों के बारे में ज़्यादा होती थी। वो अपने पिता के बारे में और उनके साथ अपने दोस्ताना रिश्ते के बारे में ज़्यादा बात करने लगे थे। मैंने बाप-बेटे के इस स्नेह को तब देखा जब उनके पिता ने दिल्ली से उन्हें उनकी फेवरेट बाइक भेजी। अब तक अनुज के साथ मेरा रिश्ता और गहरा और अंतरंग हो गया था—एक नज़र पड़ते ही हम समझ लेते थे कि दूसरा क्या सोच रहा है। बेलगाम में एक कमांडो कोर्स पूरा करने के बाद हम इस वादे के साथ अलग हुए थे कि मैं उनकी शादी में शामिल होऊंगा, लेकिन इस चेतावनी के साथ कि जब वो अपनी मंगेतर के साथ होंगे तो मैं उनका समय या ध्यान पाने की उम्मीद न रखूं।

कुछ महीने बाद, कारगिल में देश के लिए उनके द्वारा अपने प्राणों की आहुति देने की ख़बर ने मुझे हिलाकर रख दिया। सच्चाई को स्वीकार करने में असमर्थ होकर मैंने उस लड़की को फ़ोन किया जिससे वो शादी करने वाले थे। मैं कांप रहा था और मेरे आंसू रुकने का नाम नहीं ले रहे थे मगर उन्होंने मुझे तसल्ली दी। मैंने एक प्रिय मित्र खो दिया था लेकिन आज लगभग दो दशक बाद भी उनकी यादें ताज़ा हैं। तुम्हारी आत्मा को शांति मिले, मेरे प्यारे दोस्त। हम पर

तुम्हारे विश्वास की बदौलत भाइयों के बैंड में अभी भी एक मज़बूत बंधन है। एक के लिए सभी और सभी के लिए एक।

कर्नल परेश गुप्ता

एक भरोसेमंद दोस्त

मुझे 8 जुलाई 1999 की सुबह 80आर नाम के रोडहेड कैंप में शामिल किया गया। मुझे पता था कि 17 जाट पिछली रात हमले के लिए गए थे। अभी तक यह पता नहीं चला था कि हमले का नतीजा क्या रहा, लेकिन मुझे उम्मीद थी कि नीचे आने पर अनुज से मुलाक़ात होगी और हम पुरानी यादों को ताज़ा करेंगे, हंसी-मज़ाक़ करेंगे और स्थिति की आंखों देखी जानकारी मिल जाएगी जिससे यह समझा जा सकेगा कि आगे क्या करने की आवश्यकता है। मैं उनकी वापसी के—या किसी ख़बर के—इंतज़ार में जाकर संकरे रास्ते पर बैठ गया।

युद्ध में थके-मांदे सैनिक लौट रहे थे, जिनमें से कुछ गोला-बारूद और आपूर्ति को आगे बढ़ाने के लिए ज़िम्मेदार प्रशासनिक टोलियों का हिस्सा बने हुए थे। अच्छी ख़ासी बड़ी संख्या में घायल सैनिक वापस लाए जा रहे थे। मुझे उस समय तक कश्मीर में दो साल हो चुके थे और मैंने ऐसे कई दृश्य देखे थे, हालांकि इतने बड़े पैमाने पर नहीं। घायल सैनिकों के वहां से गुज़रने के साथ, अनुज को देखने की उम्मीद फीकी पड़ने लगी। अंत में, मैंने कुछ लंबे, मज़बूत और तगड़े दिखने वाले सैनिकों को देखा, और मुझे लगा कि ये शायद जाट से हैं। मैंने एक जवान को रोककर पूछा, ''नैय्यर साहब कहां हैं?'' ''साहब अटैक में गए थे, शहीद हो गए,'' उसने कहा। उसके आंसू और कांपती आवाज़ ने उसके बयान की प्रामाणिकता पर कोई संदेह नहीं छोड़ा था। मैं बिना कुछ कहे उठ गया और सैनिकों के साथ वापस चलने लगा। मैं पहले कुछ मिनट तक तो नहीं रोया लेकिन जैसे-जैसे एक अच्छे दोस्त से अब कभी न मिलने की वास्तविकता का अहसास मुझमें जागा, मेरे आंसू छलकने लगे। अगले लगभग बीस मिनट तक जाटों के साथ कैंप वापसी तक मैं रोता रहा। किसी ने मुझसे वजह नहीं पूछी, उस रात सबने कुछ न कुछ खोया था और, किसी न किसी रूप में हर कोई शोक मना रहा था। उस दिन के बारे में सोचकर आज भी मेरी आंखें नम हो जाती हैं। आईएमए में एक ही कंपनी और प्लाटून में शामिल होने से पहले अनुज और मेरे बीच कोई जान-पहचान नहीं थी। जहां तक शारीरिक फ़िटनेस की बात है, तो वो एक बैल की तरह थे और इसके लिए मैं उन्हें सराहता था। सामरिक शिविर हो या क्रॉस-कंट्री, अगर किसी को मदद की ज़रूरत होती और वो इसके

लिए अनुज से कहता, तो वो अंत तक उस व्यक्ति की मदद करते थे। यह रवैया अकादमी में उनके दिनों तक ही सीमित नहीं था। वाईओ के दौरान अनुज ने अपनी मोटरसाइकिल इन्फ़ैंट्री स्कूल के एक हिस्से में छिपा रखी थी। अगर मुझे कभी बाहर जाने के लिए बाइक की ज़रूरत होती, तो हमेशा उनकी मोटरसाइकिल से जाता था, यह बात अच्छी तरह से जानते हुए भी कि अगर मैं पकड़ा गया, तो हम दोनों को हमारी यूनिटों में वापस भेजा जा सकता है। वो एक बड़े दिल वाले, भरोसेमंद दोस्त थे और मैं उन्हें इसी तरह याद रखूंगा।

कर्नल सरविंदर सिंह

एक सच्चे टीम मैन

यह घटना अनुज की दोस्ती पाने के सौभाग्य के बारे में है। जब बास्केटबॉल खेलते समय मेरे घुटने में चोट लगी तब हमारा चौथा टर्म चल रहा था। मेरे दाएं घुटने के लिगामेंट फट गए थे और मुझे लंबे समय के लिए पुणे के सैन्य अस्पताल में भेज दिया गया था। मुझे छुट्टी टर्म के अंत के क़रीब मिली। अगले सेमेस्टर में जाने के लिए मेरे लिए अकादमिक और फिजिकल ट्रेनिंग पास करना ज़रूरी था। मैंने बिना ज़्यादा परेशानी के लिखित परीक्षा पास कर ली। मैंने ऊपरी शरीर की ताक़त से जुड़े फिजिकल टेस्ट भी पास कर लिए। चोट की वजह से मुझे दौड़ने के टेस्ट का सबसे ज़्यादा डर था।

एक दिन देर शाम को मैं अपने कमरे में था और अपने विकल्पों पर विचार कर रहा था, और सोच रहा था कि शायद मुझे एक टर्म का नुकसान झेलना ही पड़ेगा। तभी अनुज आए और हम बातचीत करने लगे कि समस्या का क्या हल निकाला जाए। वो यह कहकर मेरे कमरे से निकल गए कि अगले दिन रेस ट्रैक की शुरुआती लाइन पर मिलेंगे। मैं ट्रैक पर पहुंचा तो देखा कि अनुज और अशोक वहां पहले से ही मौजूद हैं। मुझे लगा कि वो मेरा हौंसला बढ़ाने के लिए आए हैं। इसके लिए उन्होंने अपनी क्लास भी छोड़ दी थी।

दौड़ शुरू हुई। मैं बड़ी मुश्किल से अपने पैरों को घसीट रहा था। पीटी इंस्ट्रक्टर हमारे साथ साइकिल पर चले रहे थे। मैं पिछड़ रहा था कि तभी अनुज और अशोक ने मुझे दोनों ओर से उठा लिया। अब मैं हवा में था; मैं उड़ रहा था! कुछ ही समय में मैंने आधा रास्ता पार कर लिया था। इंस्ट्रक्टर ने अनुज को गंभीर परिणाम और सज़ा की धमकी दी। लेकिन वो अडिग रहे। हम दौड़ पूरी करने में सफल रहे लेकिन एक मिनट लेट थे।

काफ़ी विचार-विमर्श के बाद, पीटी इंस्ट्रक्टर ने परिणाम घोषित किया। टीम भावना के प्रदर्शन से अभिभूत होकर उन्होंने मुझे पास कर दिया। बाद में सीनियर इंस्ट्रक्टर ने अनुज से मज़ाक़ में पूछा, "तुम जंग में हो क्या? ऐसा जज़्बा तो हम जंग के दौरान ही देखते हैं।" वो अनुज के विकास का दौर था।

कमांडर अंकुर कुलश्रेष्ठ

रणनीतिकार अनुज

मुझे अनुज एक ज़बरदस्त मानसिक शक्ति वाले व्यक्ति के रूप में याद हैं। परिस्थिति चाहे कितनी भी तनावपूर्ण या कठिन हो, अनुज शांत, संयमित और ख़ुद में विश्वास रखते थे कि वो उससे बाहर निकल आएंगे। और उनकी यह शक्ति उनके आसपास मौजूद सारे लोगों में फैल जाती थी। एक सच्चे लीडर की तरह उनके चेहरे और हाव-भाव से आत्मविश्वास झलकता था, जो दूसरों को उन पर विश्वास करने के लिए प्रेरित करता था। इसके पीछे एक विलक्षण दिमाग़ था जो परिस्थितियों का तेज़ी से विश्लेषण करता था और कार्रवाई का सबसे अच्छा तरीक़ा खोज निकालता था। कोई आश्चर्य नहीं कि अनुज ने अपनी टीम को भारतीय सैन्य इतिहास की सबसे प्रसिद्ध जीतों में से एक जीत दिलवाई। उनकी शहादत से देश को एक हीरो मिला और मैंने एक हमेशा मुस्कुराते रहने वाले और हमदर्द दोस्त को खो दिया।

अनुज को कई गुणों और उपलब्धियों के लिए याद किया जाता है। उन पर बात नहीं करते हुए मैं सितंबर 1995 में एनडीए के एक वॉलीबॉल गेम के बारे में बताऊंगा, जहां अनुज की मानसिक शक्ति ने एको स्क्वैड्रन को जीत दिलवाई थी। एको की टीम बहुत मज़बूत नहीं थी—मैं बूस्टर था, हमारे पास एक नया स्पाइकर था (दोनों नेट पर खेलते हैं) और बाक़ी पूरे कोर्ट में अनुज थे। मैंने उनके जैसे तेज़ अंडरहैंड कम ही देखे हैं, और उनके पास आक्रमण रेखा के पीछे कहीं भी गेंद को हासिल करने और अपने या प्रतिद्वंद्वी के कोर्ट में कहीं भी डाल देने की क्षमता थी। अनुज को लगा कि एक कमज़ोर टीम के साथ जीतने का एकमात्र तरीक़ा प्रतिद्वंद्वी के दिमाग़ के साथ खिलवाड़ करना था। उन्होंने अपने दिमाग़ और तेज़ी दोनों का अच्छा इस्तेमाल किया। इसके बाद चुन-चुनकर तानेबाज़ी, छलावे भरी पुकार और प्रतिद्वंद्वी के कोर्ट में गेंद का सटीक प्लेसमेंट किया गया। इसने प्रतिद्वंद्वी टीम में गहरे भ्रम के बीज बो दिए, जिसके परिणामस्वरूप उनमें अंदरूनी कलह पैदा हो गई। कोर्ट के केंद्र से अनुज द्वारा निर्देशित नाटक में हम बाक़ी लोग अभिनेताओं की तरह शामिल हो गए। अनुज ने अंदरूनी कलह को हवा

देने की भरपूर कोशिश जारी रखी, और जल्द ही एको स्क्वैड्रन, जो स्पष्ट रूप से कमज़ोर टीम थी, ने एक ताक़तवर प्रतिद्वंद्वी को मात देने का आत्मविश्वास पा लिया। सितंबर 1995 में एक खेल की रणनीति ने हमारी टीम को जीत दिलवाई थी। उसी रणनीति ने 7 जुलाई 1999 को राष्ट्र को जीत दिलाई।

कर्नल श्याम कुमार

अनुसरण करने योग्य व्यक्ति

राष्ट्रीय रक्षा अकादमी, खडकवासला भारतीय रक्षा बलों की एक प्रमुख संस्था है और इसे नेतृत्व का पालना कहा जाता है, जहां नौजवान, संवेदनशील लड़कों को कमांडरों में बदल दिया जाता है। इन युवा लड़कों में से कुछ हमेशा अपनी परिपक्वता, स्पष्टता और नेतृत्व के गुणों के लिए दूसरों से भिन्न होते हैं। कैप्टन अनुज नैय्यर, महावीर चक्र, ऐसे ही एक कैडेट थे, जो 1993 के वसंत सत्र में अकादमी में शामिल हुए थे। उनका स्क्वैड्रन और कोर्स का साथी बनना मेरे लिए सम्मान की बात है। मैं भाग्यशाली हूं कि मैंने उस लीजेंड के साथ समय बिताया और उन्हें एक दोस्त कहा। अनुज में चिंगारी उन शुरुआती दिनों से ही देखी जा सकती थी जब हममें से अधिकांश लोग अकादमी की कठिन दिनचर्या के अभ्यस्त हो ही रहे थे। कभी हार न मानने वाले अनुज ने हमें ख़राब से ख़राब परिस्थितियों में भी मुस्कुराते रहना सिखाया। वो एक ऐसे दोस्त थे जो बिना दोबारा सोचे मदद के लिए आगे आते थे। मैं अच्छी तरह से कल्पना कर सकता हूं कि जो व्यक्ति अपने साथियों को प्रेरित करता था, उसके सैनिकों को उससे कितना प्यार होगा। तेईस साल की छोटी सी उम्र में लड़ते हुए जान गंवाकर उन्होंने इस बात का उदाहरण पेश कर दिया कि एक सैनिक कैसा होना चाहिए। उनके जैसे वीर सपूतों की वजह से ही हमारा झंडा गर्व से फहराता है।

कर्नल के.एस. ठाकुर

मेरे कॉमरेड

अनुज के साथ मेरी पहली मुलाक़ात एनडीए में एको स्क्वैड्रन के ग्राउंड फ़्लोर की लॉबी में हुई थी। वो मेरी रिपोर्टिंग का भी पहला दिन था। चूंकि हम दोनों दिल्ली से थे, इसलिए हमारे बीच तुरंत एक रिश्ता जुड़ गया। अगले तीन साल में, एको स्क्वैड्रन के 90वें बैच के हम सभी अट्ठाईस लोगों में एक मज़बूत बंधन बन गया। अनुज को हमेशा समर्पित, संतुलित और होनहार कैडेट के रूप में देखा

जाता था, जो कभी भी किसी ज़रूरतमंद की मदद करने से नहीं हिचकिचाते थे। स्क्वैड्रन के रोज़मर्रा के कामों के बारे में अहम निर्णयों में शामिल होने के लिए टीम के प्रति उनका उत्साह स्पष्ट दिखाई देता था। खेल के क्षेत्र में, विशेष रूप से बॉक्सिंग और क्रॉस-कंट्री दौड़ों में, और पढ़ाई व शारीरिक रूप से थका देने वाले आउटडोर शिविरों में अपनी योग्यता साबित करने के बाद अनुज हममें से कई लोगों के लिए एक आदर्श बन गए थे। यह हमारे लिए बहुत गर्व की बात है कि दुनिया उन्हें कारगिल युद्ध के नायकों में से एक के रूप में जानती है। सलाम, कॉमरेड।

कर्नल रोहित यादव

हंसमुख कॉमरेड

अनुज में एक सकारात्मक ऊर्जा थी और जब भी मैं उनके आसपास होता मैं हर बार इसे महसूस करता था। मुझे याद है कि वो सबसे चुनौतीपूर्ण समय में भी हंसमुख रहते थे। उनका ज़बरदस्त जोश, सहयोगी भावना और भाईचारा उनके अनेक गुणों में से तीन ऐसे थे जिन्होंने उन्हें बेहतरीन बना दिया था। वो ऐसे व्यक्ति थे जिनके पास मैं सलाह या सहायता के लिए जाता था। उनकी शहादत की ख़बर दिल दहला देने वाली थी; वो सौ साल जीने के हक़दार थे।

विंग कमांडर शरद गौर

दृढ़-संकल्प अनुज

अनुज एको स्क्वैड्रन में हम सभी को अज़ीज़ थे। न केवल अपने सहपाठियों को, बल्कि अपने सीनियर्स और जूनियर्स को भी। इसका कारण उनके द्वारा विकसित परिपक्व और दृढ़ दृष्टिकोण के साथ-साथ उनका मनमोहक और मददगार स्वभाव था। बेहद मेहनती अनुज हमारे एनडीए, आईएमए और वाईओ के दिनों में हममें से कई के लिए प्रेरणा थे और आने वाले समय में भी रहेंगे।

कर्नल सलिल एम.पी.

सलाम, प्यारे भाई

मुझे जो अनुज याद हैं, वो बेहद समर्पित और संगठित थे। उनके पास हर स्थिति के लिए एक योजना थी; अपनी कमियों की भरपाई वो अपनी लगन से करते

थे। अगर भाग्य ने उनके साथ यह खेल न खेला होता, तो वो कितने शानदार जनरल बनते। लेकिन युद्ध तो ऐसा ही होता है। मक़सद के प्रति समर्पण शायद उनके ज़मीर में शामिल था। एनडीए के विभिन्न शिविरों में यह स्पष्ट दिखाई देता था कि वो सैनिक बनने के लिए ही बने थे। संचालन करने से लेकर भटक जाने वालों की मदद करने तक, वास्तविक जीवन का यह रैंबो उस समय भी एक वन-मैन आर्मी था। ऐसे ही एक शिविर में, भूखे, प्यासे और जंगल में खोए हुए स्क्वैड्रन के साथियों ने जब लगभग हार मान ली थी, तब असली रैंबो स्टाइल में अनुज ने एलएमजी को उठाया और चल पड़े। हम बाक़ी लोगों के पास भी उनका अनुसरण करने के अलावा कोई विकल्प नहीं रहा और जल्द ही हमें अगली चौकी मिल गई!

कर्नल सलिल कुमार

17 जाट के कारगिल हीरो

3169696वाई हवलदार कुमार सिंह, वीर चक्र (मरणोपरांत)

चार्ली कंपनी, 17 जाट के हवलदार कुमार सिंह इक्कीस साल तक बटालियन में सेवारत रहे। पिंपल 2 (कारगिल, 1999) की लड़ाई में उन्होंने ग्रेनेड फेंकते हुए और दुश्मन के बंकरों पर सीधा हमले करते हुए बड़ी दिलेरी से एक सेक्शन का नेतृत्व किया। वो कैप्टन अनुज नैय्यर के साथ पिंपल कॉम्प्लेक्स में हुए ऑपरेशन में शामिल होने वाले जवानों में से एक थे। पिंपल 2 पर हमले में उन्होंने दुश्मन के तीन सैनिकों को मार गिराया और दुश्मन के दो बंकरों पर क़ब्ज़ा किया। इस वीरतापूर्ण प्रयास में उन्हें अपने जीवन की आहुति तो देनी पड़ी लेकिन उनके महान बलिदान के कारण चोटी पर अधिकार प्राप्त हो गया।

3169828एफ़ हवलदार हरि ओम, सेना मैडल (मरणोपरांत)

चार्ली कंपनी, 17 जाट के हवलदार हरि ओम इस बटालियन में इक्कीस साल सेवारत रहे। पिंपल 2 की लड़ाई में उन्होंने मोर्चे पर एक सेक्शन का नेतृत्व किया, और दुश्मन की सेक्शन द्वारा सुरक्षित रक्षा को तोड़ा। उनकी निडर कार्रवाई और दुश्मन के साथ आमने-सामने की लड़ाई ने दूसरों को भी ऐसा ही करने की प्रेरणा दी। उनकी चढ़ाई का परिणाम सर्वोच्च बलिदान में हुआ, लेकिन उससे पहले उन्होंने दुश्मन के दो बंकरों को साफ़ कर दिया और दुश्मन के पांच सैनिकों को मार दिया।

3170559एम हवलदार महावीर सिंह, सेना मैडल (मरणोपरांत)

ब्रावो कंपनी, 17 जाट के हवलदार महावीर सिंह ने इस बटालियन में बीस साल सेवा की थी। पिंपल 2 की लड़ाई में उन्होंने दुश्मन की बग़ल के पार सैनिकों के एक सेक्शन का नेतृत्व किया। अपने लक्ष्य तक पहुंचने पर उन्होंने दुश्मन के एक बंकर को साफ़ कर दिया, दो दुश्मन सैनिकों को मार डाला और दुश्मन के दो हथियारों पर क़ब्ज़ा किया। लक्ष्य की ओर बढ़ते हुए वो घायल हो गए और वीरगति को प्राप्त हुए।

3172785एच नायक बलवान सिंह, सेना मैडल (मरणोपरांत)

पिंपल 2 पर हमले में नायक बलवान सिंह ने जवानों के एक समूह का नेतृत्व किया और पहले ग्रेनेड फेंककर और अंत में सीधे हमला करके दुश्मन के बंकर को साफ़ किया। मशीन गन की फ़ायरिंग से घायल होने के बावजूद, वो तब तक आगे बढ़ते रहे जब तक बंकर

पर अधिकार नहीं हो गया। मैदाने-जंग में अपने घावों के कारण वीरगति प्राप्त करने से पहले, उन्होंने दुश्मन के जवाबी हमले के दौरान अधिकार में ली गई जगह की रक्षा की।

3188347के सिपाही सुरेंदर, सेना मैडल (मरणोपरांत)

चार्ली कंपनी, 17 जाट के सिपाही सुरेंद्र ने इस बटालियन में चार साल और तीन महीने सेवा की थी। पिंपल 2 की लड़ाई में वो कैप्टन अनुज नैय्यर के रनर थे। उन्होंने अनुज की मुहिम की दुश्मन के भारी तोपख़ाने, तोपों द्वारा गोलाबारी और छोटे हथियारों की फ़ायरिंग से रक्षा की। वो ग्रेनेड फेंकते और अपने कैप्टन के आदेश पर बंकरों पर हमला करते हुए पूरे समय उनके साथ रहे। उन्होंने अनुज के साथ मिलकर दो दुश्मन बंकरों का सफ़ाया किया लेकिन एक ग्रेनेड से वो गंभीर रूप से घायल हो गए जिससे वो वीरगति को प्राप्त हुए।

3188797एफ़ सिपाही पूना राम, सेना मैडल

डेल्टा कंपनी, 17 जाट के सिपाही पूना राम व्हेलबैक पर हमले के दौरान अग्रणी स्काउट थे। ऑटोमेटिक राइफ़ल से गोली लगने के बावजूद उन्होंने दुश्मन के बंकर को नष्ट कर दिया, जिससे कंपनी को आगे बढ़ने और चोटी पर सफल क़ब्ज़ा करने में मदद मिली। ऑपरेशन विजय में उनके योगदान के लिए उन्हें 15 अगस्त 1999 को सेना पदक से नवाज़ा गया था।

जेसी-183456के सूबेदार हरफूल सिंह, एमआईडी (मरणोपरांत)

ब्रावो कंपनी, 17 जाट के सूबेदार हरफूल सिंह इस बटालियन में सत्ताईस साल सेवारत रहे थे। प्लाटून 4 के प्लाटून कमांडर के रूप में उन्हें अपनी यूनिट के साथ पॉइंट 4540 पर, और उसके बाद रॉकी नॉब पर अधिकार करने का काम सौंपा गया था। दुश्मन के बंकरों से हो रही भारी गोलाबारी और ऑटोमेटिक फ़ायरिंग के बावजूद, सूबेदार हरफूल सिंह ने पॉइंट 4540 पर हमले के अभियान में अनुकरणीय साहस और दृढ़ संकल्प दिखाया। लेकिन, रॉकी नॉब तक पहुंचते समय और दुश्मन के बंकर पर अधिकार करने की प्रक्रिया में वो घातक रूप से घायल हो गए। रेजिमेंट की सच्ची परंपराओं के अनुसार उन्होंने सर्वोच्च बलिदान दिया।

जेसी-488102के सूबेदार ओम प्रकाश, एमआईडी

सूबेदार ओम प्रकाश को पिंपल कॉम्प्लेक्स में दुश्मन की एक अग्रिम स्थिति पर अधिकार करने के लिए पूर्व-निवारक कमांडो कार्रवाई करने का काम सौंपा गया था। एक गुप्त ऑपरेशन के दौरान, सूबेदार ओम प्रकाश ने अपने कमांडो दल का सामने से नेतृत्व किया और एक वीरतापूर्ण और साहसिक कार्रवाई में पहाड़ी परिसर की 'थंब' और 'हंप' चौकियों पर अधिकार कर लिया। उन्होंने दो दुश्मन सैनिकों को मार डाला और एक 'रेडियो चौकी' पर भी अधिकार कर लिया जिससे पिंपल 1 पर क़ब्ज़ा करने में आसानी हुई।

3168723एल हवलदार भगवान सिंह, एमआईडी (मरणोपरांत)

चार्ली कंपनी, 17 जाट के हवलदार भगवान सिंह इस बटालियन में इक्कीस साल ग्यारह महीने सेवारत रहे। पिंपल 2 की लड़ाई में, उन्होंने अपने सेक्शन का सामने से नेतृत्व किया और भारी अड़चनों के बावजूद अपनी टीम को आगे बढ़ते रहने के लिए प्रेरित किया। उन्होंने दुश्मन के दो बंकरों पर अधिकार किया, तीन दुश्मन सैनिकों को मारा और तीन हथियार छीने जिसके परिणामस्वरूप अंततः चोटी पर सफलतापूर्वक अधिकार हो गया।

3177220एफ़ नायक ऋषिपाल सिंह, एमआईडी (मरणोपरांत)

चार्ली कंपनी, 17 जाट के नायक ऋषिपाल सिंह ने इस बटालियन में सोलह साल दो महीने सेवा की थी। पिंपल 2 की लड़ाई में उन्होंने अपने कंपनी कमांडर की शहादत के बाद सेक्शन की कमान संभाली। उन्होंने सर्वोच्च बलिदान करने से पहले दुश्मन के बंकरों अधिकार करने की दिशा में अपने सेक्शन का नेतृत्व किया, दो दुश्मन सैनिकों को मारा और दुश्मन से दो हथियार छीने।

3180612ए लांस नायक राजेश, एमआईडी (मरणोपरांत)

चार्ली कंपनी, 17 जाट के लांस नायक राजेश ने इस बटालियन में बारह साल चार महीने सेवा की थी। पिंपल 2 की लड़ाई में उन्होंने दुश्मन के ऑटोमेटिक राइफ़ल बंकर को नष्ट करके और तीन पाकिस्तानी सैनिकों को मारकर अपने साथी जवानों के लिए बाधाओं को दूर किया। उन्होंने दुश्मन की फ़ायरिंग की चपेट में आने से पहले दुश्मन के जवाबी हमले को पीछे ढकेलने के लिए छह राउंड रॉकेट लॉन्चर (एयर बर्स्ट) दाग़े।

3180868एच लांस नायक रामवीर सिंह

नंबर 3180868एच लांस नायक रामवीर सिंह ने इस बटालियन में बारह साल से ज़्यादा समय तक सेवा की थी। वो एक फ़ाइटिंग पोर्टर थे जो डेल्टा कंपनी के लिए मीडियम मशीन गन का गोला-बारूद लेकर चल रहे थे। अपना सप्लाई रन पूरा करने से कुछ ही पहले वो एक छर्रे की चपेट में आ गए। लेकिन वो गोला-बारूद की सप्लाई करने में कामयाब रहे, जो दुश्मन के पलटवार को पीछे ढकेलने के लिए आवश्यक था। हमला ख़त्म होने तक छर्रे से लगे घाव उनके लिए घातक साबित हुए।

3182134ए लांस नायक विजय सिंह, एमआईडी (मरणोपरांत)

नंबर 3182134ए लांस नायक विजय सिंह ने इस बटालियन में ग्यारह साल छह महीने तक सेवा की थी। वो डेल्टा कंपनी के लिए एक फ़ाइटिंग पोर्टर और मीडियम मशीन गन का गोला-बारूद ले जाने का कर्तव्य निभा रहे थे। डेल्टा कंपनी के एक ऑपरेशन के दौरान अपने गंतव्य से कुछ ही दूरी पर उन्हें एक छर्रा आ लगा जिससे उन्हें गंभीर चोटें आईं। घायल होने के बावजूद उन्होंने अपने गोला-बारूद की आपूर्ति पूरी की जिससे कंपनी को दुश्मन के जवाबी हमले पर अपनी बढ़त को बनाए रखने में मदद मिली। बाद में, ऑपरेशन के दौरान अपनी चोटों के कारण उन्हें वीरगति प्राप्त हुई।

3182641एन लांस नायक राजेंद्र सिंह

ब्रावो कंपनी, 17 जाट के लांस नायक राजेंद्र सिंह ने इस बटालियन में ग्यारह साल तक सेवा की थी। पिंपल 2 की लड़ाई में दो इंच मोर्टार डिटैचमेंट के अंग के रूप में उन्होंने हमलावर यूनिटों को सटीक और प्रभावी कवरिंग फ़ायर दी। दुश्मन के भारी तोपख़ाने, तोप के गोलों और छोटे हथियारों की गोलाबारी से डरे बिना उन्होंने गोलाबारी में सहायता प्रदान की, जिससे भारी तादाद में दुश्मन के सैनिक मारे गए। अपनी चोटों के कारण बलिदान देने से पहले, उन्होंने जवाबी कार्रवाई को पीछे ढकेलना जारी रखा।

3184853के सिपाही श्योदान राम

सिपाही श्योदान राम ने इस बटालियन में आठ साल तीन महीने सेवा की थी। वो एक फ़ाइटिंग पोर्टर थे और 17 जाट की चार्ली कंपनी के लिए रॉकेट लॉन्चर का गोला-बारूद लेकर चल रहे थे। जब वो लक्ष्य की ओर बढ़ रहे थे, तो उन्हें दुश्मन का एक तोप का गोला लग गया। गंभीर चोटों के बावजूद उन्होंने पिंपल 2 पर अधिकार करने के लिए आवश्यक गोला-बारूद की आपूर्ति की।

3185510एन सिपाही धर्मबीर सिंह, एमआईडी (मरणोपरांत)

चार्ली कंपनी, 17 जाट के सिपाही धर्मबीर सिंह ने इस बटालियन में सात साल पांच महीने तक सेवा की थी। पिंपल 2 की लड़ाई में वो अपनी प्लाटून के लिए अग्रणी स्काउट थे। दुश्मन के भारी तोपख़ाने, मोर्टार द्वारा गोलाबारी और छोटे हथियारों की फ़ायरिंग के बावजूद उन्होंने रेंगते हुए दुश्मन के बंकर तक जाने और उसे बेकार करने में अनुकरणीय साहस दिखाया। उन्होंने बंकर के भीतर दो ग्रेनेड फेंके और उसमें मौजूद सभी को मार डाला। निरंतर बढ़ते जाने के दौरान वो दुश्मन की आरपीजी फ़ायरिंग की चपेट में आ गए और वीरगति को प्राप्त हुए। उनके बलिदान के नतीजे में आख़िरकार पिंपल 2 पर अधिकार कर लिया गया।

3187320ए सिपाही रणवीर सिंह, एमआईडी (मरणोपरांत)

ब्रावो कंपनी, 17 जाट के सिपाही रणवीर सिंह ने इस बटालियन में चार साल आठ महीने सेवा दी थी। बिंबट की लड़ाई में वो रेडियो ऑपरेटर और सूबेदार हरफूल सिंह के रनर थे। दुश्मन के बंकरों की ओर बढ़ते हुए उन्होंने अपने प्लाटून कमांडर को एमएमजी की बौछार की चपेट में आते देखा। उन्होंने अपनी सुरक्षा को छोड़कर निरंतर जारी गोलाबारी को पार किया और अपने प्लाटून कमांडर तक पहुंचे और उन्हें कंपनी कमांडर से संपर्क करने में मदद की। इस दौरान, उन्होंने लगातार अपने निजी हथियार की मदद से दुश्मन के बंकरों को उलझाए रखा। 17 जाट की भावना के अपने साहसी और निडर प्रदर्शन के दौरान उन्हें एक दुश्मन निशानेबाज़ की गोली लगी जिससे उन्हें वीरगति प्राप्त हुई।

3187386डब्ल्यू सिपाही विजय पाल, एमआईडी (मरणोपरांत)

सिपाही विजय पाल ने बटालियन में चार साल आठ महीने सेवा की थी। 10 जून 1999 को चार्ली कंपनी के रेडियो ऑपरेटर सिपाही विजय पाल अपने कंपनी कमांडर कैप्टन अनुज नैय्यर के साथ एक टोही मिशन पर एक अग्रिम चौकी के लिए रवाना हुए। दुश्मन की गतिविधियों का पता चलने पर उन्होंने कैप्टन अनुज नैय्यर को घटनाक्रम की जानकारी वरिष्ठ अधिकारियों तक पहुंचाने तथा और अधिक जानकारी हासिल करने के लिए मोर्चे पर टिके रहने में मदद की। भारी ऑटोमेटिक फ़ायरिंग और गोलाबारी में सिपाही विजय पाल गंभीर रूप से घायल हो गए। उन्होंने अंतिम सांस तक रेडियो संचार में कंपनी कमांडर की सहायता करना जारी रखा।

3187414एक्स सिपाही विनोद कुमार, एमआईडी (मरणोपरांत)

ब्रावो कंपनी, 17 जाट के सिपाही विनोद कुमार ने इस बटालियन में चार साल सेवा की थी। बिंबट की लड़ाई में वो रॉकेट लॉन्चर टुकड़ी के सदस्य थे। जब कंपनी धीरे-धीरे रॉकी नॉब की ओर बढ़ रही थी, तो सिपाही विनोद ने लगातार गोलाबारी और ऑटोमेटिक फ़ायरिंग के बीच लड़ते हुए दुश्मन के कई बंकरों को नष्ट किया। रॉकी नॉब के लिए अंतिम कोशिश के दौरान ऑटोमेटिक फ़ायरिंग की चपेट में आने के बावजूद वो अंतिम सांस तक लगातार दुश्मन से मोर्चा लेते रहे।

3188230एल सिपाही सतबीर सिंह, एमआईडी (मरणोपरांत)

चार्ली कंपनी, 17 जाट के सिपाही सतबीर सिंह ने इस बटालियन में चार साल चार महीने सेवा की थी। पिंपल 2 की लड़ाई में वो कंपनी के एक प्रमुख स्काउट थे। अंतिम हमले के दौरान वो रेंगते हुए दुश्मन के बंकर तक पहुंचे, अंदर दो ग्रेनेड फेंके और फिर उन्होंने बंकर पर हमला करके दो दुश्मन सैनिकों को मार डाला और लड़ते हुए वीरगति पाने से पहले एक हथियार छीना।

3188529एक्स सिपाही अनिल कुमार

ब्रावो कंपनी, 17 जाट के सिपाही अनिल कुमार ने इस बटालियन में चार साल सेवा की थी। वो रेडियो ऑपरेटर और अपने प्लाटून कमांडर के रनर थे। अपनी निजी सुरक्षा की परवाह न करते हुए वो शत्रु से क़रीब से दो-दो हाथ करने के उद्देश्य से लगातार आगे बढ़ते रहे। उन्होंने अपने अंतिम क्षण तक अपने प्लाटून कमांडर की मदद करने में अनुकरणीय साहस का परिचय दिया।

3188794एन सिपाही हवा सिंह, एमआईडी (मरणोपरांत)

ब्रावो कंपनी, 17 जाट के सिपाही हवा सिंह ने इस बटालियन में तीन साल आठ महीने सेवा की थी। पिंपल 2 की लड़ाई में वो अपनी प्लाटून के एक अग्रणी स्काउट थे। दुश्मन के भारी तोपख़ाने, मोर्टार द्वारा गोलाबारी और छोटे हथियारों की गोलाबारी के बावजूद वो अपनी प्लाटून से आगे बढ़ते रहे, और साथ ही अपने हथियार से दुश्मन से लड़ते रहे। उन्होंने दुश्मन के एक बंकर का पता लगाने में अपने प्लाटून कमांडर की मदद की और उसे हटाने के लिए ग्रेनेड फेंके, और बाद में एक शारीरिक हमला किया, जिसके कारण उस पर सफलतापूर्वक अधिकार किया जा सका। बाद में अगले बंकर पर चढ़ाई के दौरान, गंभीर चोटों के कारण वो वीरगति को प्राप्त हुए।

3188970ए सिपाही जितेंद्र सिंह

ब्रावो कंपनी, 17 जाट के सिपाही जितेंद्र सिंह ने इस बटालियन में तीन साल तक सेवा की थी। पिंपल 2 की लड़ाई में वो मीडियम मशीन गन टुकड़ी का हिस्सा थे। बार-बार दुश्मन के स्नाइपर और मशीन गन की फ़ायरिंग की चपेट में आने के बावजूद, अपनी सुरक्षा की परवाह न करते हुए उन्होंने फ़ायरिंग में प्रभावी सहायता प्रदान करना जारी रखा। अंत में चेहरे पर छर्रे लगने के कारण वो वीरगति को प्राप्त हुए।

3189068एल सिपाही शीश राम

सिपाही शीश राम ने इस बटालियन में तीन साल छह महीने सेवा की थी। जब दुश्मन तोपख़ाने का एक गोला उनसे आ टकराया, तब वो फ़ाइटिंग पोर्टर का काम कर रहे थे और चार्ली कंपनी के हताहतों को बाहर निकालने के कर्तव्य को अंजाम दे रहे थे। गंभीर रूप से घायल होने के बावजूद उन्होंने हताहतों को निकालना तब तक जारी रखा जब तक कि अपने ज़ख़्मों के नतीजे में उन्होंने दम नहीं तोड़ दिया।

3189532के सिपाही गजपाल सिंह, एमआईडी (मरणोपरांत)

ब्रावो कंपनी, 17 जाट के सिपाही गजपाल सिंह ने इस बटालियन में दो साल नौ महीने सेवा की थी। बिंबट की लड़ाई में सिपाही सिंह को कंपनी के साथ रॉकी नॉब पर चढ़ाई करने का काम सौंपा गया था। दुश्मन की भारी ऑटोमेटिक फ़ायरिंग और गोलाबारी के बावजूद वो लगातार दुश्मन के बंकरों की ओर बढ़ते रहे। दुश्मन की फ़ायरिंग से घायल होने के बावजूद अंतिम सांस तक लड़ते हुए सिपाही गजपाल सिंह ने आमने-सामने की लड़ाई में दुश्मन के दो सैनिकों को मार गिराया।

3189697एच सिपाही नरेश कुमार

चार्ली कंपनी, 17 जाट के सिपाही नरेश कुमार ने इस बटालियन में तीन साल दो महीने सेवा की थी। पिंपल 2 की लड़ाई में उन्होंने अपने सेक्शन कमांडर के साथ मिलकर ग्रेनेड फेंके और दुश्मन की ऑटोमेटिक फ़ायरिंग और छर्रों की चपेट में आने से पहले दुश्मन के दो सैनिकों को संगीन की क़रीबी लड़ाई में मार गिराया।

3190075एन सिपाही धर्मबीर सिंह, एमआईडी (मरणोपरांत)

ब्रावो कंपनी, 17 जाट के सिपाही धर्मबीर सिंह ने इस बटालियन में दो साल पांच महीने सेवा की थी। बिंबट की लड़ाई में वो प्लाटून 4 का भाग थे, जिसे पॉइंट 4540 पर अधिकार करने के बाद रॉकी नॉब पर चढ़ाई का काम सौंपा गया था। भारी ऑटोमेटिक फ़ायरिंग और दुश्मन की गोलाबारी के बीच आगे बढ़ते हुए, सिपाही धर्मबीर सिंह एक गुप्त कार्रवाई के लिए दुश्मन की चौकी की ओर रेंगते हुए जा रहे थे कि पांच ऑटोमेटिक राइफ़लों ने उन पर फ़ायरिंग कर दी। गंभीर रूप से घायल होने के बावजूद उन्होंने दुश्मन को तब तक उलझाए रखा जब तक कि उन पर एक आरपीजी द्वारा हमला न हो गया, जिसके परिणामस्वरूप उन्होंने वीरगति पाई।

3190727एफ़ सिपाही कृष्ण कुमार, एमआईडी (मरणोपरांत)

ब्रावो कंपनी, 17 जाट के सिपाही कृष्ण कुमार ने इस बटालियन में एक साल नौ महीने सेवा की थी। बिंबट की लड़ाई में वो प्लाटून 4 के लिए अग्रणी स्काउट थे। पॉइंट 4540 पर अधिकार के बाद उन्हें रॉकी नॉब की पहाड़ियों पर चढ़ने का काम सौंपा गया था। लक्ष्य तक पहुंचने पर, दुश्मन की भारी ऑटोमेटिक और तोपख़ाने की गोलाबारी के बीच उन्होंने प्लाटून कमांडर के लिए दुश्मन के बंकर का पता लगाया। इसके नतीजे में बंकर पर एक सफल रॉकेट-लॉन्चर हमला हुआ। लेकिन तब तक वो गंभीर रूप से घायल हो चुके थे। वो जवानों को 'कवरिंग फ़ायर' देते रहे और उन्होंने आगे बढ़ना भी शुरू कर दिया लेकिन फिर उन पर एमएमजी की एक और बौछार हुई जिसके परिणामस्वरूप उनका बलिदान हुआ।

जेसी-488022एम सूबेदार दर्शन सिंह, सीओएएस प्रशस्ति पत्र

सूबेदार दर्शन सिंह ने दुश्मन के भारी तोपख़ाने, ऑटोमेटिक और मोर्टार द्वारा लगातार फ़ायरिंग के बावजूद आगे रहकर अपनी प्लाटून का नेतृत्व किया। उन्होंने दुश्मन के दो बंकरों को साफ़ करने में मदद की, चार दुश्मन सैनिकों को मार गिराया और छह हथियारों पर क़ब्ज़ा किया। उनकी बहादुरी और साहसी कार्रवाई के नतीजे में पिंपल 2 पर सफलतापूर्वक क़ब्ज़ा करने में मदद मिली।

जेसी-488262के सूबेदार गुरदयाल सिंह, जीओसी-इन-सी प्रशस्ति पत्र

सूबेदार गुरदयाल सिंह ने दुश्मन के भारी तोपख़ाने, मोर्टार और लगातार ऑटोमेटिक फ़ायरिंग के बावजूद आगे रहकर नेतृत्व किया। उन्होंने दुश्मन के दो बंकरों को ज़ब्त करने में मदद की, चार दुश्मन सैनिकों को मार गिराया और सौंपे गए मिशन को अंजाम देते हुए चार हथियारों पर क़ब्ज़ा किया।

3175223डब्ल्यू हवलदार हरपाल, जीओसी-इन-सी प्रशस्ति पत्र

हवलदार हरपाल अग्रणी सेक्शन (ब्रावो कंपनी) के कमांडर थे जिसे पॉइंट 4540 पर तैनात किया गया था और रॉकी नॉब पर क़ब्ज़ा करने का काम सौंपा गया था। दुश्मन की भारी ऑटोमेटिक फ़ायरिंग के सामने, जिसके परिणामस्वरूप उन्हें गोली लगी, उन्होंने बहादुरी से अपने जवानों का नेतृत्व करते हुए एक बंकर को सफलतापूर्वक बेअसर किया और उन्हें निर्धारित गंतव्य तक पहुंचाया।

जेसी-211099एल सूबेदार देश राम, जीओसी-इन-सी प्रशस्ति पत्र

सूबेदार देश राम, प्लाटून कमांडर, ब्रावो कंपनी को पॉइंट 4540 पर क़ब्ज़ा करने का काम सौंपा गया था। भारी ऑटोमेटिक और तोपख़ाने की फ़ायरिंग के सामने उन्होंने अपने जवानों का मोर्चे तक नेतृत्व किया, प्लाटून के लिए उपयोगी हथियारों को तैनात किया और दुश्मन के यूएमजी को नष्ट किया। उन्होंने अपने सेक्शन को विभिन्न दिशाओं से रणनीतिक रूप से तैनात किया और अपनी प्लाटून के लिए निर्धारित लक्ष्य पर क़ब्ज़ा किया।

17 जाट को ऑपरेशन विजय के दौरान उत्कृष्ट प्रदर्शन के लिए 15 जनवरी 2000 को सेनाध्यक्ष के यूनिट प्रशस्ति पत्र से सम्मानित किया गया। साथ ही, यूनिट को निम्नलिखित श्रेणियों के तहत इक्तालीस बहादुरी पुरस्कारों से सम्मानित किया गया। जाट रेजिमेंट के 226 साल के इतिहास में कैप्टन अनुज नैयर को सर्वोच्च वीरता पुरस्कार से नवाज़ा गया।

(क)	महावीर चक्र	- 01
(ख)	वीर चक्र	- 04
(ग)	सेना मैडल	- 06
(घ)	मेंशन-इन-डिस्पैच	- 20
(च)	सीओएएस/जीओसी-इन-सी उत्तरी कमान प्रशस्ति पत्र	- 10

आभार

यह पुस्तक अनेक लोगों के समर्थन और मार्गदर्शन के बिना संभव नहीं होती।

हम उन लोगों के बहुत आभारी हैं जिन्होंने हमें पुस्तक के हर पक्ष पर रचनात्मक आलोचना प्रदान की, जिनमें ब्रिगेडियर यू.एस. बावा, वीर चक्र; ब्रिगेडियर अनिल शर्मा; कर्नल दीपक रामपाल, वीर चक्र; कर्नल संतोष; कर्नल शशि भूषण घिल्डियाल, वीर चक्र; कर्नल अशोक ठाकुर; कर्नल परेश गुप्ता; कर्नल चित्रसेन और कर्नल सरविंदर सिंह शामिल हैं। हम जनरल वी.पी. मलिक, लेफ़्टिनेंट जनरल सैयद अता हसनैन, लेफ़्टिनेंट जनरल एस.के. सैनी, लेफ़्टिनेंट जनरल मोहिंदर पुरी और विष्णु सोम के भी शुक्रगुज़ार हैं, जिन्होंने पुस्तक के कुछ हिस्सों की समीक्षा करने के लिए अपना क़ीमती समय दिया और युद्ध से जुड़ी अपनी टिप्पणियों को साझा किया। हम कर्नल तपन सिंह, मेजर रवींद्र कुमार और कैप्टन सिद्धार्थ ठाकुर के भी आभारी हैं जिन्होंने उस शोध में मदद की जिससे पुस्तक का मर्म तैयार हुआ; साथ ही सूबेदार मान सिंह और सूबेदार विनोद कुमार के, जो चार्ली कंपनी में कैप्टन अनुज नैय्यर के साथ लड़े थे, और हवलदार सोमबीर के भी आभारी हैं।

हम विकास मन्हास और राहुल पठानिया को भी श्रेय देना चाहेंगे जो हमारे साथ कश्मीर-लद्दाख़ दौरे पर गए और शोध में हमारी मदद की। हम आर्मी पब्लिक स्कूल, धौला कुआं के अनुज के सहपाठियों, लाइब्रेरियन डॉ. तारिक़ अशरफ़ और साउथ कैंपस लाइब्रेरी के कर्मचारियों को भी धन्यवाद देना चाहते

हैं, और पूरी लगन के साथ पांडुलिपि को पढ़ने और बहुमूल्य सुझावों के साथ सहायता करने के लिए हरनीत नैय्यर के भी आभारी हैं।

राष्ट्रीय राइडर्स के महत्वपूर्ण टीम सदस्यों—विभास भटनागर, मेजर (आर) आशुतोष गर्ग, धर्मेंद्र चौधरी, अश्विनी वाजपेयी, अमित पूनिया, पदम शेखावत, महेंद्र सिंह भाटी, जय सिंह खीची, रवींद्र जांगिड़, संदीप श्योराण, मुकेश कोठारी, बाबू गणेश, मोहित कोठारी, गणेश सैनी, लक्ष्मीकांत शर्मा, रवि यादव, राजेंद्र सिंह भाटी, हेमंत प्रजापत, संजय सिंह शेखावत, यतिन अरोड़ा, अंकित पांडे, रोनित यादव, करण सिंह राठौर, आयुष अग्रवाल, रिद्धि कपूर, रोहित सिंह राठौर और रंजीत सिंह राठौर—को बहुत-बहुत धन्यवाद।

सबसे बढ़कर, हम प्रो. एस.के. नैय्यर के आभारी हैं जो पत्रों, चित्रों और अख़बारों की कतरनों के रूप में अपने बेटे के जीवन का एक पूरा संग्रह अपने पीछे छोड़ गए हैं।

तथ्यों और क़िस्सों के संग्रह को एक विस्तारपूर्ण विवरण में बदलना कोई आसान काम नहीं है। अंकुर गुप्ता, जिनसे हम दिसंबर 2018 में मिले थे, ने यहां एक महत्वपूर्ण भूमिका निभाई। हम उनकी मदद के लिए आभारी हैं।

हम इस पुस्तक को संभव बनाने के लिए हार्पर कॉलिन्स के अमित शर्मा, कृष्ण चोपड़ा और सुचिस्मिता उकिल के प्रति आभार व्यक्त करना चाहते हैं।

कॉलेज के करण के बैचमेट शारिक़ ख़ान विशेष उल्लेख के हक़दार हैं जिन्होंने नैय्यर परिवार को हार्पर कॉलिन्स की टीम से मिलवाया।

अंत में, हम नैय्यर और ढींगरा परिवारों को ऐसे समय में अनुज के परिवार के साथ खड़े रहने के लिए धन्यवाद देना चाहते हैं जब उन्हें इसकी सबसे ज़्यादा ज़रूरत थी।

प्रत्येक ऐसे व्यक्ति को भी हार्दिक धन्यवाद, जिसके नाम का यहां उल्लेख करने से हम चूक गए हों। इस यात्रा में जो भी हमारे साथ रहा है, हम उसके बेहद ऋणी हैं।

विशेष धन्यवाद

लेखकगण इस पुस्तक की अवधारणा, लेखन और प्रकाशन के हर क़दम पर मदद और मार्गदर्शन के लिए कैप्टन अनुज नैय्यर (महावीर चक्र) के भाई **करण नैय्यर** के प्रति आभार व्यक्त करना चाहते हैं।

कोई भी सफ़र बिना एक बेहतरीन दोस्त के पूरा नहीं किया जा सकता। हिम्मत सिंह शेखावत और *द्रास का टाइगर* की टीम के वे दोस्त **शिवादित्य मोदी** थे। किताब की हर मांग पर उनकी मदद के लिए हम उनका धन्यवाद करते हैं।

लेखकों के बारे में

मीना नैय्यर—दिल्ली विश्वविद्यालय से सेवानिवृत्त लाइब्रेरियन, एक रक्षात्मक मां और एक प्यार करने वाली पत्नी—कैप्टन अनुज नैय्यर, महावीर चक्र की मां हैं। क़रीब दो दशक से उन्होंने अनुज को अपनी यादों में ही क़ैद कर रखा था। अपने बेटे को खोने के दर्द के बारे में कोई किताब लिखने की बात तो दूर, बात करना भी उनके लिए असह्य था। हिम्मत से मिलने के बाद ही उन्होंने उन्हें खुले तौर पर, बिना किसी अपराधबोध के याद करना शुरू किया। अपने बहादुर बेटे के प्रति श्रद्धांजलि के रूप में उन्होंने कारगिल हाइट्स फ़िलिंग स्टेशन को चलाना जारी रखा हुआ है।

हिम्मत सिंह शेखावत ने शहीद सैनिकों के परिवारों की मदद करने और उनकी कहानियों को दुनिया के सामने लाना अपने जीवन का मिशन बना लिया है। शिवादित्य मोदी के साथ वे राष्ट्रीय राइडर्स के संस्थापक हैं, जो कि एक बाइकिंग समूह है जो वर्दी वाले पुरुषों और महिलाओं को श्रद्धांजलि देता है। वे वर्तमान में मेकमाईट्रिप के साथ काम कर रहे हैं।

अनुवादक के बारे में

शुचिता मीतल एक लम्बे समय से भारतीय अनुवाद परिषद एवं यात्रा बुक्स से जुड़ी हुई हैं। आपने नमिता गोखले की *शकुंतला,* संजीव सान्याल की *मंथन का सागर,* अमीश की *वायुपुत्रों की शपथ, रावण,* नीलिमा डालमिया आधार की *कस्तूरबा की रहस्यमय डायरी* समेत पच्चीस से अधिक पुस्तकों का अनुवाद किया है।